prometeo
libros

prometeo libros

prometeo
libros

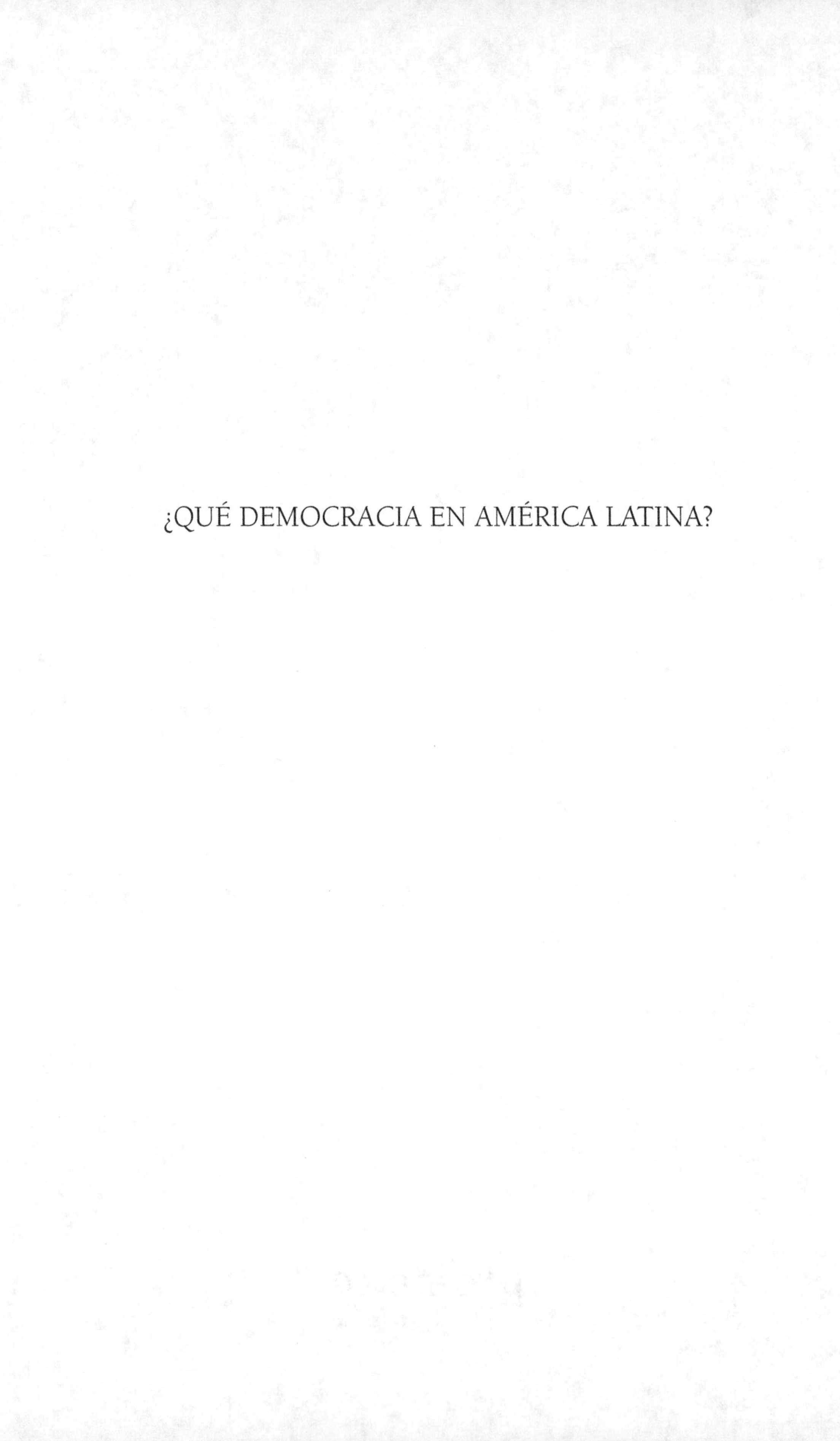

¿QUÉ DEMOCRACIA EN AMÉRICA LATINA?

Isidoro Cheresky
(compilador)

¿QUÉ DEMOCRACIA
EN AMÉRICA LATINA?

CLACSO

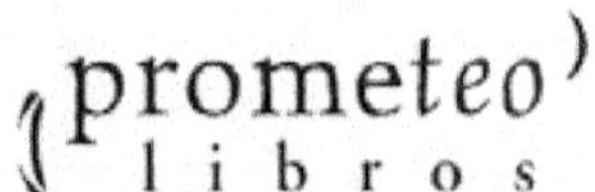

Índice

Prefacio

Este volumen contiene las contribuciones de los integrantes del Grupo de Trabajo "Ciudadanía, organizaciones populares y representación política" del Consejo Latinoamericano de Ciencias Sociales(CLACSO). Versiones preliminares de las contribuciones fueron presentadas en la reunión efectuada en Quito con el apoyo de Clacso y de la Facultad Latinoamericana de Ciencias sociales (FLACSO).

Esta publicación refleja la maduración de los intercambios de larga data entre los integrantes del Grupo de Trabajo y es el segundo de la serie. El anterior "Ciudadanía y legitimidad democrática" fue publicado en 2011 como resultado de las primeras reuniones efectuadas en 2010 en el Colegio de México, con el apoyo del Centro de investigaciones sociales de esa entidad académica y de la Universidad de Buenos Aires por iniciativa del grupo de investigación Las Nuevas Formas Políticas.

De esta manera, las actividades realizadas fueron posibles por el apoyo institucional de numerosos instituciones y en particular de la Secretaría General de CLACSO.

La factura de este volumen n particular debe un reconocimiento al Licenciado Leandro Eryszewicz, quien colaboró en la recolección de las contribuciones, su revisión y ordenamiento, así como en todo lo relativo a su publicación.

Introducción

Isidoro Cheresky

Una perspectiva histórica sobre los avatares de la democracia en el mundo congela la tentación de rotular de excepcional la evolución presente y en particular en América Latina. La democracia ha conocido mutaciones significativas e incluso estas sociedades renegaron de esa forma de sociedad durante períodos prolongados.

Sin embargo, persiste el interrogante, ¿cual es la magnitud y el sentido de los cambios a los que asistimos actualmente? Buena parte de la reflexión contemporánea esta signada por la perplejidad ante ellos. ¿Se trata acaso de una considerable ampliación de la democracia con la reducción a su mínima expresión de gobiernos de facto en provecho del voto como recurso inapelable para gobernar, de incorporación creciente de los hasta ahora excluidos, de un sentido de los derechos y la igualdad ciudadana más profunda, de una efervescencia de la reflexividad, por sobre las convenciones, y de las demandas de justicia? Pero, por otra parte, quienes reconocen los cambios apuntados y aún quienes los relativizan objetan la calidad de la democracia en unos casos y su desnaturalización en otros: ¿no nos encontramos acaso también ante una conmoción que altera las formas tradicionales de la institucionalidad democrática, es decir debilitamiento de los partidos políticos y otras formas de mediación social en provecho de liderazgos de popularidad que procuran establecer vínculos de representación directa con la ciudadanía? Ésta a la vez parece sustraerse a las identificaciones públicas y se instala en la desconfianza ante instituciones y líderes. Los críticos de la evolución que trastorna el formato clásico consideran a los regímenes de pretensión refundacional instalados en algunos países andinos como la ilustración de esa tendencia a la degradación del régimen político y esperan un retorno a la institucionalidad republicana.

En este volumen se presenta el debate en torno de las divergentes perspectivas para tratar la evolución contemporánea. En todo caso, un punto de partida es el de apreciar a la envergadura de la mutación a la que asistimos.

Debe tenerse en cuenta el contexto internacional que ha contribuido a expandir la mutación democrática. Si a fines del siglo XX el mundo favoreció políticas que indujeron en algunos casos –no en todos, pues las tendencias generales se modulan según las políticas nacionales– el estancamiento, el inicio de este siglo se acompañó de una demanda internacional de productos primarios y en algunas casos de flujos de inversiones que redundaron –también de modo variable según las condiciones y políticas nacionales– en altas tasas de crecimiento. El "giro a la izquierda" en muchos de los países de la región y el fortalecimiento del rol del Estado incluso mas allá de la vocación refundacional aludida, fueron favorecidos por "el viento a favor" proveniente del mundo, pese a las crisis mundiales que desde 2008 atenuaron el crecimiento. Estados con recursos facilitaron políticas redistributivas que acompañaron en algunos casos reformas significativas, en provecho de los desfavorecidos y de minorías que reclaman reconocimiento y atención.

Políticas reformistas y otras que se proclaman de intención revolucionaria (socialismo del siglo XXI, nación multiétnica, revolución ciudadana) se llevaron adelante en un contexto de conflictividad intensa en algunos casos, pero mitigada ésta por un crecimiento continuo que permitió justicia social inmediata (es decir, no siempre acompañada de un impulso al desarrollo futuro y de reformas estructurales progresistas) y por el enraizamiento de la democracia electoral. Estas políticas reformistas en sentido amplio son asumidas por gobiernos que no se inscriben perfectamente en la divisoria de aguas entre izquierda y derecha. En América Latina ha habido un giro a la izquierda, pero también una universalización de principios de justicia que relativiza las distinciones clásicas, de modo tal que el combate contra la pobreza e incluso políticas públicas de salud y educación de signo igualitario suelen ser enunciadas por los principales actores de las escenas políticas nacionales.

Persiste por cierto la distinción entre concepciones que atribuyen centralidad al rol del Estado y otras más confiadas en mercados pocos regulados. Pero han cobrado relieve nuevos debates y divisorias de aguas en torno del grado de republicanismo del Estado, es decir a la medida en que existen órganos institucionales de deliberación, decisión y control administrativo, por oposición a la identificación del Estado con el líder decisionista encarnador de la voluntad popular, y también se ha prestado creciente atención a que los estados proveedores de bienes no acompañen el alivio a la exclusión y la carencia, con el sometimiento a redes de opresión clientelistas. Respecto de las economías extractivas y más en general a las políticas desarrollistas proliferan cuestionamientos arguyendo que no tomarían en consideración ni los reclamos ecologistas ni los deseos de las poblaciones más directamente afectadas por proyectos industrialistas. En otras palabras, son tiempos de actividad ciudadana y las reformas no han dado lugar simplemente a nuevos alineamientos. Decisiones que pueden ser un progreso para una perspectiva son vistas desde diferentes puntos de vista, incluidos los del cuestionamiento a gobiernos o poderes que se atribuyen una capacidad providencial que les debería eximir de la crítica o eventualmente del reemplazo legal.

Aunque pueden discernirse tendencias generales deberían constatarse –al parecer de este compilador– una diversidad de configuraciones democráticas diferentes y por consiguiente conflictos y desafíos específicos en cada caso nacional, que aparecen ilustrados en las contribuciones de este volumen.

La paradoja mencionada precedentemente –entre expansión de la igualdad democrática y prácticas políticas informales con ejercicio del poder concentrado y decisionista– se percibe en las tendencias generales de la evolución política contemporánea.

La ya mencionada rehabilitación de un rol central del Estado como regulador y como emprendedor va a la par de la desinstitucionalización. Se pueden discernir dos dimensiones de esta tendencia.

Una concierne a la desinstitucionalización favorecida por el fin de la sociedad industrial y la consiguiente desestructuración del mundo de trabajo, y por la expansión del individualismo. La autonomía ciudadana deriva del debilitamiento de las pertenencias, implica un espacio de individuos y particularismos caracterizados por la informalidad y la fluidez en las identidades. En consecuencia las formas organizadas, partidos, sindicatos, asociaciones de diferentes naturaleza perviven, pero el encuadramiento de sus miembros reales o virtuales es laxo o inexistente.

Se ha sostenido que esta tendencia comportaba un repliegue de los individuos contemporáneos en el ámbito privado, y en algunos casos esta derivación se ha constatado. Pero lo más característico y frecuente es precisamente una afirmación de la autonomía ciudadana en la propensión de grupos e individuos a actuar públicamente con espontaneidad y eventualmente a autorepresentarse. La espontaneidad no debería pensarse, como ha sido el caso en el pasado con las identidades sociales, como si hubiese una esencia o sustancia de lo social que en ciertas circunstancias emerge. Se trata en cambio de individuos ciudadanos cuyas cambiantes preferencias e identidades son tributarias de una diversidad de influencias, siendo la representación política institucional una de ellas. Otras representaciones se conforman conectadas con corrientes de opinión o legitimidades varias, institucionales (la magistratura, la moral/religiosa, la científica o intelectual) o individuales; y entonces la opinión pública o ciudadana que no deja de estar dividida, pues esta tensión es lo que le da vida, proyecta sin embargo expresiones de intensidad movilizada que se expresan o figuran en el espacio público y suelen pesar de un modo preponderante (aun no siendo necesariamente mayoritarias en términos cuantitativos) en las decisiones.

Simultáneamente, se han configurado o han emergido identidades particularistas que reclaman el reconocimiento de una diferencia y los consiguientes derechos; en diferentes contextos la desafección por la identidades colectivas tradicionales junto a la proliferación de particularismos ha llevado a calificar el panorama en términos de fragmentación social.

Este sustento ciudadano de lo que denominamos democracia continua tiene su figuración legal en el electorado pero, mas allá de esa consagración de representantes, la "voluntad popular" se traduce en una gama de representaciones que va desde las encuestas de opinión hasta los vetos y estallidos orientados a influir o a bloquear las decisiones legales. Las tradicionales expresiones sensibles de la protesta, las huelgas, permanecen como una modalidad de un repertorio muy amplio de acción cuya expresión novedosa hace dos décadas fue el piquete con bloqueo de rutas o lugares públicos y más recientemente es la acción pública concertada con frecuencia como resultado de una convocatoria sin sujeto identificable realizada por medio de las redes sociales de Internet. Estas pesan doblemente, por su misma realidad virtual (número de seguidores de un sitio o de un líder, lo que en ellas se expresa) o por ser fuente, por fuera del espacio mediático, de protestas o boicots. Esta dimensión de la desinstitucionalización referida sobre todo a la descorporativización y el debilitamiento de las pertenencias en la sociedad puede conllevar un incremento de la libertad política. ¿No es acaso lo que sucede cuando la movilización ciudadana desautoriza gobiernos en los actos que considera ilegítimos y que en algunos casos llevaron a los gobernantes a desistir de proyectos o incluso precipitaron el abandono anticipado del poder? El incremento de la libertad política, el concebir que el vínculo representativo electoral no es una cesión completa de soberanía conduce a admitir que el régimen democrático es inestable. Pero, ¿cuáles son los límites dentro de los cuales es admisible la contestación del poder surgido de las urnas? ¿Cual es la demarcación que permite distinguir entre la preservación de un orden público que evite el caos y la confrontación civil, y la legitimidad de una protesta ciudadana que juzga los gobernantes y puede conducir a su deslegitimación al punto de provocar la incapacidad de gobernar?

El tema de la gobernabilidad ha estado a la orden del día, pero con frecuencia con la pretensión de pensar cómo contener la expresión ciudadana informal confinándola al acto electoral. Esta modalidad de concebir la gobernabilidad y el orden público no parece corresponder a los tiempos presentes. No porque cualquier evolución de la opinión pública requiera por razones de "oportunidad" acomodamientos a ella, sino porque la evolución en la que alternan reconocimiento de poderes legales y cuestionamiento de la legitimidad de sus decisiones puede considerarse una transformación aceptable de la democracia.

Una línea de reflexión sobre los nuevos requerimientos de un orden público puede ser el de la reformulación institucional que prevea formas de renovación de la representación adaptadas a las características contemporáneas del "soberano". Otra línea es la de admitir que la política democrática no está contenida enteramente en los canales institucionales y en verdad cada vez menos. Este reconocimiento del riesgo democrático parece realista. Podemos constatar que la protesta informal que llama nuestra atención se ha expandido, pero generalmente no en vistas a crear una alternativa al poder legal; los desafíos o los vetos son generalmente acotados. Esta protesta informal usualmente ha conducido a equilibrios imprevistos y en la medida en que se preserve la libertad política, no debería pretenderse un ordenamiento normativo que utópicamente contemple todas las eventualidades. Si las instituciones son reguladoras, no pueden pretender ser ordenadoras en el sentido disciplinario y punitivo del término. De modo que la política democrática tiene un sesgo de inestabilidad, pero ello no implica necesariamente fragilidad o ingobernabilidad.

Los recursos institucionales más afines a la expansión de la informalidad ciudadana, como el referéndum o la consulta popular han sido poco empleados, quizá porque en general el sistema representativo, es decir gobierno y oposición, son pocos afines a los riesgos de estas innovaciones, que sin embargo están contempladas en las constituciones de varios países.

La autonomía ciudadana puede por cierto ya no comportar el albur de un cuestionamiento generalizado de decisiones de gobierno, sino el de otra clase de ingobernabilidad resultante de la multiplicación de demandas particulares, algunas de ellas contradictorias entre sí. Esta sociedad desagregada sería la de la postpolítica o de la impolítica.

La otra dimensión de la desinstitucionalización concierne al gobierno y al Estado. En buena medida ella es consecuencia de la desinstitucionalización y fluctuación ciudadanas. La escena política esta constituida por líderes de popularidad cuyo poder se deriva de una relación directa con la ciudadanía. Ellos pueden encarnar tradiciones políticas reinterpretadas, o bien un movimiento generalmente heterogéneo que ha irrumpido en el contexto de una crisis de representación. Gozan de la libertad que les permite un ejercicio concentrado y decisionista del poder pues si tienen lazos con organizaciones políticas que han contribuido a su acceso al poder, estos son laxos y no constituyen un encuadre que los limite o los obligue a consultas. Otros representantes electorales (particularmente los legisladores, pero también líderes que pueden gozar de popularidad local aunque dependen de la locomotora electoral nacional y también de las decisiones administrativas del poder central) tienden a subordinarse al liderazgo de popularidad nacional, sobre todo si pertenecen a un movimiento que gobierna y el líder en consecuencia es el presidente.

Pero los líderes de popularidad son frágiles en cuanto están a merced de la reproducción de su legitimidad. Si el partido o el bloque parlamentario no constituye una traba a sus decisiones, sí en cambio lo es la protesta social y el estado de la opinión medida por las encuestas. Casi todos los gobiernos de la región, incluso más allá del carácter personalista del liderazgo, han encontrado su principal desafío en movimientos de sociedad de diferentes naturalezas, y no en las oposiciones político partidarias, con frecuencia dispersas.

Este personalismo extremo en el sistema representativo tiende a debilitar la institucionalidad estatal. El sistema judicial, en cuya composición intervienen los otros poderes, tiende a ser colonizado por el poder presidencial. La administración del Estado y los poderes provinciales y locales son permeables a la autoridad presidencial, y ello ha sido tanto más así cuanto que el crecimiento económico de la primera década del siglo ha permitido atribuir, con frecuencia discrecionalmente, los fondos públicos a disposición de los ejecutivos nacionales.

De modo que la desinstitucionalización a nivel estatal ha favorecido un ejercicio del poder decisionista, es decir que lo que se decide no suele estar precedido por una argumentación y una deliberación públicas. No existen o son débiles las instancias en que las partes interesadas o afectadas por las políticas públicas sean escuchadas.

El control administrativo de las acciones de gobierno se halla también debilitado. Con frecuencia recomendaciones de organismos de vigilancia o aun decisiones de justicia son ignoradas o sorteadas por el Ejecutivo.

La reinstitucionalización republicana afín a la vigencia del Estado de derecho está a la orden del día; con frecuencia la dificultad es que se trata de impulsar reformas institucionales que democraticen el Estado haciendo vigente para todos los derechos constitucionales y la ley. Pero estos mismos aparecen cuestionados como parte de un dispositivo legal destinado a proteger y conservar privilegios.

El interrogante sobre ¿qué democracia? ha cobrado actualidad con la irrupción de los ya mencionados procesos refundacionales o de intenciones revolucionarias. Estos regímenes se han sustentado en una movilización popular de intensidad variable, pero respaldada electoralmente por amplias mayorías y se ha traducido en reformas nacionalistas y políticas sociales significativas que han trastocado el ordenamiento político con exclusión social que les precedió.

Los actores políticos del pasado perdieron predicamento y se marginalizaron. Los nuevos regímenes no sólo han introducido reformas que enraizaron el apoyo popular sino que han establecido una dinámica de acción permanente ante la cual las oposiciones tienen dificultad en hacer pie y presentar alternativas consistentes y sólo cuando los rasgos autoritarios en el modo de gobernar de los nuevos líderes y las decisiones arbitrarias concitan múltiples descontentos, se perfila una unidad de rechazo o negativa para desafiar esa hegemonía.

Estos regímenes plantean un dilema para el pensamiento democrático. Las reformas democráticas que se han producido son efectivas: inclusión social, redistribuciones de bienes, reconocimiento de identidades otrora marginadas o reprimidas. El Estado ocupa un rol central de regulación y aunque puede achacársele el mencionado déficit republicano, su expansión ha ido en desmedro de los poderes fácticos tradicionales de la economía y de las corporaciones. ¿Pero qué decir de reformas sociales y del fortalecimiento de los bienes públicos que advienen por fuera de una mejora de la democracia entendida como una comunidad política deliberativa y participativa de las decisiones sin tutelas ni amos providenciales?

No pueden ignorarse los cambios significativos que se han operado con esos regímenes y con otros de vocación progresista más convencional, ni puede pensarse un futuro en esos países sin tener en cuenta esos logros. Pero también debe tenerse en cuenta que estos procesos configuran nuevas tradiciones que conciben las reformas sociales como si se tratara de logros cuya materialidad puede disociarse del modo en que se alcanzan y de la medida en que se trata o no de derechos y, en consecuencia, de si cuentan con actores y relaciones sociales que los sustenten. Esos logros pueden en efecto sedimentar una tradición impolítica consistente en la atribución administrativa de bienes como provisiones, y en consecuencia estar asociados con los poderosos que los otorgan o con los depositarios de un saber técnico que permite generarlos.

Un discurso implícito en los demócratas que sostienen o justifican a los regímenes refundacionales en la modalidad de ejercer el poder apuntada tiende a calificar lo social, la mejora de las condiciones de vida, como un a priori de la democracia, y en consecuencia, a considerar el modo aluvional de esos procesos como un momento inicial al que seguiría una estabilización, en una comunidad política acorde con las reformas nacionalistas y redistributivas.

Y por cierto el acceso a bienes básicos es un requisito de la condición ciudadana sin el cual no se puede esperar la inserción de todos en la comunicación política y el libre ejercicio de los derechos políticos; pero ese acceso no puede ser considerado un a priori temporal sino un logro –signando cultural e históricamente por otra parte, y no simplemente medible en *quantum* de calorías o de otro acceso a tales o cuales bienes– del propio proceso de construcción democrática.

De modo que las reformas de signo nacional y social no constituyen una agenda determinada objetivamente, sino derivada de la deliberación de cada sociedad y de sus capacidades de emprenderlas colectivamente teniendo en cuenta las colisiones y pugna de derechos no sólo entre el pueblo y los poderosos, sino en cada sociedad en su diversidad. Que la acción política sea obra de la comunidad habilita entonces procesos que no están confiados a vanguardias o líderes personalistas –no se trata de que ellos no sean partícipes del proceso político, sino de qué lugar ocupan en él– y regula y limita el advenimiento inevitable de nuevos privilegios y formas de distribución desigual del poder. Los regímenes que han impulsado en América Latina el dar vuelta la hoja sobre el pasado e insinuar un nuevo inicio nacional, han dado también origen a dirigentes que constituyen una elite con vocación de mantenerse en el poder y entrelazados por una trama de lealtades e intereses. Las elites de renovación o de revolución impulsan la abrogación de hecho de instituciones y leyes; de lo que se trata es de evitar que la ruptura que se ha producido en esas sociedades y la consiguiente excepcionalidad no devenga un estado permanente con una cuasi encarnación del mando en el líder iniciador y su entorno.

Los interrogantes que suscitan los regímenes refundacionales son extensivos a procesos de cambio de menor radicalidad aparente y a los desafiantes que aspiran a gobernar acompañando el proceso de grandes cambios en que se halla sumida la región.

Las reformas de diferente naturaleza que se han evocado llevan la reflexión en dos direcciones. Los procesos impulsados por líderes de popularidad o –como algunos prefieren designarlos– los nuevos populismos, se caracterizan por la concentración del poder, una relación directa, sin mediaciones, del liderazgo con la opinión y en paralelo un movimiento de adeptos, recurso de intensidad política muy importante para compensar los vaivenes de la popularidad. Las características apuntadas son las de la informalidad, la relación entre sus componentes es fluida. Por ello estos procesos han sido caracterizados como involucrados en una campaña permanente, podríamos decir de "pueblo en acto" (pueblo movilizado en los actos, pueblo audiencia de las alocuciones presidenciales). Mas aún que en otros procesos, en éstos la legitimidad está en juego en el día a día.

¿Pero estos rasgos constituyen un régimen político novedoso? Es decir, ¿se perfila, como algunos pretenden, una alternativa a la democracia representativa?

Un poder semiencarnado como el descrito encierra la posibilidad de una deriva autoritaria. La elite gobernante en caso de debilitamiento de la popularidad o de acefalía presidencial podría aspirar a dar continuidad al régimen por fuera de la consagración electoral. En algunos casos, la refundación política ha procurado constituir un aparato de Estado afín en el ámbito económico, en la justica y en las Fuerzas Armadas y darse una base de poder popular incondicional. Pero, hasta ahora, la experiencia indica que la ruptura con la dimensión electoral/representativa de la democracia no ha sido viable pues estos principios están muy arraigados.

Una evolución verosímil es la de la asimilación a la mutación democrática a la que se ha aludido precedentemente. Una democracia continua en que los presidentes y representantes surgidos de las urnas gobiernen con esa legitimidad, pero estén compelidos a atender una actividad ciudadana que va más allá del acto electoral. Esta democracia mutada –con una columna en el acto electoral y otra en las representaciones y acciones en juego en el espacio público– podría contener las diferentes formas de sedimentación de la democratización fundacional y a la vez favorecer su democratización. Es decir, llevar la conflictividad resultante de las reformas fundacionales a modalidades no antagónicas. Ello supone comunidades políticas divididas, pero no de un modo sustancial y definitivo, teniendo un marco institucional común que permita la resolución al menos provisoria de sus enfrentamientos y posibilitando realineamientos cambiantes.

Mutación y legitimidad democrática en América Latina

"Mutación democrática: otra ciudadanía, otras representaciones"*

*Isidoro Cheresky***

El interrogante sobre la democracia de nuestro tiempo se extiende en paralelo a la experiencia de los contemporáneos: los principios de igualdad y libertad se difunden por doquier e incluso la fraternidad (o solidaridad), sin que por ello pueda asegurarse su predominio. Pero cada vez más sociedades ajenas a esa tradición son involucradas y cada vez más el tejido convencional de nuestras sociedades es alcanzado por esos principios. Podemos reconocer la continuidad de la democracia en la preservación de sus principios característicos, pero estos están en curso de adoptar un giro. La vida ciudadana esta signada por la fluidez en las pertenencias. Ello tiene un registro sociológico pues los bienes que se producen desde los alimentos y las vestimentas, los vínculos sociales y comunicacionales, hasta las tecnologías de la comunicación mediática y política, no son los mismos y no los son tampoco los modos de producir. Pero esa fluidez, el individualismo extendido y sustentado en una conciencia de derechos, la emergencia, reemergencia y reconfiguración de grupos particulares que reclaman por la exclusión, las carencias o por el respeto de sus particularidades culturales generan una sociabilidad cambiante y conflictiva[1]. En consecuencia, las instituciones heredadas se debilitan o fene-

---

* Se retoman argumentos inicialmente expuestos en "Representación política y contrademocracia" (2011). El licenciado Santiago Battezzatti y la licenciada Andrea Pereyra Barreyro estuvieron a cargo de la revisión técnica de este artículo.
** Facultad de Ciencias Sociales, Universidad de Buenos Aires (UBA). Consejo Nacional de Investigaciones Científicas y Técnicas (CONICET). Argentina.

[1] A. Giddens (1999) sostiene que los modernos han roto los carriles que condicionaban a nuestros antepasados. Según esta perspectiva, la reflexibilidad de los modernos y en particular de los contemporáneos, hace a éstos los gestores del mundo que habitan, pero les requiere estar decidiendo permanentemente sobre esa construcción de la realidad. La particularidad del mundo social, es

cen y las constituciones son revisadas o completamente rehechas en vistas a reflejar la nueva forma de sociedad.

Hacemos hincapié en la reconfiguración de la forma de sociedad –la democracia mutando a un nuevo momento–, cuyo signo inmediato es precisamente la fluidez en la formas: el continuo proceso de institución y desinstitución sustentado en primer lugar en la expansión del principio igualitario que subvierte la dimensión aristocrática del régimen político. En otras palabras el régimen mixto –igualdad democrática/privilegios de elites– vería alterado su equilibrio; no significa que su doble signo fuese a desaparecer, pero está ahora sujeto a una tensión que acarrea una reformulación permanente como resultado de la expansión igualitaria.

Pueden indicarse algunos hitos en las ambivalencias de la expansión del principio igualitario y en la reflexión sobre ellas, que pueden dar luz a la comprensión de los cambios actuales.

En el momento de las fundaciones democráticas A. De Tocqueville percibía una propensión inherente al principio democrático: que la igualación de condiciones llevase a una suerte de ensimismamiento de los individuos en lo privado y lo particular que acarrease el abandono de la vida pública y posibilitara "un nuevo despotismo", en otras palabras que se instalara un régimen político con igualdad formal, libertad individual para proseguir los planes de vida y a la vez consagración de una sociedad postpolítica gobernada por un amo protector (Tocqueville, 1981). La "igualación de condiciones" significa que las diferencias sociales ya no son percibidas como naturales y que los lugares de los individuos no están asignados definitivamente por la cuna. Es decir, la legitimidad –y en consecuencia el dominio– fundada en la estirpe, la sangre o la pertenencia familiar se halla desacreditada por la emergencia de una nueva representación del mundo. Afirma Tocqueville: "No se ha visto de ningún modo sociedades en que las condiciones fuesen tan iguales, que no se encontrase en ellas ni ricos ni pobres; y, en consecuencia, amos y servido-

---

que éste se halla permanentemente transformado puesto que el discurso sociológico y científico ingresa permanentemente en los contextos que analiza transformándolos. "La reflexión de la vida social moderna consiste en el hecho de que las prácticas sociales son examinadas constantemente y reformadas a la luz de nueva información sobre esas nuevas prácticas, que de ese modo alterna su carácter constituyente". Pero este conocimiento del mundo actual contribuye a darle a éste un carácter cambiante e inestable. Este rasgo de la modernidad puede ser captado en toda su magnitud si "nos percatamos que se funda en el resquebrajamiento de los dos pilares que fueron en el pasado característicos de la condición humana: la naturaleza y la tradición".

res. La democracia no impide que estas dos clases de hombres existan; pero ella cambia su espíritu y modifica sus relaciones"[2]. Pero la igualdad es un referente simbólico, poderoso ordenador de las relaciones sociales, lo que se traduce en una formulación de pertinente actualidad. "En vano la riqueza y la pobreza, el comando y la obediencia ponen accidentalmente grandes distancias entre dos hombres, la opinión pública, que se funda en el orden corriente de las cosas, los aproxima del nivel común y crea entre ellos una suerte de igualdad imaginaria, a despecho de la desigualdad real de sus condiciones" (Tocqueville, 1981). Este vínculo imaginario es el sustento de la revolución social democrática cuya marcha considera Tocqueville como irresistible. Pero detecta en el principio que la anima una ambivalencia, por una parte el impulso a la independencia y a la indocilidad que aunque puede derivar en anarquía es lo que inclina a la independencia política, por otra parte el riesgo de la caída en la servidumbre, es decir en una igualdad de condiciones recluida en las aspiraciones privadas al bienestar que conlleve el abandono de los asuntos públicos y en consecuencia acarree el sometimiento a un amo protector[3].

---

[2] "Cuando las condiciones son casi iguales, los hombres cambian permanentemente de lugar; hay todavía una clase valet y una clase de amos; pero no son siempre los mismos individuos, ni sobre todo las mismas familias que lo componen; y no hay más perpetuidad ni en el comando ni en la obediencia" (Tocqueville, 1981).

[3] "Pienso entonces que la especie de opresión que amenaza a los pueblos democráticos no se parece a nada de lo que ha precedido en el mundo; nuestros contemporáneos no podrían encontrar la imagen en sus recuerdos. Yo mismo busco en vano una expresión que reproduzca exactamente la idea que me formo y la contiene; las antiguas palabras de despotismo y de tiranía no convienen en absoluto: La cosa es nueva, debemos tratar de definirla, dado que no puedo nombrarla.

Quiero imaginar bajo qué rasgos nuevos el despotismo podría producirse en el mundo: veo una multitud incontable de hombres semejantes e iguales que giran sin descanso sobre ellos mismos para procurarse pequeños y vulgares placeres, con los que llenan su alma. Cada uno de ellos, apartado, es como un extraño al destino de los otros: sus hijos y sus amigos particulares forman para él toda la especie humana; entretanto en lo que hace a su conciudadanos, él está a su lado, pero no los ve; los toca pero en absoluto los siente; no existe sino es en sí mismo y solo para él, y, si le queda todavía una familia, puede decirse al menos que no tiene más patria.

Encima de aquellos se eleva un poder inmenso y tutelar, que se encarga sólo de asegurar su goce y de velar por su suerte. Es absoluto, detallado, regular, previsor y suave. Se parecería a la potencia paterna si, como ella, tuviese como objeto preparar los hombres para la edad viril; pero busca por el contrario fijarlos irrevocablemente en la infancia (…)", subrayando más adelante la ambivalencia de las pasiones democráticas: "Nuestros contemporáneos son trabajados incesantemente por dos pasiones enemigas: sienten la necesidad de ser conducidos y las ganas de permanecer libres. No pudiendo destruir ni uno y otro de estos instintos contrarios se esfuerzan por satisfacer ambos a la vez" (Tocqueville, 1981).

Expresa así el temor liberal a la expansión del poder del Estado en detrimento de la libertad de los individuos, pero también debe verse en su prosa una premonitoria sensibilidad a un aparato de Estado, y a corporaciones agregaríamos en una perspectiva contemporánea, que concentren decisiones con el telón de fondo de una ciudadanía desinteresada de sus acciones.

Más de un siglo y medio después, una pensadora contemporánea, Dominique Schnapper, ha formulado un diagnóstico sobre la sociedad actual, a la que califica de "democracia providencial", retomando el argumento según el cual la pasión por la igualdad puede acarrear el ensimismamiento de los individuos. Para esta pensadora la decadencia del espíritu republicano, en otros términos del sentido de pertenencia a una comunidad política, está ilustrado por la propensión a la autorrepresentación. El individualismo democrático, traducido en la multiplicación de derechos y en la consiguiente multiplicación de los particularismos (minicolectividades) iría en detrimento de la representación política y del reconocimiento de la autoridad: "del mismo modo (…) el individualismo debilita las instituciones nacionales por las cuales estaba tradicionalmente asegurada la integración de la sociedad. La crisis de legitimidad no concierne solamente a las instituciones políticas sino a todas las instancias sociales. Que se trate de la Escuela, la Iglesia, de los Sindicatos o de los grandes servicios de la nación, ninguna institución ejerce más una autoridad que se imponga por sí misma" y concluye: "La autoridad no es nunca definitiva, siempre debe conquistarse" (Schnapper, 2000)[4]. En este sentido, Schnapper advierte también una consecuencia social del debilitamiento institucional: "Las instituciones fuertes protegen a los más débiles" (Schnapper, 2000).

En la vida política el debilitamiento característico es la declinación de la trascendencia republicana. En esas condiciones la representación política sólo podría aspirar "a devenir el medio de expresión de las necesidades e identidades de los individuos" y no a elaborar la voluntad general (Schnapper, 2002)[5]. Pero en verdad esta representación está desacreditada incluso

---

[4] Y las consecuencias de una legitimidad que es cada vez puesta en juego son explícitas: "Los individuos se atribuyen el derecho de no aceptar las instituciones en tanto tales, de apreciar su legitimidad, de juzgar caso por caso si las normas que ellas establecen deben ser obedecidas" (Schnapper, 2000).

[5] "(…) la política tiende, de más en más, a gestionar las relaciones cotidianas entre los hombres y no a alcanzar una manera de vivir juntos" (Schnapper, 2002).

para expresar las demandas pues su pretensión de acreditar méritos y virtudes que le serían propias, en las condiciones contemporáneas, carece de credibilidad. En consecuencia, "El *homo democraticus* tiende a pensar que no puede ser representado si no es por sí mismo". La fluctuación del voto, la declinación de la identificación con los partidos serían "un síntoma de la voluntad del individuo democrático de expresar su elección personal, de juzgar las personas y de rechazar la 'oferta política' que se le propone (…) No sigue necesariamente las consignas de voto del partido del que se siente más próximo" (Schnapper, 2002)[6].

De modo que la mutación contemporánea de la democracia podría ser considerada como un retorno a los orígenes y como el fin de un paréntesis. Al menos si se adopta la perspectiva del "liberalismo atomista" de Benjamin Constant quien en las primeras décadas del siglo XIX sostenía que lo propio de los modernos –a diferencia de los griegos de la antigüedad– era el goce de la libertad individual, siendo el gobierno una suerte de tarea de gestión delegada a fin de permitir el disfrute pleno de esa libertad privada. Pero, pese a esos pronósticos, durante largo tiempo la política no fue desplazada por la administración. En Occidente, la conflictividad social alimentó el surgimiento de las socialdemocracias y luego de partidos comunistas, de forma tal que las escenas políticas estuvieron signadas por la conflictividad, e incluso por la mutación totalitaria o su amenaza con el advenimiento del nacionalsocialismo, el fascismo y el estalinismo. A fines del siglo veinte, con la caída del muro de Berlín y la desagregación de los regímenes heredados del estalinismo, la democracia se convirtió en la forma política por excelencia, a la vez que se abría un interrogante sobre su futuro. Es ahora que los pronósticos de Benjamin Constant sobre la "libertad de los modernos" han recobrado actualidad.

Puede sin duda reconocerse la reemergencia amplificada del componente individualista percibido por los clásicos (Alexis de Tocqueville, Benjamin Constant), pero el conjunto de la escena difiere de la del pasado decimonónico: concentración de poder en el ejecutivo pero generalmente

---

[6] Pero la desafección por el encuadramiento tradicional no conlleva el desprecio del régimen político: "Este cuestionamiento de la representación no conduce a rechazar las reglas fundamentales de la democracia (…) El hecho de ir a votar o de aceptar los resultados de la elección manifiesta un acuerdo y una convicción: se debe arreglar los conflictos por el voto y no por la violencia" (Schnapper, 2002).

poco durable e inestable; como contrafaz, ciudadanos generalmente poco identificados con las fuerzas organizadas de la política y, salvo minorías, poco participativos pero frecuentemente informados y que irrumpen regularmente con sus demandas y sus vetos en la escena pública con capacidad de desestabilización. Se eligen gobernantes ahora sobre la base de una diferenciación sustentada en la imagen de los líderes, ella cuenta más que las promesas o programas característicos de los partidos predominantes en la fase precedente (Manin, 1995; Rosanvallon, 2006)[7]. El voto con frecuencia tiene un carácter retrospectivo, es decir se aprueba o se rechaza el ejecutivo saliente, o aun cuando en la escena no se presenta el candidato de la continuidad, igualmente la preferencia, al menos en parte, se orienta más por el rechazo que por la promesa. Los gobernantes, no atados por promesas electorales precisas y sin las restricciones de la otrora fuerte vigilancia partidaria que pesaban como opinión de los pares y como bloque parlamentario partido-dependiente, gozan de una nueva libertad reforzada por la incerteza de un contexto nacional e internacional cambiante. Esos gobernantes con nuevas capacidades son más libres de decidir pero también más frágiles, pues deben cada vez renovar la legitimidad de sus actos. Los ciudadanos se pronuncian electoralmente, pero permanecen alertas ante las principales decisiones, puesto que votan liderazgos en una escena electoral y reconocen la legalidad de los gobernantes, pero preservan la distancia con el poder y cada uno de sus actos. Ciudadanía que no delega completamente la soberanía; en la medida en que permanece alerta alimenta su actividad en referencia a otras representaciones no surgidas del acto electoral[8], incluidas las que genera en ocasiones de su movilización en el veto o el estallido cuando se autorrepresenta o se provee de delegaciones/representaciones efímeras.

La distancia y el descontento ciudadano y el que las elecciones consagren un vínculo de representación acotado resulta de las particulares condiciones que advienen con el nuevo siglo: debilitamiento de las identidades ideológicas y sociológicas en el interior de las cuales las diferencias entre quienes go-

---

[7] En este punto, resultan claves los aportes de B. Manin (1995) y P. Rosanvallon (2007). Por su parte, este último destaca que el voto ya no es la expresión de una identidad como era predominantemente en el pasado sino de preferencias fluctuantes en las que interviene la negatividad.

[8] Especialmente aquellas investidas de la imparcialidad o de la reflexividad, según Rosanvallon (2010).

zaban de privilegios y quienes no, se hallaban desdibujadas puesto que el clivaje dominante se derivaba de la "contradicción principal"[9].

La mutación democrática[10] va, entonces, en dirección de una democracia continua[11], el acto electoral persiste como decisivo para la consagración de gobernantes legítimos, pero se opaca en vistas a la emergencia o fortalecimiento de otras representaciones y legitimidades que alimentan una vida política ininterrumpida en que los ciudadanos evalúan permanentemente a los gobernantes y vetan aquellas decisiones no argumentadas convincentemente o no satisfactorias. Mutación hacia una democracia de ciudadanos autónomos que desafían a líderes. Estos procuran establecer lazos instituyentes en vistas a la conformación de coaliciones forzosamente heterogéneas pues aglutinan los retazos de las formas organizacionales precedentes.

En América Latina, la mayoría de los países no conocieron regímenes políticos que se acordaran durablemente con el dispositivo institucional de la democracia representativa[12], salvo excepciones persistieron democracias limitadas e inestables, con el antecedente de las dictaduras militares expandidas en casi toda la región desde los años 60.

A inicios de la década de los 80 una cascada democrática se extendió por la región e inició una nueva época que se prolonga hasta el presente. Algunos la calificaron como parte de la "tercera ola", en sintonía con la extensión de una prédica de derechos humanos y políticos cuyos primeros efectos se hicieron sentir en la democratización en Europa del sur (Grecia, España y Portugal).

Las nuevas democracias o en algunos casos las democracias restauradas, con el paso del tiempo no satisficieron las expectativas dominantes en ese entonces. Se creía que se progresaría hacia el modelo, "idealizado", provisto por

---

[9] Esta expresión tomada de la terminología comunista que se refería a la delimitación de dos campos: el partido y los aliados, frente a los adversarios o enemigos en la lucha anticapitalista, corresponde a una lógica operante para las principales fuerzas políticas en la época de "la democracia de partidos".

[10] La calificación del tipo de democracia que emerge ha sido objeto de diagnósticos convergentes: "metamorfosis de la representación" para B. Manin (1995), en cuanto a P. Rosanvallon (2007), él se refiere a "una nueva edad, postrepresentativa de la democracia, que daría mas consistencia al ideal de una ciudad viva".

[11] Expresión empleada por D. Rousseau (1995).

[12] P. Rosanvallon (2007) afirma fundadamente: "En el sentido fuerte no hemos conocido regímenes plenamente democráticos", sin embargo la profundidad y estabilidad democrática fue mas continua en el hemisferio norte de Occidente que en la región latinoamericana.

las democracias del Norte justo en el momento en que éstas –como lo ilustran los análisis conceptuales precedentemente mencionados– ingresaban en crisis o en metamorfosis; se esperaba la consolidación de democracias procedimentales que dejaran atrás las formas de movilización y legitimación políticas calificadas de populistas paralelas a una débil institucionalidad.

Sin embargo, un sustento decisivo de la democracia fue alcanzado en detrimento de los poderes corporativos y en particular del militar: el acceso al poder tendría como único resorte el voto. Aquello que las constituciones establecían pero que en poco correspondía a las prácticas adquirió vigencia con el giro democrático de los años 80, por lo que se generalizó el calificativo de democracias electorales para los regímenes políticos imperantes.

Pero el rumbo de la democracia transitaba senderos imprevistos que parecían anticipar su decadencia, e incluso su fin. A inicios de los años 90, Guillermo O'Donnell acuñó el término "democracia delegativa" para referirse a esos regímenes latinoamericanos que eran democracias porque se llevaban a cabo elecciones regulares y competitivas y se preservaban, en grado variable, las libertades públicas. De este modo eran compatibles con una definición minimalista de la democracia. Sin embargo, el ejecutivo que surgía de esas elecciones ejercía una voluntad política basado en el principio que el voto popular lo habilitaba a detentar una soberanía absoluta y excluyente, desconociendo o subestimando otras instancias de representación (el Congreso) o de contralor (la Justicia, la Corte Suprema, las fiscalías administrativas), y en términos generales propendiendo a no reconocer límites legales. Estos líderes por fuera de toda mediación establecen una relación directa con la ciudadanía y sustentan su poder en la reproducción de este vínculo.

Se consideró entonces que este tipo de democracia era facilitado por un contexto de crisis –económica y de orden público– en el que la sociedad buscaba "un salvador" y estaba dispuesta a proveer "cheque en blanco", es decir a dejar gobernar sin controles en la esperanza de que un orden fuese restablecido. Con el paso del tiempo el propio O'Donnell convino que este tipo de vínculo representativo directo que habilitaba un poder concentrado se establecía o perduraba más allá de los momentos o períodos de excepción (O'Donnell, 2011).

Fue este un primer paso en la búsqueda conceptual para caracterizar la transformación del régimen político en la región. Con el tiempo se incorporaron otras experiencias e investigaciones.

Como se indicó, con frecuencia se califica a los regímenes políticos imperantes en América Latina en términos de "democracias electorales". Pese a que en muchos casos se registran deficiencias, de significación variable, en los comicios –México, el más reciente en el recuento de votos en las presidenciales de 2006–, o en la legislación que los regula –Venezuela en 2010 con la distribución muy desigual de los legisladores por distritos, Chile con el sistema binominal de atribución de bancas de diputados, etc. –se reconoce que las elecciones son las que instalan gobernantes legítimos[13], y que incluso son el recurso para dilucidar crisis y encaminar el antagonismo con un mínimo encuadre de pacificación social. Pero esa referencia se asocia, desde ópticas diversas, con su descalificación pues se considera la democracia electoral como un estadio de "democracia elemental". Esta perspectiva apunta a poner de relieve que el resultado electoral puede habilitar el ejercicio de un poder presidencial concentrado y desconocedor de las restricciones institucionales dado que con frecuencia en estas sociedades el marco republicano –la institucionalidad en general y la vigencia de la ley para todos, y la división de poderes en particular– es débil. Puede ser, en ese contexto, que se coarten las libertades públicas al menos en la modalidad hasta entonces existente, y que el líder/Presidente y su entorno procuren eternizarse en el poder valiéndose de los recursos que les da el control del aparato de Estado.

Se ha objetado a esta crítica apresuramiento al asociar la democracia electoral con la culminación de proyectos hegemónicos que aspiran al monopolio *sine die* del poder, porque aunque en muchos casos estas democracias presentan déficits institucionales continúan, sin embargo, siendo competitivas.

Lo cierto es que los proyectos que ambicionan perpetuarse en el poder son el resultado de procesos electorales efectivos y en tanto esta característica se mantenga, el eternizarse en el poder encarnándolo en un movimiento o en un líder, se mantiene como pretensión. Los ciudadanos, los electores, convalidan el ejercicio del poder y con frecuencia en el caso de los regímenes de vocación fundacional, con apoyos muy significativos.

En varios de los regímenes existentes –fundacionales o no fundacionales– en paralelo a la declinación de la institucionalidad tradicional se ha expandido una movilización de nuevas características –en algunos casos en el

---

[13] En los países de la región no hay otros en el poder que aquellos consagrados en las urnas.

registro "popular" más conocido y en otras con modalidades "ciudadanas" inéditas– y aun una institucionalidad informal.

Las "democracias electorales" en sus diversas variantes no deberían ser consideradas simplemente como democracias incompletas, evaluadas así tomando como unidad de medida el paradigma clásico de democracia. Esta perspectiva, consiga el "desvío" de las democracias de la senda institucional subrayando falencias ciertas referidas a que los viejos regímenes que se resquebrajan habilitan con frecuencia escenas políticas donde se burlan las leyes y las constituciones, pero lo que no se percibe son los cambios societales y culturales que han modificado radicalmente la vida política y particularmente la relación de los ciudadanos con los gobiernos y los estados. De modo que ese análisis político tradicional interpreta el presente como si los "desvíos" actuales fueran a ser superados por un encarrilamiento que conduciría a los canales institucionales clásicos, que si bien fueron infrecuentes en América Latina eran el modelo que proveían las democracias del hemisferio norte y los manuales de ciencia política.

Se puede considerar, sin embargo, que las transformaciones –la "mutación democrática" a la que asistimos, no en sus derivaciones circunstanciales, sino en sus condicionamientos históricos y sociales– son irreversibles. Si así fuese, el desafío sería no el de juzgar cuán conforme a la tradición es la evolución actual, sino el de identificar el posible curso ulterior a la descomposición del sistema representativo tradicional. Para que ello sea posible conviene percatarse que este cambio de época se registra también en las democracias más antiguas así como en las sociedades que emprenden su democratización –como las de parte del mundo árabe–, pero bajo modalidades inéditas. La descomposición del sistema representativo tradicional y la emergencia de formas más efímeras de representación electoral y no electoral e incluso de autorrepresentación, y una sociabilidad posibilitada por las nuevas tecnologías de comunicación bastante sustraída a los condicionamientos en el mundo del trabajo parecen ser rasgos comunes, con características variables, de la referida mutación en las diferentes latitudes.

En síntesis, para abrir los ojos a lo que sucede debería ser posible no identificar a la democracia con un momento de su historia y con un dispositivo institucional particular. Ello no quiere decir que la mentada mutación democrática sea una creación *ex nihilo* y no se reconozcan continuidades.

I. La elección para consagrar gobernantes legales, o incluso un poder semiencarnado

El electoralismo se ha extendido en América Latina, no sólo en el ámbito de la representación política sino también en la vida asociativa, gremial y aun en las protestas *ad hoc*. Es la reafirmación de un principio de soberanía e igualdad ciudadana que se encuentra por doquier.

En el ámbito específicamente político, las elecciones son, desde el renacimiento democrático de los '80, el único modo de acceso al poder y ello ha ido en detrimento de los poderes corporativos del pasado. Pero a la vez, el acto electoral se ha acotado a un procedimiento para elegir gobernantes, es decir, un vínculo representativo restringido. Las elecciones han consagrado el principio de la renovación del poder sustentado en la expresión de la voluntad ciudadana; sin embargo, paradójicamente puede ser que en ciertas circunstancias ellas habiliten la continuidad de un poder semiencarnado[14]. De modo que la vigencia de las elecciones –a veces atenuada por la desafección ciudadana traducida en abstencionismo–, reviste un carácter ambivalente. Las elecciones dan sustento a un gobierno reconocido y son también la oportunidad, a veces, para dirimir rumbos políticos pacíficamente en contextos de antagonismo o de crisis, pero su alcance se ha limitado a atribuir legalidad a los gobernantes. Es cada vez menos frecuente que la postulación para las responsabilidades ejecutivas se acompañe de una promesa específica o de un programa de gobierno, y aun cuando ello sucede tiene pocas implicancias para la ulterior relación gobernantes/gobernados. Las propias circunstancias nacionales e internacionales cambiantes obligan a los gobernantes a redefinir rumbos y con frecuencia a archivar promesas, cuando las hubo. De modo que el voto es una opción en una escena en que se eligen gobernantes,

---

[14] Se considera que un poder encarnado es el que identifica un proyecto o un principio (la Nación, el Pueblo, la Justicia, etc.) con una persona o una filiación como sucedía en las monarquías. En estos casos latinoamericanos parece apropiado referirse a semiencarnación pues el liderazgo supremo se presenta como sustancial y casi insustituible, pero un desplazamiento continuista del mismo hacia otro líder no está completamente excluido, aunque se considera como una posibilidad marginal o indeseada y la alternancia en el poder, aunque no se ha experimentado aún, no está formalmente excluida. Es el caso de Venezuela en donde una reforma reciente permite la reelección indefinida del Presidente. Esta pretensión inicialmente frustrada en una consulta electoral, fue finalmente aprobada cuando la posibilidad de la permanencia en el poder de por vida se hizo extensiva a los gobernadores y alcaldes. Disposiciones similares se anuncian en Bolivia y la Argentina.

entre ofertas que aspirar a ganar la confianza y en la que algunos o muchos electores con frecuencia optan por rechazo o por negatividad –se vota la alternativa a un adversario o el castigo a una acción de gobierno–. De modo que en los tiempos presentes parecen revalidarse las teorías de los pensadores elitistas: los gobernantes no actúan por mandato. Y sin embargo, ahora más que nunca, están a merced de una ciudadanía que en general no es participativa, pero suele estar informada y alerta, y es propensa a la protesta y a la descalificación de los gobernantes[15].

Este debilitamiento del mandato o del voto programático puede estar compensado por un sentido consistente de la acción gubernamental futura connotada por los candidatos. Es lo que sucede con el pronunciamiento ciudadano en el inicio de los ciclos en que se han presentado alternativas generales de rumbo político: la coalición antidictatorial –como la Concertación en Chile luego que Pinochet perdiera el plebiscito–, la salida de una crisis profunda en ruptura con la ortodoxia económica reinante o como la Argentina luego de la debacle 2001/2002 con la alternativa crítica que encarna el derrumbe de un sistema político con promesas de democracia ciudadana, participación, etc., o como Venezuela, Bolivia y Ecuador luego del fracaso de sus democracias limitadas. Sin embargo, aun en esos casos el voto ha tenido un componente variable pero considerable de negatividad –o rechazo a los políticos del pasado, a los adversarios del momento– y eventualmente, como se ha señalado, el apoyo a un rumbo genérico.

Pero en los tiempos actuales las elecciones no convalidan una transferencia completa de soberanía a favor de los gobernantes[16]. Aunque se consagran gobernantes legítimos, o más estrechamente investidos de una legalidad que

---

[15] Aun siendo una arena compuesta por individuos y particularidades, la ciudadanía es heterogénea y las tendencias apuntadas no se efectivizan del mismo modo para todos. Es decir que la ciudadanía –en la medida en que se trata de una democracia plena– no es un mero agregado de pertenencias sociales, culturales o étnicas, sino que hay condicionamientos socioculturales que inciden en la inserción mayor o menor en la comunicación política y en la disposición para actuar colectivamente.

[16] Existe una ambivalencia en la relación de los ciudadanos con los líderes de popularidad. Como se ha indicado –sobre todo en contextos de crisis, pero no solo en esas circunstancias–, el vínculo puede ser delegativo (O'Donnell, 2011), esto es, gobernantes que ejercen el poder sin control, pero que gozan de libertad de acción porque no formularon promesas y suelen no estar acotados institucionalmente, ven emerger el veto ciudadano cuando las decisiones no aparecen legitimadas; ha sido el caso de F. Collor de Mello y A. Fujimori, y en menor medida de C. Menem, quienes inspiraron las primeras reflexiones sobre la "democracia delegativa".

no es puesta en duda, las decisiones de gobierno más significativas que se impulsen, las que se sitúen en el centro de la agenda pública, requerirán en cada caso de una legitimación específica. Del voto no se deriva una lealtad con los representantes que vaya a sostener cada una de sus decisiones. Debe entenderse que la legalidad de los gobernantes, que solo es puesta en cuestión en situación de crisis extrema, y ello es infrecuente[17], está disociada de la legitimidad de los actos de gobierno que son motivo de un pronunciamiento ciudadano implícito o explícito en cada caso. Esto se ha visto con los vetos ciudadanos en los años recientes, por ejemplo en Bolivia con el reajuste de precios de los hidrocarburos o con el intento de construir una carretera que atravesara el TIPNIS (Territorio Indígena Parque Nacional Isiboro-Sécure, un territorio considerado propio por aborígenes que la habitan); en la Argentina, con el incremento de los gravámenes a las exportaciones agropecuarias; en Chile, con el sistema de transporte Transantiago y luego con las reformas educativas; y en Colombia, con una reforma educativa rechazada por los estudiantes universitarios.

En términos generales, puede constatarse que la concentración de poder en los líderes/presidentes procura ser contrarrestada, ya no en primer lugar por el Congreso o los opositores organizados partidariamente –como la tradición republicana lo había establecido–, sino por otras instituciones preexistentes o emergentes que devienen representativas. Éstas asumen "función representativa" derivada de la pretensión de imparcialidad de la que están investidas y del reconocimiento ciudadano a ese desempeño. En América Latina, por lo general, no se han desarrollado comisiones públicas de ética sanitaria o de vigilancia de la equidad en el funcionamiento de la comunicación pública y política que gocen de reconocimiento por su independencia y de apoyo estatal. Entonces, reconocemos tres grupos de autoridades sostenidos en su legitimidad pública que ejercen funciones formales o informales de contralor y que tienen pertinencia para el respeto de las reglas de juego –electorales y de competencia política u otras–, para la protección de derechos –cortes constitucionales o asociaciones sobre una variedad de derechos, desde los ambientales hasta los de salud–, o en el ámbito de la preservación de

---

[17] Gobernantes que han debido dejar el poder por la desafección ciudadana expresada en protestas y estallidos: en Brasil, F. Collor de Melo; en Bolivia, G. Sánchez de Lozada; en Perú, A. Fujimori; en Ecuador, A. Bucaram y L. Gutiérrez; en la Argentina, F. De la Rúa.

la libertades públicas y de la argumentación en vistas a la verosimilitud de la información –diferentes ONGs, medios de comunicación u otras que denuncian o llaman la atención de la opinión pública sobre la información que circula–.

Los medios de comunicación son animadores decisivos de la comunicación política. Muchas veces no se caracterizan por su independencia respecto de grupos de interés o de alineamiento ideológico y son denostados por los gobiernos que emprenden refundaciones o proyectos reformistas, quienes acusan a la prensa tradicional de tergiversar la realidad o perjudicar el rumbo político fijado por la voluntad popular, es decir, las políticas de gobierno. Así, la prensa gráfica, la televisión y la radio están en el centro de una polémica sobre las condiciones de su existencia. La ampliación de la ciudadanía y los derechos transmite un sentido cuestionador de las elites que se extiende a la arena de la comunicación política. Se cuestionan monopolios y privilegios en este ámbito, pero la reclamada ampliación de emisores y comunicadores puede ser el pretexto para restricciones a la libertad de palabra y de información dando lugar a que se establezcan censores públicos que arbitren y sancionen sobre la verosimilitud de la información y la interpretación, y a que monopolios sean desplazados por otros que responden a las facciones gubernamentales. La lucha política por la regulación del espacio público y la comunicación es ilustrativa de la importancia que tiene el proceso continuo de relegitimación de gobernantes y líderes en general y del malestar que provoca en ellos la circulación de los mensajes fuera de su control[18].

De modo que junto a la representación que surge de una voluntad mayoritaria expresada en las urnas, se despliegan instituciones de representación, legales unas informales otras, que actúan en nombre de una imparcialidad que procura preservar los principios generales constitutivos de la comunidad política –los derechos, la vigencia de principios constitucionales o su interpretación ampliatoria– satisfaciendo una aspiración de consenso en torno de normas básicas, presente en las sociedades democráticas, aspiración que

---

[18] Dilma Rousseff, presidenta de Brasil, caracterizada como líder de izquierda democrática, declaraba: "Digo y repito que prefiero el barullo de la prensa libre al silencio de las dictaduras. Las críticas del periodismo libre ayudan al país y son esenciales para los gobiernos democráticos, indicando errores y resaltando la necesaria contradicción" (*O Estado*, 5/10/11).

se reaviva cuando la institucionalidad representativa tradicional se ha debilitado o resquebrajado (partidos políticos, Congreso).

Un recurso para paliar los límites del vínculo representativo surgido de las elecciones en las nuevas condiciones reside en la promoción de formas participativas y de democracia directa. En cuanto a la participación, una diversidad de experiencias se han multiplicado en los países de la región, la más notoria de las cuales es el presupuesto participativo. Esas prácticas tienen alcance variado y parece haber involucrado sectores más amplios en las poblaciones carenciadas o en proceso de integración urbana, allí donde las demandas en términos de agua corriente, servicios sanitarios, energía y servicios de transporte son características. Los vecinos en esos casos se involucran en la ejecución de tareas que mejoran sus condiciones de vida, pero su capacidad decisoria suele ser escasa o nula. También lo es en las políticas distributivas a nivel local, incluido el presupuesto participativo. Las políticas participativas son en definitiva un vector de extensión de la red estatal, recurso de ejecución pero pueden en algunos casos fomentar formas más autónomas de asociatividad ciudadana[19].

Los recursos de democracia directa están inscriptos en las nuevas constituciones, a veces en vistas a vehiculizar una expresión ciudadana que complemente la representación y en otros para disminuirla o sustituirla. Las experiencias recientes de plebiscito en Bolivia, para la elección ciudadana de jueces luego de una selección parlamentaria de candidatos, y en Ecuador, para someter al pronunciamiento ciudadano varios temas entre ellos los referidos a la reforma de la justicia y a los medios de comunicación, resultaron en un traspié para los gobernantes. Estrechos márgenes de voto positivo para esas propuestas impulsadas por líderes populares, pero que al someterse a una práctica plebiscitaria provocan la convergencia de variadas oposiciones y descontentos en el rechazo, ilustraron los límites de los movimientos refundacionales y los riesgos que corren los gobernantes que buscan plebiscitarse. Aun en esos procesos de reforma e intensidad política, la desconfianza es una actitud enraizada en los ciudadanos.

---

[19] Sobre estos temas puede consultarse: R. Annunziata (2012), A. Olvera (2006), M. López Maya (2011). Por su parte, L. Avritzer (2010) afirma: "El acceso a bienes públicos, tales como la pavimentación de calles, redes cloacales, clínicas sanitarias en barriadas pobres, legalización de la propiedad, es el origen de la mayoría de los movimientos sociales en muchas capitales brasileñas".

En tanto las elecciones devienen el referente principal de la vida pública, otra paradoja es que los principales recursos del sistema representativo y de la competencia política se hallan debilitados o desarticulados. Es decir que con frecuencia, a la hora de la renovación periódica de los representantes, no se registra una continuidad ni en las identidades políticas partidarias, ni en las alianzas ni en los alineamientos ciudadanos. La competencia política que en el pasado tenía como referente al sistema de partidos, en muchos casos no lo tiene más y aún en donde persiste cierta continuidad de las fuerzas políticas en presencia, ésta se halla jaqueada o desequilibrada por la fluctuación del voto y por las identidades emergentes[20]. En las últimas elecciones presidenciales en Chile con la candidaturas de M. Henríquez Ominami y J. Arrate, en Colombia con la de A. Mockus, en Brasil con M. Da Silva. También en las grandes ciudades suelen elegirse alcaldes a contracorriente de lo que fue el voto ciudadano a nivel presidencial: M. Macri en ciudad de Buenos Aires, S. Villarán en Lima, G. Preto en Bogotá.

Los liderazgos de popularidad emergentes, a nivel nacional pero también provincial o distrital, dan la tónica de un proceso de reconfiguración de identidades de tipo personalista. Estos líderes son instituyentes ya sea porque

---

[20] En un artículo escrito en el transcurso de la campaña presidencial peruana, se afirmaba: "Frente a organizaciones sin militancia ni electores fieles, el apoyo de los electores fluctúa drásticamente, a medida que los candidatos se posicionan con mayor o menor éxito en relación con aquellos temas que preocupan más al electorado en determinado momento" (Tanaka, Barrenechea y Vera, 2011). Otro analista político peruano sostiene: "Los partidos no cumplen sus promesas, ni tienen la capacidad de representar intereses locales, y los ciudadanos sienten enorme desconfianza con las autoridades políticas nacionales (…) El tipo de intermediación entre la sociedad y el Estado través de los partidos colapsó librando a militantes y ciudadanos de sus identidades previas" (Panfichi, 2011). Por otro lado, diversos analistas políticos chilenos, en una sociedad que se caracterizaba por la solidez de su sistema partidario, formulan observaciones convergentes. M. A. Garretón considera que el movimiento estudiantil que en 2011 cuestionó el fundamento del sistema educativo "neoliberal" imperante, "ha desencadenado un momento refundacional", considerando que "por primera vez en treinta años estamos frente a movimientos ciudadanos que se apartan de los partidos y no necesitan expresarse a través de ellos" (Garretón, 2011).
En Uruguay, el otro país de tradición institucionalista de América Latina, G. Caetano (2011) interpreta la evolución en los siguientes términos: "un nuevo electorado, con aperturas e identificaciones más impensables que las de antaño…un votante menos cautivo y más independiente".
Las interpretaciones sobre el proceso político colombiano por distintos analistas es ilustrativa.
Con motivo de las elecciones de alcalde de Bogotá se afirmaba: "Más que discusión sobre proyectos lo que se escucha en la calle son rumores alarmistas generalmente falsos sobre lo que haría uno y otro si lo dejarán llegar a la Alcaldía. Tampoco los partidos motivan a los bogotanos. Los candidatos han dado tantas vueltas que ya es difícil ubicarlos con claridad en alguno. Parody estuvo siete de los

suscitan un lazo representativo para competir electoralmente, o a veces porque luego de acceder al poder reformulan ese lazo representativo sobre bases diferentes: N. Kirchner en Argentina, quizá D. Rousseff en Brasil y M. Bachelet en Chile en sus primeros tiempos, J. M. Santos en Colombia. En todo caso los liderazgos son cada vez más los depositarios de la iniciativa política y los que configuran las alianzas y la oferta electoral. Los partidos, o con frecuencia lo que queda de ellos –las redes territoriales– son un recurso necesario, pero subordinado. No son los que fijan la agenda pública, ni son los vectores principales para la comunicación política, aunque esta afirmación no es igualmente válida para las grandes ciudades que para los pequeños poblados. La red territorial ha disminuido su significación, pero aún la mantiene para animar "en vivo" la campaña electoral, para fiscalizar los actos electorales –según el sistema de votación vigente– y sin duda para gobernar.

Puede argüirse que las tradiciones políticas siguen de algún modo vigentes y que la institución de nuevos vínculos representativos no es una pura creación *ex nihilo*, pero ellas ya no están identificadas con o monopolizada por una organización o un líder. Cuando guardan vigencia son objeto de disputa y apropiación por unos y otros y aun así para crecientes sectores ciudadanos los sentidos polémicos del presente tienen primacía por sobre los heredados.

ocho años de gobierno Uribe en el Congreso como representante del partido oficialista de la U, se peleó y hoy esta aliada con el ex alcalde Antanas Mockus. Este, a su vez, se fue del Partido Verde del que había sido precisamente candidato para enfrentar al uribismo en la contienda presidencial 2010. Peñaloza hizo campaña con Mockus y el Partido Verde como opositores al uribismo en la campaña presidencial pasada. Pero en esta recibió el apoyo de Uribe y de su partido. Por eso hoy representa una contradicción de términos: a verdes y a uribistas. Petro fue fundador del partido que unificó la izquierda en Colombia, el Polo Democrático, y que logró anotarse varias victorias, entre ellas la Alcaldía de Bogotá en 2003 y en 2007. Con ese partido fue senador y con ese mismo partido fue candidato a la presidencia en 2010. Pero con sus denuncias contribuyó a tumbar al alcalde Samuel Moreno del mismo Polo, quien hoy está preso. Armó su propio movimiento en el que lo acompañan varios ex funcionarios de éste y del pasado gobierno" (Ronderos, 2011). Respecto de los liderazgos nacionales R. Losada (2012) afirma: "(…) en los últimos 25 años en Colombia no ha gobernado el llamado PCC (Partido Conservador Colombiano) o el PLC (Partido Liberal Colombiano), porque cada candidato presidencial importante, es decir, con opción real de triunfo, así haya figurado como el candidato oficial de una de las dos confederaciones recién mencionadas, para garantizar la elección ha conformado una compleja alianza de fuerzas provenientes de distintas etiquetas partidarias, ha preparado y propuesto públicamente su propio programa de gobierno y ha manejado su campaña presidencial con completa autonomía frente a cualquier partido político. Es el caso del candidato ganador. Es la alianza constituida en torno suyo la que ha entrado a gobernar, y no el partido a cuyo nombre se presentó" en un sistema de partidos bajo tratamiento de choque: el caso colombiano".

De modo que en esa tendencia –por cierto variable según los casos nacionales– la proximidad de las elecciones inaugura un tiempo de constitución de identidades o más modestamente de formación de coaliciones electorales. En muchos casos en vísperas electorales emergen o continúan líderes que tienen o adquieren la capacidad de construir un vínculo representativo y competir. La competencia más desligada de sostenes territoriales y partidarios es la nacional –aunque no desligada de condicionamientos por parte de los poderes fácticos–, y la puja más ilustrativa de los nuevos tiempos es la presidencial.

Dadas las condiciones de desinstitucionalización mencionadas, en el escenario preelectoral se configuran identidades y coaliciones en torno de los líderes de popularidad quiénes pueden articular porque son locomotoras electorales. La intervención de esos líderes puede proponerse incidir en la consagración de su sucesor. Ha sido el caso de I. Lula da Silva al promover activamente la candidatura de D. Rousseff y condicionar las elecciones locales, y el de N. Kirchner al apadrinar en su momento la candidatura de C. Kirchner. Se ha subrayado que la débil identificación o aun la desidentificación de los ciudadanos con las fuerzas políticas existentes en cada escena, posibilita la fluctuación en los alineamientos al constituirse la oferta política, cuando se aproximan las fechas electorales. Pero la contrapartida del ciudadano independiente es cada vez más la fluctuación del propio personal político. Sin que se pueda aún hacer referencia a una clase política única que se redistribuiría periódicamente, sí puede indicarse que los criterios pragmáticos de alineamiento con tal o cual fuerza política y, para quienes pueden, el crear una nueva etiqueta política, prevalece en muchos casos por sobre las historias personales y organizacionales y sobre las identificaciones ideológicas. Y ello es cada vez más cierto aun en aquellas escenas políticas polarizadas[21].

El carácter cada vez menos programático de las campañas electorales hace que las disputas estén muy relacionadas con la acción del gobierno sa-

---

[21] T. J. Power (2010) afirma la existencia de una "alta tasa de fluctuación de los representantes de un partido a otros". Según este autor, un tercio de los diputados federales cambian de partido en cada sesión legislativa cuadrianual.

Respecto de Perú, J. Álvarez Heredia sostiene que "la continua división de los grupos parlamentarios y la formación de nuevos ha sido uno de los problemas más graves del parlamento", Blog 14/04/11.

liente o de la coalición gobernante –para sostenerla o para buscar su desplazamiento[22]–. En consecuencia la novedad de la identidad suele venir por el lado de las oposiciones o de las disidencias: A. Mockus en Colombia; F. Piñera y M. A. Enriquez-Ominami en Chile; A. M. López Obrador en 2006, en México. Con frecuencia se invocan en el lenguaje político partidario las nuevas condiciones de la política con el afán de conquistar las simpatías del electorado: la renovación dirigencial, la democracia ciudadana.

Por sobre todo, cada vez más los candidatos procuran devenir líderes populares actuando con una lógica de proximidad, creando redes alternativas a las partidarias y promoviendo prácticas de contacto directo de tipo identificatorio[23].

De modo que las campañas electorales cuentan. En su transcurso se constituye una escena y suelen configurarse capitales políticos inesperados. Ya no se puede dar por suficiente un voto identitario o cautivo para triunfar. Por el contrario, con frecuencia la campaña puede revertir las expectativas iniciales. Ha sido el caso de varios candidatos que al comienzo de las campañas eran líderes en las encuestas y luego fueron derrotados: A. Toledo en Perú, C. Serra en Brasil, A. M. López Obrador en México.

Se configuran coaliciones en torno de los líderes de popularidad en pugna, quienes son los verdaderos referentes de la escena electoral. Estas coaliciones pueden ser formalizadas en compromisos, pero también pueden ser solamente aparentes, es decir, en verdad actos de cooptación o alianzas de facto, obra del poder vertical del líder que incorpora o excluye aliados sin mediar acuerdos formales o institucionales.

---

[22] Pero cuando el candidato continuista no es el presidente saliente o una personalidad próxima de fácil identificación, puede suceder que se produzca una disociación. Esta fue notoria en el caso de las elecciones presidenciales chilenas en 2010: la popularidad de M Bachelet era muy alta pero no la de la su coalición (la Concertación) ni la de su candidato, que fue derrotado.

[23] Claro que la búsqueda de popularidad y del apoyo de organizaciones varía según el ámbito urbano/rural y las circunstancias políticas. F. Mayorga (2011) observa para Bolivia que "la imagen pública adquirió relevancia como requisito de selección y el espacio mediático se convirtió en el terreno extrapartidista donde comparecían los aspirantes a cargos electivos (…) en el área rural el rol del 'dirigente' tenía mayor importancia porque las candidaturas eran definidas con aval de los sindicatos y las organizaciones comunitarias".
Por su parte, para México S. Gómez Tagle (2011) observa "el encuadramiento de los votantes en las estructuras partidarias solamente resulta válido cuando no surgen candidatos realmente populares que sumen su capacidad de convocatoria a la de los partidos, en esas coyunturas especiales los ciudadanos parecen haber adquirido mayor autonomía".

Como se señaló, al momento de las elecciones nacionales la evaluación de la gestión del gobierno saliente divide aguas; pero en los "regímenes fundacionales" puede intentarse o producirse efectivamente un desplazamiento: quienes gobiernan alegan no detentar el poder o estar en disputa por él, con los poderes fácticos. La denuncia de las corporaciones, del capitalismo, del mundo de los negocios, o de los monopolios que controlan los medios de comunicación procura colocar a los gobiernos (sea la revolución ciudadana, la democracia participativa, el socialismo del siglo veintiuno o la nación multiétnica) en un antagonismo con los poderes mencionados. Si esa escena se instala, si se hace verosímil, las oposiciones políticas cuando son de "derechas" son tildadas de aliados de los poderes fácticos y si son de "izquierda" son calificadas de instrumentos de los poderosos que debilitan la contradicción principal. Si bien se trata de gobiernos voluntaristas y muy intervencionistas, el balance de lo actuado por un gobierno "fundacional" puede estar connotado por este desplazamiento en la designación del poder; a la hora de evaluar lo realizado suelen alegar que lo que no logró fue por la acción obstaculizadora de los poderes fácticos.

Esta polarización, en donde se han producido reformas sociales o han irrumpido nuevos actores populares en la escena pública, pretende reducir la representación a dos campos "estructurales" u "objetivos", uno de los cuales está connotado como tributario de la injusticia y eventualmente destinado a desaparecer. Quienes alegan la representación del pueblo o de la ciudadanía frente a los poderes fácticos procuran simplificar la vida política; no se admite que la representación es múltiple y construida y reconstruida en la competencia política –donde las identidades nacen y mueren en tanto que ciertos principios generales como la libertad, la igualdad, la justicia social son objeto de permanente reapropiación y reformulación en su adecuación al presente– y, en consecuencia, no se reconocen como legítimas las restricciones al ejercicio absoluto de la pretendida voluntad popular. Los poderes de imparcialidad (en particular las cortes constitucionales), o los mediáticos son ignorados o imputados por su pretendido –y a veces real– alineamiento con el campo de los poderes fácticos que quieren detener las reformas. Existe con todo un límite, que ha sido operante hasta ahora, en preservar la competencia y evitar la encarnación de los principios en actores políticos específicos: el pronunciamiento electoral ciudadano.

Sin embargo, puede registrarse el sesgo particular de la lucha política en el escenario descripto. El polo fundacional pretende ser la encarnación de principios transformadores, el modo de ejercicio del poder es conforme a la semiencarnación: poco deliberativo y muy decisionista. El polo opositor suele ser una amalgama de sectores democráticos hostiles al arrasamiento institucional y al autoritarismo de quienes gobiernan, con aquellos hostiles a las reformas sociales y a la ampliación democrática que conllevan los procesos refundacionales. Con frecuencia estos últimos son los más activos y pueden dar la tónica de la oposición al proyecto fundacional, lo que alienta la interpretación que hace hincapié en la naturaleza social de la confrontación en detrimento de su carácter político y democrático.

Se ha insistido aquí en subrayar los riesgos de ingobernabilidad que penden sobre los líderes ejecutivos de la democracia continua. Se trata de líderes que gozan de una inédita libertad de iniciativa, pero que deben revalidar sus títulos cada vez que toman decisiones, lo que los ponen a merced de una ciudadanía autónoma con capacidad de veto. Sin embargo esos líderes de popularidad que gobiernan, aun siendo vulnerables tienen importantes recursos a su alcance, al menos los han tenido en esta primera década del siglo XXI en América Latina. Las circunstancias históricas han favorecido un curso de la mutación democrática acelerado y con una acentuación de los rasgos personalistas del poder. La región ha conocido tasas de crecimiento extraordinarias y hasta cierto punto ha sobrellevado la crisis económica internacional. Ello se ha producido en paralelo a un vuelco en la opinión muy favorable al fortalecimiento de un Estado garante e intervencionista, pero que en muchos casos es poco institucional. Por cierto, las debilidades institucionales no se palian si no es en períodos largos. Por ello este fortalecimiento del Estado se ha hermanado frecuentemente con la concentración de poder en el Ejecutivo, y sus consecuencias para los ciudadanos han sido variadas. De todos modos, el fortalecimiento del Estado en sus capacidades, la expansión de políticas públicas y el incremento considerable de los recursos fiscales disponibles para el gasto ha capacitado a los gobernantes para dar sustento a su relación directa con los ciudadanos, y en el caso de los gobiernos refundacionales, a una política redistributiva mas intensa y directa en favor de los sectores populares. La caída significativa de la pobreza y la indigencia dan cuenta de estos cambios, que contrastan en muchos casos con la situación social imperante en la década de los noventa.

El dispositivo estatal por cierto es un recurso para la acción, pero a la vez el otro gran recurso, sobre todo de los proyectos refundacionales, ha sido la movilización, de alcance variable, protagonizada por una militancia generada y articulada en torno de la figura de una nueva política –democracia ciudadana, participación ciudadana, Estado multinacional y pluriétnico, socialismo del siglo XXI–. Esta franja de militancia, generalmente no heredada de las organizaciones del pasado, e inscripta en el ya mencionado más amplio movimiento oficialista ha permitido a algunos de esos liderazgos "inesperados" tener una mediación informal con sectores de la sociedad, alternativa a los aparatos tradicionales y pretender con figuras atractivas (imágenes colectivas y líderes individuales), al título de renovadores de la política, ajenos a los intereses de las corporaciones y del mundo de las finanzas[24].

II. La contrademocracia, nuevos espacios y nuevos actores

La mutación democrática ha implicado entonces una ampliación y desplazamiento del eje de la vida política. La expresión de la voluntad popular o ciudadana por medio de la representación ha sido relativizada por la expansión de los "poderes indirectos" (Rosanvallon, 2006). Es decir, que se han instalado otras legitimidades que relativizan el mandato atribuido por la mayoría electoral, y que apuntan a proteger el derecho de todos, a asegurar escucha y respuesta a los reclamos en un mundo de diversidad y a prestar atención a las particularidades emergentes. Puede concebirse de este modo una democracia continua: la ciudadanía no es tan solo electorado y el poder no está concentrado en los representantes electorales; la expresión ciudadana, pasiva o activa, va mas allá. La representación ejercida por los organismos de control verosímiles para los ciudadanos, las autoridades investidas de autoridad moral, los observatorios y otras instituciones como la prensa que argumentan sobre iniciativas y decisiones, así como simplemente las encuestas de opinión o las formas de autorrepresentación por medio de protestas, configuran un segundo polo de la vida política que tiene un carácter permanente aunque algunas de sus expresiones sean episódicas.

---

[24] Por cierto esta imagen renovadora no va en desmedro de la constitución en estos regímenes políticos de una nueva elite gobernante, dotada de privilegios como las precedentes.

Se ha mencionado precedentemente el debilitamiento o extinción de los partidos y de las identificaciones que les daban una argamasa de leales o representados, y la expansión en su lugar de redes en las que los referentes tienen poca capacidad disciplinadora y que tienden más bien a reflejar las fluctuaciones de su micromundo de clientes o adherentes en las articulaciones coalicionales en las que se inscriben. En la política, en consecuencia, la ilustración de esa nueva sociabilidad la provee la centralidad de los liderazgos –la contracara de la ciudadanía compuesta por ciudadanos y minorías sobre los cuales operan– y la conformación en torno de ellos de coaliciones o alianzas. En términos más generales podemos decir que coexisten formas partidarias, con liderazgos que tienen con frecuencia un peso mayor que las estructuras organizacionales, y la configuración mas abarcadora, sobre todo ahí donde el sistema de partidos sufrió una severa crisis, de movimientos en los que convergen diferentes sensibilidades, tradiciones e intereses en torno de una acción emprendida por el líder. Los casos de los oficialismos boliviano y argentino son particularmente ilustrativos de esa diversidad[25]. El alcance instituyente y de liderazgo verticalista de estos movimientos se refleja en la frecuente tensión e incluso conflicto con las organizaciones populares corporativas preexistentes y en consecuencia más autónomas –la CGT en la Argentina, la COB en Bolivia, la CONEAI en Ecuador– que eran, o deberían ser, sostenes del proyecto progresista enunciado por los líderes.

Las masas "encuadradas" del pasado tienen una cierta continuidad en las redes de asistidos de los sectores más carenciados que a veces permanecen disciplinados, y en las identidades comunitaristas.

La presencia con fuerza creciente en el espacio público proviene de los actores más informales y entre ellos la nueva militancia juvenil que se autoconvoca por las redes sociales de Internet o por la telefonía celular. La intensidad política, la visibilidad en las plazas y calles o en el *cyber* espacio bajo esta nueva modalidad, ha cobrado un gran relieve en la vida pública. Estos nuevos actores emergen en paralelo a un resquebrajamiento del mundo corporativo y asociativo más tradicional. Los sindicatos también se desagregan y la disciplina de los líderes patriarcales o aun aquellos surgidos de elecciones

---

[25] En Ecuador el oficialismo adolece de una debilidad organizacional mayor que en otros países latinoamericanos. El presidente Correa quedó atrapado en un amotinamiento policial el 30 de septiembre de 2010, y fue el Ejército y no una movilización popular quien lo liberó.

competitivas está sometida a la deliberación de asambleas de los movilizados en los conflictos o a la disidencia de sectores disconformes.

En términos generales se registra una diversidad de movilizados, pero lo más notorio es la coexistencia de dos "calles" o dos presencias sensibles: por una parte, la popular de reclamos en términos de necesidades básicas usualmente con epicentro en los excluidos y motorizadas por el activismo social y, por otra parte, la ciudadana, sustentada en los sectores medios urbanos –más espontanea y frecuentemente, de veto–, que a veces reclaman en forma convergente y a veces fragmentada.

El veto o rechazo a ciertas decisiones de gobierno, y el estallido cuando se trata de un descontento general, pueden abarcar a unos y otros; pero debe considerarse que los sectores medios juveniles, urbanos, y los profesionales se han convertido en los actores más innovadores y "amenazantes" –no por cierto, por sus modos de expresión, generalmente pacíficos– del espacio público. Probablemente no en virtud de su condición social en el sentido tradicional, sino porque están más incluidos en los circuitos de comunicación política, más informados y en cierto sentido han adquirido autonomía respecto de las restricciones propias de todo anclaje social.

Las movilizaciones estudiantiles en Chile en reclamo de una educación pública gratuita y la de los estudiantes universitarios colombianos (que bajo el lema "Educación gratuita y financiada por el Estado" rechazaron un proyecto de reforma que finalmente el gobierno debió retirar), ilustran el poderío contestatario de este sector que puede ser en algunos casos el sustento de un movimiento político que vaya mas allá de la protesta sectorial[26]. Pero igualmente notorio ha ido el poderío de movilizaciones populares territoriales, como las de los aborígenes bolivianos que habitan el TIPNIS y que se opusieron exitosamente a la construcción de una carretera que lo atravesara afectando la ecología de ese gran parque, y la movilizaciones de los campesinos afectados por el proyecto minero Conga, en Cajamarca, cuyo reclamo afectó la cohesión de la mayoría gubernamental en Perú. Las protestas por la expansión de economías extractivas que afectan el medio ambiente, en particular la minería a cielo abierto, se han generalizado. Estas son ilustrativas

---

[26] M. A. Garretón (2011) sostiene que en Chile ha finalizado el ciclo político de la "Concertación" y que el movimiento estudiantil puede ser el eje de un reagrupamiento político del polo de izquierda reformista.

de demandas populares, pero también de la fragmentación de intereses y valores pues los perjudicados por la suspensión de esos proyectos reclaman a su vez por la pérdida de fuentes de trabajo y más en general los partidarios de políticas desarrollistas procuran dar prioridad al crecimiento económico cuestionando lo que consideran ecologismo conservacionista o radicalizado.

Un cambio que merece atención, pero que excede estas líneas, es la gran transformación sociológica propiciada por la vertiginosa expansión de las nuevas tecnologías de la comunicación, algunas ya tradicionales como la televisión y otras más recientes como la telefonía celular, especialmente Internet y las redes sociales.

La primera generación de actores que cobran existencia en el espacio público han sido los piqueteros y otras denominaciones de la pobreza y la exclusión; se forman en el espacio público por medio del bloqueo y el corte de ruta. Ahí, en esa acción que interfiere la "normalidad de la circulación" y que resuena por la difusión que le dan los medios de comunicación, en la interface entre presencia territorial y vínculo virtual por la visibilidad que le da la presencia en los medios "ven la luz" los piqueteros y otras identidades que revelan un reclamo social pero que, con frecuencia, no provienen de ninguna localización o condición social homogénea sino que son aglutinados por la propia acción de reclamo o protesta.

El impacto de estas acciones, ejecutadas a veces por pequeños grupos, no repercute tan solo ni principalmente en quienes presencian la acción disruptiva y resultan afectados. Es sobre todo el espacio televisivo, radial y la prensa gráfica que les da visibilidad nacional e internacional y de ese modo las demandas y la identidad novedosa se alojan en la agenda pública.

En resumen, perturbación funcional –de la circulación de personas y de provisiones–, pero particularmente visibilidad, sensibilización de una "opinión ciudadana" que no los conocía[27].

Este modo de constitución pública de identidades –que puede ulteriormente tener una sedimentación en asociaciones territoriales– pero que por lo esencial surge en la acción "callejera" es novedoso, aunque ya lleva más de una década desde su irrupción y reveló en sus inicios una dimensión de

---

[27] Estas prácticas de protesta disruptiva se han extendido a otros grupos tradicionales que juzgan su acceso habitual al espacio público insuficiente. Aumenta la tentación de acudir a ellas como modo de "hacerse ver".

autorrepresentación, pese a que puede ser incitado por grupos o vanguardias organizadas, puesto que desdeña los canales institucionales y partidarios existentes en provecho de la presencia y la inmediatez posibilitada por la visibilidad que le procura la repercusión mediática de la acción.

Otra consideración sobre esta novedad es la legitimidad de la protesta y el peso que tiene la acción de minorías de intensidad. Como se ha indicado, con frecuencia quienes actúan y constituyen un sujeto de demandas son grupos reducidos que representan virtualmente a muchos más. Cuando la opinión pública reconoce este vínculo, sofocar la protesta por la represión se hace difícil pese a la existencia de otros sectores sociales que se hallan descontentos por la perturbación del orden[28].

Está surgiendo una segunda generación de nuevos actores constituidos en el espacio público, pero la novedad se extiende al propio ámbito de su constitución. Actores más heterogéneos, espontáneos y probablemente con una mayoría de individuos provenientes de las capas medias urbanas, comunicados principalmente por Internet emergen e instalan otro espacio público. Se conforma así un ámbito de interacción y expresión en expansión cuyo núcleo principal es juvenil. En esa nueva sociabilidad se configuran opiniones que expresan con frecuencia más un veto, un descontento o una denuncia que una demanda específica. Surgen espontáneamente o inducidos por actores o personalidades preexistentes, nuevos *cyber* sujetos, con presencia visible ocasional cuando se reúnen y manifiestan, constituyendo una trama de igualdad, e intensidad subjetiva. Con su expansión se produce un significativo desplazamiento en la comunicación política, al menos para ese sector más juvenil de la sociedad. En el ámbito público virtual que se genera rige un principio que coloca a cada uno de los integrantes en pie de igualdad; pareciera que se alcanza de ese modo un ideal de la libertad y espontaneidad deliberativa, pese a que en verdad las jerarquías y reconocimiento de la sociabilidad habitual continúan siendo operantes. Sin embargo, lo que ocurre en este ámbito es inédito. La relatividad de la opinión tiende a trastocarse adquiriendo un rango de verdad pues lo que se emite está avalado por la intensidad subjetiva (Sarlo, 2011). Una lógica de autenticidad se impone, naciendo de rumores, impresiones y conjeturas, certezas que animan la

---

[28] Sobre este punto puede verse Cheresky (2008).

cohesión de grupos que pueden devenir actuantes. De modo que, un espacio con estas características, fuera de toda regulación es propenso a recoger el descontento ciudadano característico de nuestro tiempo (Rosanvallon, 2006) favoreciendo la amplia libertad de expresión, pero también convalidando certezas con poco sustento, hilvanando la trama de teorías conspirativas, etcétera.

Esta nueva sociabilidad en expansión encierra en consecuencia una promesa de libertad y una amenaza de arbitrariedad. Cuando la diversidad de opiniones individuales y grupales deviene una certeza mayoritaria o colectiva con más sustento emocional que argumentativo, se perfila una forma clausura del espacio público con el predomino de una forma novedosa de "la masa" como figura opuesta a la ciudadanía deliberativa.

Se esboza así la evolución hacia un espacio sin contorno ni epicentro, con redes múltiples en donde predomina la autorrepresentación aunque se pueden reconocer en las redes la diferencia entre emisores privilegiados y seguidores, ambos probablemente transitorios.

Como se ha señalado, el espacio público descrito constituye un desafío más para el futuro democrático. Puede acentuar la fragmentación ciudadana y recoger la negatividad (veto), todo ello en desmedro de una comunidad política que se reconozca en dilemas o alternativas comunes. Es decir que puede prevalecer una expresividad generalizada que no vaya más allá de sí misma, que se fije como impolítica. No es inevitable que ello suceda. Una evolución que dé productividad democrática a esta ampliación de sus principios constitutivos (libertad e igualdad) puede sobrellevar las "falencias de la espontaneidad", si la diversidad apuntada alterna con instituciones formales e informales acreditadas por la verosimilitud de sus informaciones y por la posibilidad que procuren algún ordenamiento de los debates y algún encaminamiento de lo que haya de reclamos hacia canales normativos y legislativos. Asimismo, la vida política no puede prosperar si solo impera la espontaneidad y la fragmentación. Los actores que deberían alentar el debate estratégico están debilitados y deberían reconstituirse en consonancia con la realidad de nuestro tiempo.

Bibliografía

ÁLVAREZ HEREDIA, J., Blog 14/04/11.

ANNUNZIATA, R. (2012): "La légitimité de proximité et ses institutions. Les dispositifs participatifs dans les municipalités de Morón, Rosario et Ciudad de Buenos Aires", Thèse pour le doctorat en Études Politiques, École des Hautes Études en Sciences Sociales.

AVRITZER, A. (2010), "Living under a democracy. Participation and its impact on the living conditions of the poor", in *Latin american Research Review*, N° 45.

CAETANO, G., (2011) "Ciudadanía y elecciones en el Uruguay contemporáneo (2009-2010)", en *Temas y Debates*, Rosario, N° 21, Agosto.

CHERESKY, I. (2006a), "La ciudadanía en el centro de la escena", Cheresky, I. (comp.): *Ciudadanía, sociedad civil y participación política*, Buenos Aires, Miño y Dávila.

——— (2006b), *Poder presidencial, opinión pública y exclusión social*, Buenos Aires, Manantial.

——— (2008) *Poder presidencial, opinión pública y exclusión social*, Manantial, Buenos Aires, 2008.

——— (2011) "Representación política y contrademocracia", *Revista de Ciencias Sociales de la Facultad de Ciencias Sociales*, Universidad de Buenos Aires, N° 78, Buenos Aires.

DAGNINO, E., OLVERA, A., y PANFICHI, A. (2006), *La disputa por la construcción democrática en América Latina*, México D.F., CIESAS/UV.

GARRETÓN, M. A. (2011), "Piñera no va a tomar el tranco de gobernar bien", entrevista en *Revista Cosas*, Santiago de Chile, 07/10/2011.

——— (2011), "Liderazgo de género y fin de un ciclo político en Chile. El gobierno de Michelle Bachelet", en Cheresky, I. (comp.) *Ciudadanía y legitimidad democrática en América Latina*, Buenos Aires, CLACSO-Prometeo.

GIDDENS, A., (1999), *Consecuencias de la modernidad*, Madrid, Alianza.

GONZÁLEZ, H. (2011), *Kirchnerismo, una controversia cultural*, Buenos Aires, Colihue.

GÓMEZ TAGLE, S., "Ciudadanos, partidos y gobernadores", en Cheresky, I. (comp.) *Ciudadanía y legitimidad democrática en América Latina*, Buenos Aires, CLACSO-Prometeo.

HARDT, M., y NEGRI, A. (2004), *Multitud. Guerra y democracia en la era del imperio*, Buenos Aires, Debate.

IAZZETTA, O. (2007): *Democracias en busca de estado. Ensayos sobre américa Latina*, Homo Sapiens, Rosario.

LÓPEZ MAYA, M. (2011), "Hacia el socialismo del siglo XXI: Los consejos comunales, sus cambios conceptuales y las percepciones de los participantes en Caracas", en Cheresky, I. (comp.) *Ciudadanía y legitimidad democrática en América Latina*, Buenos Aires CLACSO-Prometeo.

MANIN, B. (1995), *Principes du gouvernement représentatif*, París, Calmann-Levy.

MAYORGA, F. (2011), *Dilemas. Ensayos sobre democracia intercultural y Estado Plurinacional*, La Paz, CESU/UMSS, Plural.

MOUFFE, C. (2007), *En torno a lo político*, Buenos Aires, Fondo de Cultura Económica.

O'DONNELL, G. (1993), "Acerca del Estado, la democratización y algunos problemas conceptuales. Una perspectiva latinoamericana con referencias a países poscomunistas", en *Desarrollo Económico*, Buenos Aires, volumen XXXIII, N° 130.

O'DONNELL, G., IAZZETTA, O., y QUIROGA, H. (coords.) (2011), *Democracia delgativa*, Buenos Aires, Prometeo.

OLVERA, A. (2006), *Democratización, rendición de cuentas y sociedad civil: participación ciudadana y control social*, México, Miguel Ángel Porrúa/CIESAS/Universidad Veracruzana.

——— (2010), *La democratización frustrada: Limitaciones institucionales y colonización política de las instituciones garantes de derechos y de participación ciudadana en México*, México, CIESAS/Universidad Veracruzana.

PANFICHI, A. (2011), "Contentious Representation and its Impact in contemporary Peru", en Crabtree, J. (Ed.), Contentious Representation and Its Impact in Contemporary Peru en Fractured Politics. Peruvian Democracy Past and Present, Londres: Institute for the Study of the Americas, University of London.

QUIROGA, H. (2010): *La república desolada. Los cambios politicos de la Argentina(2001-2009)*, Edhasa, Buenos Aires.

POWER, T. J., "La democracia brasilera como una metida de pata tardía", en *Latin american Research Review*, N° 45.

RANCIÈRE, J. (1998), *Aux bords du politique*, París, La fabrique.

ROSANVALLON, P. (2006), *La contre-démocratie*, París, Seuil.

———— (2008), *La legitimité démocratique*, París, Seuil.

———— (2010), *La societé des egaux*, París, Seuil.

ROUQUIÉ, A. (2009), *La démocratie en Amérique Latine. À l'ombre des dictatures*, París, Calmann-Levy.

ROUSSEAU, D. (1995): *La démocratie continue*, Bruylant: LGDJ.

SARLO, B. (2011), *La audacia y el cálculo*, Buenos Aires, Sudamericana.

SCHNAPPER, D. (2002), *La démocratie providentielle*, París, Gallimard.

———— (2000), *Qu'est-ce que la citoyenneté*, París, Gallimard.

TANAKA, M., BARRENECHEA, R., y VERA, S., (2011) "Cambios y continuidades en las elecciones presidenciales 2011", en *Argumentos*, año 5, N° 2, mayo 2011.

LOSADA, R. (2012), "Un sistema de partidos bajo tratamiento de choque: el caso colombiano", en Gómez Tagle, S., y Sonlenintner, W., (Ed.), *Mutaciones de la democracia: Tres décadas de cambio político en américa Latina (1980-20109)*, México, El Colegio de México.

RONDEROS, M. T., (2011) "Sentimiento electoral en Bogotá", Blog Trova Paralela, 29 Octubre 2011, disponible en http://blogs.elpais.com/trova-paralela/2011/10/index.html .

TOCQUEVILLE DE, A., (1981), *De la Democratie en Amerique*, París, Garnier-Flammarion.

Repensar la legitimidad democrática. La opinión pública en debate

*Hugo Quiroga**

¿Por qué repensar hoy la legitimidad democrática? El mundo entero, pero principalmente Europa y los Estados Unidos, se conmueve por los efectos devastadores de una crisis financiera global que comenzó en enero de 2009, la más importante después de la segunda posguerra. Por la crisis del euro comienzan a *desestabilizarse* las democracias europeas. Las políticas gubernamentales restrictivas manifiestan la reacción de los Estados ante la crisis. La disminución de los salarios, el aumento de las tasas de desempleo y el recorte del gasto público son los principales indicadores. La partitura del ajuste fiscal es conocida. El objetivo es recuperar el crecimiento en economías estancadas, aun asumiendo los peores costos políticos y sociales. América latina es quizá uno de los continentes menos afectado por la crisis económica internacional, lo que no significa, ante el horizonte de una crisis de largo plazo, quedar exenta de las repercusiones de una economía globalizada. En pocas palabras: la región no está blindada. Sin embargo, en la jornada *Chile, puerta de América* celebrada en Santiago en el mes de diciembre de 2011, organizada por el diario *El País* en conjunto con el BBVA, ante la presencia de Sebastián Piñera, el presidente de *El País*, Juan Luis Cebrián, sostuvo que "quizá Latinoamérica no sea la solución macro (como afirmaba Piñera), pero puede ser en cierta medida la solución micro… Hay muchas oportunidades de inversión para empresas europeas… Puede ser una solución a la depresión que vive Europa"[1].

---

* Universidad Nacional de Rosario (UNR). Universidad Nacional del Litoral (UNL). Consejo de Investigaciones de la Universidad Nacional de Rosario (CIUNR). Argentina.
[1] *El País. Negocios*, 18/12/11, p. 6. Los paréntesis son míos.

El capitalismo, en su formato actual dominado por los banqueros, debe ser reformado y necesita cambiar con urgencia las reglas de juego. Las revueltas sociales están en "pie de guerra" y en acción, expresando el temor, la incertidumbre y el enojo por la pérdida y deterioro del empleo, los problemas de vivienda, la atención de salud y las jubilaciones. La historia ha demostrado que en situaciones de inestabilidad política se esfuma el camino de la recuperación económica y financiera.

Las protestas y el descontento anticapitalistas comienzan a recorrer el mundo, aunque no tengan como "hoja de ruta" un programa y una ideología determinada. En mayo de 2010 surgió en España el movimiento de los "indignados", y pocos meses después se produjeron movimientos de protesta en Londres y en Wall Street, que responsabilizaban a los banqueros como los principales causantes de la crisis económica. El punto de encuentro de las masivas movilizaciones fue octubre, consagrado como "día de la revolución"; las multitudes se expresaron en cientos de ciudades de más de ochenta países. Tal vez estas protestas sean insuficientes, pero nacen de un profundo descontento con las "bondades" y "virtudes" de un capitalismo que ya no es lo que era, ni puede ofrecer los mismos beneficios que antes.

Si miramos rápidamente el mundo árabe, alejado obviamente del orden político de las democracias occidentales, observamos protestas, estallidos y revoluciones, que se extienden desde Libia hasta el Golfo Pérsico. Los estallidos y rebeliones de la denominada "primavera árabe" no implican momentos fundacionales que se encaminan necesariamente hacia la democracia y la libertad. Quizá la excepción fue Túnez, donde se realizaron las primeras elecciones libres en la historia de ese país, impregnadas de un fuerte sentimiento cívico. Lo cierto es que una ola de descontento conmueve a buena parte de Occidente y sacude al mundo árabe, cuyas tradiciones y estilos políticos se ven severamente cuestionados.

Cuando en los países árabes se habla de democracia, en Occidente el término "posdemocracia" comienza a ser pronunciado por numerosos autores en los últimos años. Precisamente, el libro de Javier Tusell titulado *La revolución posdemocrática* (Tusell, 1997), obtuvo el Premio Internacional de Ensayo Jovellanos de 1997. Según Tusell el calificativo *posdemocracia* procede de Vaclav Havel, quien lo prefiere al de postotalitarismo. Hay que tener en cuenta que la descripción que hace Havel de la sociedad postotalitaria no queda reducida a los países que sufrieron la experiencia totalitaria, sino que la extiende también a aquellos que tienen instituciones libres. Un lúcido representante del mejor liberalismo político, Ralf Dahrendorf, responde a una pregunta en el año 2002 sobre el porvenir de la democracia, afirmando: "por más que siga creyendo en los principios de la democracia clásica y me proclame su gran defensor, también estoy convencido de que a partir de ahora debemos repensar los órdenes constitucionales mediante los cuales funciona la democracia a la luz de los cambios fundamentales que se produjeron y siguen produciéndose. Diría que ya entramos en una etapa que podríamos definir como 'el después de la democracia'" (Dahrendorf, 2008:3).

El prefijo "pos" nos indica algo: "después de". ¿Después de la democracia? ¿Hay un agotamiento de la democracia actual, tal como la conocemos? ¿La democracia debe ser renovada por un nuevo régimen político? ¿Cuál? Las respuestas pueden ser de las más variadas; y lo son. En todo caso, la democracia representativa ha sido puesta a prueba, porque sus métodos tradicionales no dan las respuestas satisfactorias para lo que habían sido creados. Ello nos pone frente a la difícil tarea de repensar el presente.

En una entrevista realizada en París a Jürgen Habermas, el filósofo alemán llama la atención sobre lo que considera es la muerte del ideal europeo. Conserva la esperanza de salvarlo de la ineptitud de los políticos y de las oscuras fuerzas del mercado. En su último libro (mencionado en la entrevista), Habermas describe cómo ha cambiado la esencia de nuestra democracia bajo la presión de la crisis y el frenesí de los mercados. Nuestro autor denomina "posdemocracia" al sistema que Merkel y Sarkozy establecieron durante la crisis. "Poco después de 2008, agrega Habermas, entendí que el proceso de expansión, integración y democratización no avanza de *motu propio*, que es reversible; y, por primera vez en la historia de la Unión Europea, estamos experimentando el desmantelamiento de la democracia. No creía que fuera posible. Estamos en una encrucijada" (Diez, 2011).

Retomemos la pregunta inicial: ¿por qué repensar hoy la legitimidad democrática? o, con otras palabras, se podría preguntar igualmente, ¿por qué repensar hoy la democracia? Ante todo, porque no hay ninguna decisión de los representantes que sea la expresión de la voluntad de los representados. La pregunta nos lleva a recordar y replantear los *fundamentos* de la legitimidad democrática. Hay muchas razones; solo presentaremos algunas. En primer lugar, porque el principio de legitimidad se encuentra en el corazón de la teoría democrática. La legitimidad democrática se funda en el principio rousseauniano de la soberanía del pueblo. En segundo lugar, porque se ha ampliado el espacio público político con los medios de comunicación masiva y las nuevas tecnologías de la comunicación. En tercer lugar, porque el Estado democrático debe integrar las exigencias de ampliación de la vida democrática que provienen de los movimientos informales de protesta (movimientos sociales, movimientos "piqueteros", ecologistas, movimientos culturales, asociaciones cívicas diversas). En cuarto lugar, por la progresiva autoridad que han adquirido los nuevos liderazgos frente a la declinación de los partidos, que han dejado de ser los instrumentos privilegiados de legitimación de los gobernantes.

Son estas razones, íntimamente entrelazadas, las que me motivan a buscar una respuesta a mi pregunta. Aunque mi universo de referencia no deja de ser la Argentina, la legitimidad es un tópico universal de la democracia. Una necesaria aclaración antes de seguir avanzando: uso de manera indistinta el término legitimidad o legitimación, a pesar de que algunos autores hacen esa distinción entre ambos términos.

Aun cuando se discutan en la actualidad las antiguas fuentes de justificación del poder, el problema sigue siendo el mismo: cómo justificar el poder en un orden democrático que adquiere nuevas dimensiones y relevancias. La sucesión pacífica del poder pone en evidencia que la autoridad pertenece a los vencedores de la competencia y no tanto al electorado ni a los partidos, y que el orden democrático continúa siendo, a la vez, un "sistema de decisión política" y un "modo de vida" basado en la "soberanía del pueblo" (Vörlander, 2010:112). En fin, ¿cómo justificar el derecho de mando? En la interpretación de Yves Charles Zarka[2] (Zarka 2010:7) no hay una sola fuente o principio de legitimidad, lo que existe es una *competencia de legitimidades*. La democracia no se explica únicamente por la legitimidad de procedimiento (Niklas Luhmannn), sino también por una compleja red de relaciones que otorgan validez al orden político (Vörlander, 2010:112).

---

[2] Ibídem, p. 7.

El principio de legitimidad como presupuesto de la teoría democrática

Pensar la legitimidad del poder en términos de soberanía del pueblo, como lo hizo Rousseau, es pensar en una soberanía, cuya expresión es la "voluntad general", indivisible y sagrada. A partir de aquí se puede definir la *legalidad*. Por tanto, la legalidad será la declaración de la soberanía del pueblo, la expresión del acto de legitimidad. La institución "pueblo" funda el concepto de legitimidad democrática. Para sostener la autoridad política legítima es necesaria una reafirmación permanente de los ciudadanos en una asamblea soberana. Esto nos lleva a la ilusión de que el legislador es el pueblo, a la ficción de la soberanía popular.

En efecto, Kelsen considera que en las constituciones de las democracias representativas el pueblo está excluido de la legislación, la cual se encomienda al Parlamento elegido por él. No existe ninguna regla positiva que llame al pueblo a legislar. La afirmación que el Parlamento es un órgano secundario del pueblo, que la voluntad del Parlamento es la voluntad del pueblo, no se basa en el derecho positivo, sino en un dogma político: el dogma de la soberanía del pueblo. Precisamente por esto la teoría de la soberanía popular es una ficción, y el dogma político entra en contradicción con la realidad jurídica. Por tanto, la idea de la representación de pueblo por el Parlamento se reduce a la noción del mandato imperativo (Kelsen, 2005:401).

En su crítica a Rousseau, Luigi Ferrajoli remarca que a pesar de la imagen de "cuerpo político" sugerido por el autor ginebrino con la definición de la ley como "expresión de la voluntad general", no existe una "voluntad general", y menos aún una subjetividad política de todo el pueblo. Esto se explica porque la decisión de los representantes no es la manifestación de la voluntad de los representados; en todo caso, lo que se impone es la delegación del poder a los representantes o a las organizaciones políticas a través del voto. La otra crítica de Ferrajoli (compartida por Joseph Schumpeter) es creer que la democracia –expresión de la voluntad general– puede realizar por esa sola razón el "bien común". Esto no impide, agrega nuestro autor, que los representantes estén sometidos a los vínculos propios de la esfera pública y que, de esta manera, sean responsables políticamente ante los representados.

No obstante, esta ficción es para el filósofo italiano la mejor regla que se haya establecido para asegurar un fundamento "democrático amplio" a las tareas de gobierno, porque hace posible, conforme al principio de la mayoría, el funcionamiento de los órganos representativos. A excepción de los referendos y de la representación con mandato imperativo, esta regla permite que se respete el principio de igualdad, la voluntad y los intereses si no de todo el pueblo, al menos de su mayoría. En este diseño institucional está siempre presente el juicio electoral, el control popular, aunque sea en la forma de no reelección. En definitiva, Ferrajoli pretende llamar la atención acerca de los peligros y recurrentes falacias ideológicas, alimentadas, a su entender, por las demagogias populistas, y sustentadas en los orígenes de todas las derivas totalitarias y autoritarias (Ferrajoli, 2011:165-168).

En cambio, para los pensadores liberales del siglo xix la soberanía del pueblo es "divisible", pensada como un *principio trascendente*, según una dirección de arriba hacia abajo, con arreglo al poder de *mando*. Asimismo, esa soberanía debe tener *límites*, que controlen el ejercicio del poder y eviten sus abusos. En definitiva, el pensamiento liberal clásico apunta a volver compatible la soberanía popular con la defensa de los derechos y libertades individuales.

En esta concepción liberal, la soberanía popular está necesariamente ligada con el principio de representación. En otras palabras, la legitimidad democrática, o el principio de soberanía del pueblo, se encarna en el voto y en la representación.

Una obra ineludible para entender la crisis de la democracia contemporánea, que es en esencia una crisis de legitimidad, continúa siendo el libro de Guglielmo Ferrero, *Poder*[3] (Ferrero, 1998), publicado por primera vez en inglés en 1942, el mismo año de su muerte. ¿Cuál puede ser la contribución de la teoría de la legitimidad de Ferrero en un momento como el actual de crisis de la democracia? Para el historiador italiano un gobierno es legítimo cuando el poder se atribuye y se ejercita según principios y reglas aceptadas sin discusión por aquellos que deben obedecer. La legitimidad hace siempre referencia al derecho a mandar. Su teoría se fundamenta en

---

[3]Por la censura nazi el libro no pudo ser publicado en Europa, ni siquiera por la neutral Suiza. Lo curioso de la trayectoria de este libro es que existe una traducción en la Argentina, de la que me he valido durante mucho tiempo, publicada en Inter-Americana, Buenos Aires, en 1943. La edición francesa que he encontrado, siempre con el mismo título, fue publicada por la Librairie Plon, Paris, 1945.

los "principios de legitimidad", que son, al menos en parte, instrumentos de la razón, y de ellos pueden servirse los hombres para establecer sistemas de poder eficaz. Sin embargo, esos principios pueden devenir absurdos en su concreta aplicación.

Son cuatro los principios de legitimidad que establece Ferrero: electivo, hereditario, aristocrático y democrático. Estos principios son justificaciones del poder, esto es, del derecho a mandar. Lo que señala nuestro autor con exactitud es que "entre todas las desigualdades humanas, ninguna tiene tanta necesidad de justificarse ante la razón como la desigualdad establecida por el poder. Salvo raras excepciones, un hombre vale lo que otro. ¿Por qué entonces unos tienen derecho de mandar y otros el deber de obedecer? (Ferrero 1998:181). Esos principios están dotados de una virtud mágica, por frágiles que sean, en el momento en que los hombres se rebelen contra ellos y sean presas del miedo, del miedo sagrado a la regla violada. Gracias a estos artificios mágicos, los principios de legitimidad devienen en *Genios invisibles de la Ciudad*, tal como lo indica el subtítulo de su obra. Para descubrir el origen de ese poder mágico que informa a los Genios invisibles de la Ciudad es necesario descender a la profundidad de la naturaleza humana, como lo hace Ferrero en su libro, a través de las marcas de la historia, para comprender la razón de la obediencia.

Cuando un pueblo reclama servicios para satisfacer sus necesidades que sobrepasan la capacidad del poder legítimo, dice Ferrero, es probable que surjan grandes dificultades. Ese día el pueblo puede empezar a dudar del poder y de su eficacia. La legitimidad, entonces, vacila. Empero, la legitimidad no depende nunca directamente del grado de eficacia del poder. El principio de legitimidad no existe nunca de manera aislada, se armoniza siempre con las costumbres, la cultura, la ciencia, la religión y los intereses económicos de la época (Ferrero 1998:194).

El principio de legitimidad que informa la democracia actual es la delegación del poder por el pueblo. Pero un principio de legitimidad no puede, en ningún caso, ser una ficción; únicamente resulta eficaz si es una realidad efectiva. Por eso, la delegación del poder (o soberanía del pueblo) se resume en un díptico: *derecho de oposición* y *libertad de sufragio*. El derecho de oposición y la libertad de sufragio son los dos pilares centrales del orden occidental (Ferrero 1998:322). En la democracia, como en las monarquías, la legitimidad siempre proviene de *abajo*, porque únicamente el consentimiento de los que tienen que obedecer puede crearla. En consecuencia, en los regímenes democráticos los ciudadanos que tienen el deber de obedecer tienen también el derecho a escoger y a controlar a aquellos que están encargados de mandar.

Consecuente con estos postulados, Ferrero entiende que no es fácil cambiar los principios de legitimidad existentes e inventar otros nuevos. En su visión, cada época cuenta con un principio de legitimidad que se halla establecido o en vía de formación. La gran pregunta que presenta en sus conclusiones es la siguiente: ¿cómo puede depender el orden del mundo de principios tan frágiles? "El orden social es un edificio en constante reconstrucción, porque los principios de legitimidad que lo sustenta son limitados y parciales y no consiguen nunca imponerse totalmente y para siempre" (Ferrero, 1998:340).

La búsqueda contemporánea

Son numerosas las tentativas contemporáneas por repensar la legitimidad de la democracia (la soberanía del pueblo), en el camino de ampliar sus fundamentos sin reducirla al mero procedimiento o la legalidad. Aquí sólo señalaré algunas referencias a los fines de nuestro estudio. Según Zarka, Rousseau no fijó definitivamente la problemática de la legitimidad democrática, aunque haya colocado la legitimidad en el corazón de la democracia. Lo que importa es "salir" de Rousseau, discutir radicalmente su concepto de voluntad general, para que la "legitimidad se historice", y convierta en un elemento concreto de construcción de la democracia real, de modo que se puedan repensar las formas sobre las cuales se encarna esta legitimidad, esto es, en lo colectivo y en los derechos individuales (Zarka, 2010:78). Es sabido que no hay una comprensión universalmente aceptada del término legitimidad, sino que el mismo resulta difícil de definir por su complejidad y polivalencia. No ha sido definido una vez para siempre, y puede ser reconfigurado o reinventado.

En la opinión de Habermas (Habermas, 2000), que busca conciliar dos tradiciones de pensamiento, la teoría política ha dado a la cuestión de la legitimidad una doble respuesta: la soberanía popular y los derechos humanos. No obstante, ella no ha logrado un compromiso válido a la tensión entre la "libertad de los antiguos" y la "libertad de los modernos". El principio de soberanía popular, que se expresa en los derechos de comunicación (opinión) y de participación, asegura la *autonomía pública* de los ciudadanos. Es la actuación de la sociedad sobre sí misma, organizada a través de leyes. Todo el poder del Estado procede del pueblo. El principio de los derechos humanos, que se manifiesta en los clásicos derechos fundamentales, reconoce la *autonomía privada* de los ciudadanos. La idea liberal del "imperio de la ley" está garantizada por medio de los derechos humanos. Por consiguiente, el derecho se legitima como medio para asegurar de forma paritaria la autonomía privada y la autonomía pública.

El concepto de legitimación que utiliza Habermas, referido al Estado constitucional democrático, y que se caracteriza por la forma estatal de organización de la violencia, se explica justamente a partir del concepto de poder político. Dado que el medio del poder estatal se constituye en la forma de derecho, los órdenes políticos se nutren de la pretensión de legitimidad del derecho. Éste no sólo reclama ser aceptado (es decir, exige de los ciudadanos un reconocimiento fáctico), sino que pretende también ser "digno" de reconocimiento (esto es, la validez y legitimidad de su producción). En definitiva, la singularidad de los Estados modernos radica en que conforman el poder político en la forma de derecho positivo, público y coactivo.

De acuerdo, entonces, con el filósofo alemán, la autonomía privada y la pública se presuponen mutuamente. Hay una conexión interna entre democracia y Estado de derecho. Por una parte, los ciudadanos únicamente pueden hacer un uso adecuado de su autonomía pública si gozan de una autonomía privada y, por otra, los ciudadanos sólo pueden alcanzar un equilibrado disfrute de su autonomía privada si efectúan un adecuado uso de su autonomía política. Así, los derechos fundamentales de libertad y los derechos políticos son indivisibles. No existe un núcleo de libertades fundamentales que tengan prioridad frente a los derechos de comunicación y participación. Para la legitimación occidental, concluye Habermas, los derechos privados y los derechos ciudadanos son en origen igualmente esenciales.

Quizá la distinción más usual es la que se establece entre *legitimidad de origen (o de régimen)* y *legitimidad de gobierno (o de apoyo)* (Linz, 1987). La primera es la que reduce legitimidad a legalidad (Max Weber), es la legitimidad del "justo título de mandar". El principio que la informa es la "legalidad", que alude a la ley como acto normativo supremo, como acto decisorio supremo.

La segunda, es la legitimidad de apoyo, que se construye y reconstruye cotidianamente. El principio que la informa es la "eficacia" de los actos de gobierno. Se vincula con el resultado de las políticas públicas, sean éstas más satisfactorias o menos satisfactorias. Como dice Juan Linz, la legitimidad de gobierno es algo que se otorga y retira cotidianamente. En los términos de los teóricos escolásticos sería la "legitimidad de ejercicio".

Otros autores, como Victoria Camps (Camps, 1996), prefieren hablar de *legitimidad formal* y de *legitimidad sustancial*. La primera es una legitimidad electoral o procedimental, la que se gana en las urnas y que resulta insuficiente, porque es una verdad a medias, a la hora de buscar un orden más justo. La segunda se relaciona con la idea de "buen gobierno", con la capacidad fáctica de gobernar. La noción de gobernabilidad se acerca al ideal del buen gobierno. Un buen gobierno es el que hace lo que debe hacer, es el que se gana la legitimidad día a día: ante la opinión pública, ante el Parlamento, ante su propio partido, y que no pierde la confianza de los ciudadanos.

Desde otra perspectiva, Pierre Rosanvallon (Rosanvallon, 2009), se refiere a una nueva era de la legitimidad que se inicia en la década de 1980. Dos formas cruzadas de legitimidad (la legitimidad electoral y la legitimidad como "identificación con la generalidad social") le dieron sustento a la democracia, a partir del siglo XX. Cuando la legitimidad de las urnas retrocedió, la legitimidad derivada del reconocimiento social vino a desempeñar un claro papel compensador. Pero, a la vez, el poder administrativo fue deslegitimado mediante una retórica liberal que cuestionó la respetabilidad del Estado e invitó a convertir al mercado en un nuevo mecanismo instituyente del bienestar colectivo. Se debilitó, así, el doble sistema de legitimidad. Por eso, en nuestro autor, la "vuelta de página" comienza en 1980.

Desde entonces se recompuso un nuevo sistema sobre la base de dos tipos de instituciones centrales. Por un lado, las autoridades independientes de control y regulación y, por otro, las Cortes Constitucionales (que en el caso argentino no existen). Hay una tercera figura que emerge y que no está vinculada con ningún tipo especial de institución, y que Rosanvallon la denomina legitimidad por proximidad. Con ello alude más bien a un conjunto de expectativas sociales concernientes al comportamiento de los gobernantes. De este modo, surge otra dimensión inédita del universo democrático: la formación de un "arte democrático de gobierno".

El autor francés diseña, pues, tres nuevas fuentes de legitimidad, cada una de ellas vinculadas con el enfoque de la generalidad social. 1. La *legitimidad de la imparcialidad*: la implantación de instituciones independientes encargadas de tareas de control o regulación; funciones confiadas con anterioridad a las administraciones "comunes", que se han extendido en numerosas democracias en las dos últimas décadas del siglo XX. Segmentos enteros de la administración pública le fueron progresivamente confiados a estas instituciones, reduciendo el campo del poder administrativo-jurídico. Esta forma de legitimidad debe asegurar autoridades independientes, que contribuyan a ampliar y a activar la figura tradicional del Estado de derecho. Para Rosanvallon existe en el mundo contemporáneo una demanda social de imparcialidad muy exigente. Se trata de una imparcialidad activa. Lo que visualiza, entonces, es el advenimiento de una "sociedad de la imparcialidad radical", expresión de un cambio profundo en la formación de una cultura indisociablemente política y social. 2. La *legitimidad de la reflexividad*: el trabajo de reflexividad consiste en corregir mediante mecanismos compensadores el carácter incompleto de la democracia, basado en la fragilidad de tres supuestos: la expresión de la voluntad política (la boleta del voto); la designación de un sujeto político (los electores); y la de un régimen de temporalidad (el momento electoral). Se trata de esbozar el contorno de una generalidad de multiplicación, esto es, multiplicar los enfoque parciales para alcanzar una captación más completa de las cosas. Son las Cortes Constitucionales, en tanto terceros reflexivos, las que revisten una función social y política, y las que garantizan, al mismo tiempo, la protección de las libertades individuales. En esta concepción, las Cortes participan en la ampliación y profundización del sistema representativo. 3. La *legitimidad de proximidad*, como se dijo, no está asociada con el desarrollo de nuevas instituciones de la democracia. Los gobernantes se han apropiado de este término para intentar reconstituir una debilitada legitimidad, mientras los ciudadanos proyectan en el mismo sus "desencantos y esperanzas de renovación". Esta noción expresa la necesidad de alcanzar lo que sería su opuesto: la distancia, la altura. Recordemos que el concepto de representación marca siempre una *distancia* entre representantes y representados.

En la concepción de Rosanvallon, la proximidad significa "presencia", "atención", "empatía", "compasión"; remite al hecho de estar juntos en los diferentes sentidos de la expresión. También corresponde a una modalidad de relación entre gobernantes y gobernados. Estar "cercanos" quiere decir ser accesibles, receptivos, en situación de escucha; responder a las demandas, exponerse, "actuar de manera transparente bajo la mirada del público". Es otorgarle a la sociedad la posibilidad de hacer oír su voz. Finalmente, la proximidad evoca una atención a la particularidad de cada situación (reconocer todas las particularidades sociales, culturales, religiosas, etcétera).

En su crítica al pensamiento de Rosanvallon aquí esbozado, Zarka comparte con su colega francés que el veredicto de la urnas no puede ser la única referencia de la legitimidad democrática, pero su objeción principal reside en que Rosanvallon *confunde* numerosas problemáticas que dependen de la sociedad, de la cultura, del gobierno, que no están en relación directa con la cuestión de la legitimidad. Al *pluralizar* tanto la noción de legitimidad no se puede saber qué es ni dónde reside la legitimidad democrática. Zarka cree que Rosanvallon, de manera paradójica, en lugar de repensar y renovar la cuestión democrática hace exactamente lo inverso, la reemplaza por un cierto número de procedimientos (Zarka, 2010: 84-85).

Pareciera que hay una competencia entre legitimidades en un orden político en el que coexisten diferentes fuentes de legitimación, cuando en verdad se podría hablar de una complementariedad entre ellas. La historia política ha demostrado la permanente tensión entre representación y participación, pero esto no ha impedido, en ciertos casos y circunstancias, la colaboración entre los gobernantes y las asociaciones civiles. Es cierto que la legitimación electoral, aún insuficiente, constituye el componente esencial de la democracia, y que las formas de participación y control ciudadanas aparecen muy segmentadas y no tan consistentes. Transformar esta situación requeriría de una verdadera cultura de participación, que además presentaría un real desafío: ¿cómo lograr que la participación ciudadana forme parte del proceso de decisión política? En fin, ¿cómo integrar representación y participación activa de los ciudadanos en un orden político? Es difícil lograr que una multiplicidad de regulaciones parciales contribuya a la regulación política de conjunto (Gauffin, 2007: 121), de modo que la participación asociativa no quede como una cuestión marginal de la decisión política.

Opinión pública y legitimidad

Lo que está en juego en este debate, como se puede apreciar hasta ahora, son dos problemas de resolución engorrosa: la comprensión teórica de la naturaleza de la legitimidad y su solución práctica. Acerquémonos al concepto de opinión pública para relacionarlo con el de legitimidad.

Recurrir a la opinión pública para definir a la democracia moderna fue parte de la política liberal del siglo xix. En John Stuart Mill el gobierno descansa en el consentimiento de la opinión pública y en James Madison la opinión pública es el verdadero soberano, en los gobiernos libres. En Tocqueville la legitimidad democrática es inseparable de la libertad de prensa y los mecanismos de la opinión, aunque alertaba sobre los riesgos de la nueva tiranía de la opinión. Con anterioridad, en el siglo xviii, Hume destacaba que "quienes gobiernan no pueden apoyarse sino en la opinión. Es, por tanto, el único fundamento del gobierno, y esta máxima alcanza lo mismo a los gobiernos más despóticos y militares que a los más populares y libres" (Hume, 1987: 81). De esta manera fue señalada la importancia de la opinión pública como fuente de legitimidad de la autoridad política.

Aunque el concepto de opinión pública nació en el siglo xviii, Walter Lippmann, en 1922, observaba que no había una vasta literatura sobre el tema. Reconocía hasta ese momento la existencia de excelentes textos sobre gobiernos y partidos, esto es, sobre las instituciones que registran las opiniones públicas una vez formadas, pero que no había libros sobre las fuentes y procesos vinculados con el origen y formación de la opinión pública. Lo cual era inexplicable, porque "se supone que la opinión pública es la fuerza motriz de la democracia" (Lippmann, 2003: 211). Y de un modo terminante nuestro autor afirmaba que las decisiones en los Estados modernos no eran el resultado de la interacción de las cámaras legislativas con el poder ejecutivo, sino de éste y la opinión pública. Más tarde vendrán las obras de referencia sobre espacio público y opinión pública, desarrolladas en el ámbito de la teoría política y la historia, que dieron cuenta del desierto señalado por Lippmann.

Una situación similar a la subrayada por Lippmann acontecía con el concepto de legitimidad. Según Ferrero la filosofía, la historia, el derecho y toda la cultura intelectual de Occidente ignoraban los principios de legitimidad.

Al desconocerlos, los hombres no los discutían. Por ser fenómenos invisibles, esotéricos, misteriosos, se ocultaban, y aún hoy, se ocultan en la profundidad de la historia.

La legitimidad del poder recién devino una realidad en Occidente con el cristianismo. Las viejas civilizaciones no la conocieron. A partir del siglo XVI hubo en Europa monarquías y aristocracias auténticamente legítimas, es decir, reconocidas activa o pasivamente por aquellos que tenían que obedecer. El primer principio de legitimidad creado por Occidente y el único aceptado hasta las revoluciones americana y francesa fue el principio hereditario, aristocrático y monárquico. El uso de estos principios de legitimidad pone de manifiesto su naturaleza empírica, convencional, precaria y provisional.

Ferrero afirma que mientras escribía su ensayo (recordemos en medio de la Segunda Guerra Mundial), en el que por primera vez se afrontaba el tema de la legitimidad, se preguntaba: ¿"la legitimidad no será un argumento prohibido: uno de esos misterios vedados a los seres humanos"? (Ferrero, 1998: 311). La única civilización antigua que conoció el principio de legitimidad fue Roma. La república romana fue, durante su esplendor y al menos durante cinco siglos, una forma de poder plenamente legítima: la autoridad del Senado y de los Comicios resultaba aceptada y admitida sin discusión por todos los ciudadanos, miembros de la Ciudad.

En Arendt (Arendt, 1967), aunque las opiniones son obra de los individuos y deben ser de su "propiedad", desde un punto de vista histórico, la importancia de la opinión para la política en general, y su papel en los gobiernos, en particular, fue descubierta por las revoluciones francesa y americana. *Toda autoridad*, señala Arendt, *descansa en la opinión*. La mejor demostración de esta aseveración ocurre cuando de modo súbito e inesperado se produce un rechazo universal a la obediencia, que comienza con lo que termina siendo una revolución. Esta dramática situación abre las puertas a los demagogos de toda especie y colores, pero "¿qué prueba la demagogia revolucionaria si no es la necesidad de que todos los regímenes, antiguos o nuevos, 'descansen sobre la opinión?'"[4]. El rey más poderoso y el tirano menos escrupuloso quedan inermes si nadie los obedece. En política, obediencia y apoyo son la misma cosa. En su particular visión, Arendt considera que el plebiscito es la

---

[4] Ibídem, p. 240.

única institución que corresponde exactamente al gobierno de la opinión pública. Así como la "opinión pública" significa la muerte de las opiniones (que nunca son de grupos sino de individuos), el plebiscito acaba con el derecho al voto de los ciudadanos, a elegir y controlar a su gobierno.

En el marco de un tema tan controvertido donde hemos tratado de esbozar las principales ideas y posiciones (a veces tan disímiles), mi pregunta es si la opinión pública en sí misma no puede realmente constituir una fuente de legitimidad democrática. En la denominada "competencia de legitimidades", donde hay superposiciones de las mismas, acaso *¿no descansan todas ellas en última instancia en la opinión pública?* Dicho de otra manera: ¿la legitimidad electoral y la legitimidad de gobierno no se basan finalmente en la opinión pública, cuando ésta se expresa en las urnas o cuando concede o retira su apoyo a las políticas públicas de un gobierno? Ahora continuaré con un breve recorrido sobre la misteriosa "institución" opinión pública.

Si aceptamos la existencia de una legitimidad de procedimiento y de una legitimidad de apoyo o de gobierno, quizá se podría hablar de una tercera forma de legitimidad que provisoriamente denominaríamos *legitimidad de la opinión pública*. Ella está asociada con el nuevo escenario de lo público (incluso, aún espacio público transnacional), a la creciente expansión de los medios de comunicación masivos, a los medios electrónicos, a los nuevos tipos de liderazgos, a la crisis de los partidos, y a la dilución de las identidades políticas de masa. El principio que la informa es el "público", por eso es una legitimidad más volátil, una especie de legitimidad intermitente.

Esta nueva realidad cambia, en parte, las condiciones de la legitimidad. Sabemos que con la teoría del contrato social y el derecho natural moderno las nociones de legitimidad y subjetividad (aceptación voluntaria) se vuelven inseparables (Ferry y Renaut, 1990). Desde entonces, el poder legítimo adquiere un carácter convencional, voluntario, cuyo fundamento verdadero sólo puede encontrarse en la libre voluntad del pueblo. El pueblo soberano es el sujeto verdadero de toda legitimidad política, lo que no deja de ser al mismo tiempo una abstracción. Con la modernidad todo sistema de gobierno tiene que descansar en el consentimiento general del pueblo. La idea de pueblo como subjetividad libre, que se realiza mediante la voluntad general, parece hoy desplazarse en parte hacia otro término abstracto e inasible, la opinión pública. Aunque se siga invocando a la soberanía popular, se habla en la actualidad de gobiernos de opinión.

Nadie duda de la presión que ejerce sobre los gobiernos la opinión pública. En 1943 (en su segunda edición revisada en inglés), Max Lerner escribía (luego de las recientes creaciones de las encuestas realizadas por Gallup –Instituto de la Opinión Pública– y la revista *Fortune*) que: "No es difícil averiguar la razón por la que el *Herald Tribune* de Nueva York, dejó de publicar los informes del Instituto Gallup: resultaba un tanto molesto condenar en la página editorial la política del gobierno y en otra página anunciar que la opinión pública la respaldaba. Estas encuestas han hecho muy difícil la posición de los editorialistas fulminadores"[5] (Lerner 1943, 184).

La legitimidad de la opinión pública no hace referencia a los principios de legalidad ni al de eficacia, que tienen que ver con el ámbito gubernamental, con las reglas de procedimiento o con las políticas públicas, sino a un conjunto de opiniones *efímeras*, que, como sostiene Derrida (Derrida, 1992: 85-101), no tienen estatuto, ya que no están sujetas a la estabilidad, ni siquiera a la constancia de la inestabilidad, porque pueden tener "fases largas"[6] (Derrida, 1992: 89).

La pregunta, de nuevo, es si esta opinión pública es realmente una fuente de legitimidad democrática. Es lo que trato de dilucidar. La legitimidad de la opinión pública no remite a la legitimidad de procedimiento, sino que es convocada, según Derrida, por medio de un *juicio* (sí o no) que debe ejercer un poder de control y de orientación sobre la democracia. El juicio "no es jamás un saber, sino una evaluación comprometida, un acto voluntario"[7] (Derrida, 1992: 89). En sus términos actuales, no se trata de la opinión pública de los siglos XVIII y XIX, caracterizada como una opinión letrada, sino de una opinión pública suficientemente informada, por diferentes medios de comunicación política. Los momentos de decisión, aquellos que generan mayor adhesión, son los que están presididos por una etapa deliberativa. La mejor decisión es la que tiene como precedente un buen proceso de deliberación.

---

[5] Nuestro autor aclara que el ataque contra el presidente Roosevelt durante su segundo período se hizo más difícil a medida que las encuestas de los citados organismos revelaban una popularidad sostenida.

[6] Los argumentos de Jacques Derrida han sido, en parte, discutidos en mi artículo "Ciudadanía y democracia en la Argentina. Problemas de representación en perspectiva comparada". (Quiroga, 2011).

[7] Jacques Derrida, *El otro cabo. La democracia, para otro día*, ob. cit., p. 89.

Para avanzar en nuestro razonamiento voy a efectuar tres distinciones. La primera, el sufragio no es la opinión pública. El sufragio se relaciona con la legitimidad procedimental. La segunda, los conceptos de ciudadanía y opinión pública no son coincidentes. Una cosa son los ciudadanos reunidos en foros, asambleas, asociaciones múltiples, en manifestaciones por la calle, actores de carne y hueso, y otra es el anonimato de la opinión pública, que no habla en primera persona, sino en tercera persona. Por último, la opinión pública sólo emerge en el espacio mediático, como lo veremos enseguida.

La legitimidad es una institución tan difícil de asir que, como vimos, Guglielmo Ferrero la denominó "Los Genios invisibles de la Ciudad", mientras Walter Lippman en los años veinte la calificaba como un "fantasma". ¿Qué decide la opinión pública?, ¿ejerce una función fiscalizadora del poder?, ¿puede democratizar a la democracia? Esta opinión pública desborda la representación electoral, se la hace hablar incluso contra las *representaciones instituidas* (Parlamento, partidos, etc.), en la interpretación de Derrida[8]. En términos generales, no se forma en el interior de las representaciones políticas, no tiene un lugar propio, no es una asamblea de ciudadanos ni un foro de discusión permanente.

La pregunta que cabe, entonces, es ¿dónde y cómo se forma la opinión pública? La respuesta común es que se forma en la televisión, la tecnología electrónica y las encuestas. Quiere decir, entonces, que no es el resultado de un diálogo cívico, de un intercambio "racional" y colectivo. En rigor, esta opinión pública, "de entidad amorfa, incorpórea, inconsistente, un tanto fantasmagórica" (Ayala, 2006), es al mismo tiempo *juez* y *destinatario* de las acciones de gobierno. El "público", la "gente", es la fuente de la opinión pública, que legitima el poder político. Hay un sujeto emisor de la opinión pública, el "pueblo", un sujeto material, del "régimen de opinión pública", como ya lo llama Francisco Ayala en 1941. ¿Quién es ese sujeto emisor? La autoridad que se invoca como fuente de la opinión pública es el *público mismo*, que juega un doble papel de sujeto y destinatario de la enunciación que ingresa en el ámbito de lo público.

El público, principio que informa la opinión pública juzga, en definitiva, las políticas de los gobernantes (a quienes ha confiado el poder) entre elec-

---

[8] Ibídem.

ciones y elecciones. La opinión pública, aún anónima, efímera y volátil, es un verdadero tribunal de enjuiciamiento de los actos de gobierno.

La opinión pública y el poder del kirchnerismo

La opinión pública no tiene, necesariamente, representantes instituidos, convencionales, son *proclamaciones públicas*[9] que operan formuladas en movimientos de opinión, en Internet. A veces la proclamación de un contenido de opinión pública puede provenir de una autoridad política. Por ejemplo, el presidente Néstor Kirchner, al comienzo de su mandato en 2003, invoca o hace jugar a la opinión pública para provocar la renuncia de algunos de los miembros de la Corte Suprema menemista. A través de la cadena nacional el Presidente se dirige a la opinión pública para solicitar al Congreso de la Nación que avance en el juicio político a la Corte[10]. Sin duda, la mayoría de la sociedad desaprobaba la trayectoria de una Corte desprestigiada por sus fallos y su relación dependiente del Poder Ejecutivo de entonces. Más allá de esta verdad, el presidente Kirchner constituye y reconoce a la opinión pública como tal, y la ubica en el lugar de tribunal. Aquí, la acción abierta del poder Ejecutivo y el poder de la opinión pública, en estrecha relación, se retroalimentaron implícitamente.

De este modo, el Poder Ejecutivo se aparta del normal funcionamiento del Estado de derecho y de su fuerza motriz, la división de poderes. Es el mismo Presidente que accedió al gobierno con el 22 % de los votos (el más bajo porcentaje de la historia electoral argentina), y que a los pocos meses lograba en la sociedad, según las encuestas, una aceptación del 75 u 80 %. En tan pocos meses de gobierno no se puede invocar el principio de eficacia, más allá de algunas medidas de gobierno y el anuncio de otras que fueron bien recibidas por la sociedad. La legitimidad de gobierno no está presente en este caso.

En términos de Isidoro Cheresky (Cheresky, 2009), esta excepcional legitimidad post-electoral, ilustrada por esos índices de aprobación, se explica

---

[9] La expresión la tomo de Ayala (2006).
[10] El resultado de la acción gubernamental fue la renuncia del presidente de la Corte Suprema Julio Nazareno, y de otros dos integrantes de la misma, Guillermo López y Adolfo Vázquez. Un cuarto miembro, Moliné O'Connor, fue destituido mediante juicio político por el Congreso a fines de 2003.

por la emergencia de nuevos liderazgos a los que ha denominado "líderes de popularidad". El principal sustento de estos líderes es la opinión pública; la relación sin mediaciones que con ella se construye. Los líderes de popularidad se caracterizan por ser "personales, mediáticos, y capaces de establecer con el electorado vínculos directos e inmediatos, pero al mismo tiempo efímeros e inestables"[11]. Desde que fue proclamado candidato oficialista, y luego de la primera vuelta de las elecciones de 2003, Néstor Kirchner debió construir una imagen de gobernante confiable. Sin que se efectuara el *ballotage*, el nuevo Presidente generó un formato político novedoso centrado en dos polos. Por un lado, el ejercicio del poder de un modo decisionista y, por otro, el sustento de la opinión pública (que rápidamente lo respaldó), que se revelaría durable (Cheresky, 2011: 332).

Veamos otro caso representativo de nuestra argumentación sobre el poder de la opinión pública, aunque con él no se haga alusión al tema de la legitimidad. La presión ejercida ante la justicia por el Poder Ejecutivo y la opinión pública por la excarcelación de Omar Chabán, principal responsable de la tragedia de Cromagnon (cuando actuaba una banda de rock en un local cerrado que se incendió, y causó 194 muertos), a mediados de 2005. A la indignación y decepción de los ciudadanos se sumaron los familiares de las víctimas de Cromagnon, la crítica del gobierno (manifestada por el Presidente de la Nación y el jefe de Gabinete) y de la oposición.

Ante la desaprobación de la opinión pública y las intromisiones de las autoridades políticas, los camaristas que intervinieron en la excarcelación de Chabán alegaron las dificultades para mantener "la calma de espíritu indispensable" a fin de resolver con ecuanimidad. La independencia judicial, que posibilita sin duda la imparcialidad de las resoluciones, no alude solamente a una esfera de libertad indispensable frente a las conveniencias del poder político, sino también a una libertad psicológica y espiritual necesaria para obrar sin condicionamientos como árbitro entre las partes. Sin *temores ni favores*. Es el principio inequívoco que debe guiar a la administración de justicia. Sin miedo para poder resolver en libertad y sin repartir preferencias al gobierno constituido o a ciertos litigantes.

Es cierto que la credibilidad de la justicia está cuestionada en la Argentina, aunque la actual Corte Suprema goce de alto prestigio. La respuesta a

---

[11] Ibídem, p.35.

la crisis de la justicia no puede ser la sujeción de las cuestiones judiciales al veredicto del tribunal de la opinión pública, lo que no quiere decir que ésta no pueda expresar su agrado o desagrado respecto de una sentencia. Quiere decir, en todo caso, que los jueces no pueden decidir con arreglo a la presión popular. Mientras la opinión pública actúe libremente pronunciándose sobre todos aquellos asuntos que hacen a la vida en común, se cumplirá con la condición fundamental de la democracia. Pero la opinión pública no puede fijar la orientación general de las resoluciones judiciales, porque esto no forma parte de ninguna teoría razonable de la democracia. En definitiva, en el centro de las presiones a los jueces se hallan las movilizaciones ciudadanas, generalmente legítimas, y el rol de los medios de comunicación.

Es la época de la denominada "democracia de audiencia", y ello se puede apreciar por el lugar que la opinión pública ocupa en la esfera política, y por la forma en que influye con fuerza en el gobierno. Éste presta más atención al humor de la opinión pública que a la autoridad del Parlamento, mientras la relación con los ciudadanos adquiere nuevos caracteres.

Otro ejemplo se encuentra en la proclamación de la opinión pública organizada por los graves problemas de inseguridad civil. Juan Carlos Blumberg, al que delincuentes comunes secuestraron y mataron a su único hijo, fue la cabeza de una gran red de solidaridad y de una fundación, que organizó dos concentraciones en Buenos Aires de más de 100.000 personas, que reclamaban seguridad de manera pacífica. Ese movimiento, finalmente efímero, tuvo un líder, una representación "virtual" (expresión de Isidoro Cheresky), con acceso directo a altos funcionarios del gobierno nacional y a los organismos de seguridad del Estado, por el temor que despertaba el lugar que su causa ocupaba en los medios, la solidaridad de miles de ciudadanos, y el apoyo de la opinión pública. Su influencia y presión, ante un tema tan sensible para la sociedad como es el de inseguridad, se hizo sentir en el Congreso, que votó ciertas reformas penales, de manera apresurada y de dudosa coherencia jurídica. El reconocimiento público que obtuvo la figura de Blumberg fue objeto de disputa de los partidos políticos (incluido el del propio gobierno) para que participara en política. Efectivamente lo hizo y fue un rotundo fracaso. Poco tiempo después, por razones que no son objeto de análisis de este texto, su persona y su movimiento desaparecieron del escenario público.

La opinión pública forma parte del juego político. Ello da lugar a una disputa cultural por el relato de los acontecimientos y conflictos sociales, en suma, a un combate por el control de la interpretación de la opinión pública. A veces puede ser manipulada por los grupos de presión, por los intereses corporativos, que hablan en su nombre sin que esas opiniones sean enteramente representativas del "público". La caracterización del gobierno kirchnerista como un gobierno de opinión no borra la existencia del conflicto político, su naturaleza, sus raíces y orígenes. Sabemos que la política es inseparable del conflicto, y que sus protagonistas son actores políticos y sociales con diversos intereses y diferentes puntos de vista, donde el Estado queda involucrado. El conflicto político no es sólo relaciones de fuerza, es también un enfrentamiento de opiniones e intereses que se manifiesta en el espacio público.

Lo que hay que discutir, como fue dicho, es el estatuto que adquiere la opinión pública y su relación con el poder. Frente a un tema tan complejo, uno de los problemas consiste en saber cómo se forma la opinión pública, algo tan volátil que puede cambiar día a día. La opinión pública, que desborda la representación electoral, se forma por los medios y los sondeos. Esa información, ¿es confiable? Quiere decir, pues, que la opinión pública no es el resultado de un diálogo cívico, de un intercambio racional y colectivo. Insistimos, ¿cómo se forma una opinión pública independiente? En el enfoque de Paul Ricoeur las encuestas suplantan a la deliberación. Los sondeos no conllevan el menor tipo de deliberación, se consulta la opinión de los ciudadanos de uno en uno, y después se suman; en ningún momento se produce el debate, y la cifra resultante no es para nada un producto de la deliberación (Ricouer, 1995: 99). Lo grave es que las encuestas se transforman en una instancia soberana capaz de decidir candidaturas y fijar agendas de gobierno. Por encima del valor de estas críticas, la opinión pública es una "*fuerza anónima*" que se transforma en "*fuerza política*" (Champagne, 1990: 17-18), que los intereses más variados la presentan como la voz del pueblo. En la actualidad, es conocido, nadie hace política y nadie gobierna sin las encuestas de opinión en las manos.

El conflicto con el campo, que conmovió a la sociedad argentina en el año 2008, puso en evidencia una concepción antagónica de poder sustentada por el gobierno nacional[12], sustentada en un combate cultural por conquistar

---

[12] Para un estudio del conflicto agropecuario remitimos a Cheresky (2009).

a la opinión pública tras un relato que retrotraía a la sociedad a falsas y antiguas dicotomías: "gobierno popular" *versus* "oligarquía"; "pueblo" y "antipueblo". Se dividió a los argentinos entre los supuestos partidarios de una "acción destituyente" y los defensores del gobierno democrático y popular. En general, este tipo de concepciones identifica al oponente como un enemigo al que hay que eliminar y no como un adversario de legítima existencia. El riesgo de una concepción de esta índole es que puede considerar como enemigo a aquel que no es cooptado o que mantiene sus disidencias. En el contexto de ese conflicto el campo tampoco ayudó con sus marcas verbales y con los sistemáticos cortes de ruta. No obstante, las responsabilidades no son las mismas. La función principal del Estado es procurar el orden social, el diálogo y la paz entre los argentinos.

A modo de conclusión. ¿La opinión gobierna?

Dijimos que la opinión pública forma parte del juego político, y que aun siendo una *fuerza anónima* se transforma en una fuerza política. Pareciera, pues, que la lucha política se reorganiza en torno de una batalla por conquistar la opinión pública. Si esto es así, de inmediato tenemos un problema: ¿quién es el *portavoz* de la opinión pública? Las encuestas de opinión que se difunden por los medios masivos de comunicación. Por tanto, no hay un único vocero. Con anterioridad preguntamos si los sondeos son confiables, y sabemos que las encuestas, en su mayoría, son el resultado de encargos de los funcionarios del Estado y de los hombres políticos. La utilización y la manipulación de esos datos están a la orden del día, tanto en las campañas electorales como en los temas que preocupan y concitan interés en la sociedad. Es la época de la tiranía de las encuestas; nadie hace política sin ellas.

En un famoso y polémico artículo de principios de los años setenta titulado "La opinión pública no existe más", Pierre Bourdieu concluye con las siguientes afirmaciones: la opinión pública no existe más bajo la forma que le atribuyen aquellos que tienen interés en afirmar su existencia. Bourdieu admite que hay opiniones constituidas, movilizadas, de los grupos de presión movilizados en torno de un sistema de *interés* explícitamente formulado, y que además existen disposiciones que, por definición, no son opinión si se entiende por ello, como él lo ha explicitado en su texto, algo que puede formularse discursivamente con una cierta pretensión de coherencia. Para nuestro autor la definición de opinión a partir de los sondeos no es su opinión sobre la opinión. Las opiniones que miden las encuestas, interrogando a la gente para que tome posición respecto de opiniones formuladas, son una simple agregación estadística de opiniones así producidas. En definitiva se fabrica un "artefacto" que es la opinión pública. La opinión pública no existe más en la acepción implícitamente admitida por los que hacen encuestas o por los que utilizan sus resultados[13].

Si bien los autores clásicos del siglo XIX hablaban de la opinión pública para definir a la democracia, no había en ellos, por supuesto, ninguna referencia a las encuestas de opinión. Esta técnica recién fue creada a fines de los años treinta del siglo XX, pero alcanzó su verdadero desarrollo y relevancia con la mediatización de la política. El punto es que la política contemporánea se ha transformado por la televisión, por las nuevas tecnologías de comunicación y por las encuestas. La opinión pública de hoy no es lo que fue en sus comienzos en el siglo XVIII.

Desde la perspectiva de Patrick Champagne es necesario reorientar el debate insistiendo menos en el análisis de las encuestas, como tales, para poner más énfasis en el funcionamiento mismo del campo político. Es decir, sobre un espacio social específico, relativamente autónomo que, en los regímenes democráticos, tiene por objetivo la conquista de los cargos de poder sobre los "poderes públicos" (las administraciones del Estado) por la movilización electoral de una mayoría de ciudadanos en torno de una misma representación del mundo social. Pero la lucha en el campo político, agrega Champagne siguiendo a Norbert Elias, es de naturaleza simbólica, porque esta lucha se realiza con "palabras que hacen creer o que hacen ver" (Champagne, 1990: 17-18).

La lista de referencias y citas de autores (con posiciones encontradas, por otra parte) sería interminable con respecto al tema en debate, cuyo entramado es muy difícil de develar. Por eso, retomemos la pregunta inspirada en

---

[13] Se trata de una conferencia pronunciada en *Noroit* (Arras) en enero de 1972, y publicada en *Les Temps Modernes*, 318, en 1973, y reproducida en *Questions de Sociologie*, Paris, Minuit, 1984. Disponible en: www.homme-moderne.org/societe/socio/bourdieu/questions/opiniopub.

el filósofo francés Alain (Alain, 1934): ¿la opinión pública gobierna? Si la respuesta fuera positiva, cabe otro interrogante, ¿de dónde proviene esa fuerza? El veredicto de la opinión pública puede ser oscuro, volátil, contradictorio, superficial, pero existe, aun con la silueta de un fantasma (que no es real ni irreal). Aunque la "inventen" e intenten guiarla, los gobernantes la respetan y temen. Los gobiernos y los representantes se sienten responsables ante los ojos fiscalizadores de una opinión pública que evalúa sus acciones, y que luego se transforma en una *comunidad electoral real* depositando sus votos en las urnas.

Ante la *debilidad de los parlamentos*, y la *crisis de los partidos*, la idea de "dar voz al pueblo"[14] ha acrecentado la influencia de los medios masivos (televisión, radio, prensa), y las nuevas tecnologías de comunicación (en especial Internet y las redes sociales) en el escenario político. Aun como recursos que pueden ser ambivalentes se manifiestan como canales de *visibilidad* de los acontecimientos y conflictos, y como expresión de otras formas de participación en el debate político, que favorecen, incluso de manera abstracta, el *intercambio de opiniones* o, en términos de Derrida, se ha producido una "virtualización de los intercambios" (Derrida, 2001, 89). Es el nuevo espacio público mediático, que habiendo adquirido ya una dimensión global, se ha convertido en una nueva forma de "mediar", de poner al poder en relación con la opinión pública. En otras palabras, es un modo de vincular la "voz del pueblo" con los representantes que toman las decisiones políticas.

En definitiva, la crisis de la democracia se podría resumir en una crisis de control y de legitimidad, dada la estricta separación entre gobernantes y gobernados diseñada por la democracia representativa, razón por cual la representación marca siempre una distancia entre representantes y representados. Crisis de control, porque la democracia se define, según Alain, no tanto por el sufragio universal como por el poder de contralor que pueden instituir los ciudadanos. El problema es saber, siempre con Alain, cómo se construye una "obediencia crítica" (Jacobino, 2010: 95). Crisis de legitimidad, en sus

---

[14] Según Dahrendorf una de las preguntas a la cual la democracia debe dar respuesta es: "¿cómo puede el pueblo –todos los ciudadadanos– tener voz en el ejercicio del poder? La democracia es la voz del pueblo que crea instituciones que controlan al gobierno y hacen posible cambiarlo sin violencia. En este sentido, el *demos*, el pueblo, es el soberano que legitima las instituciones de la democracia". (Dahrendorf, 2003: 10).

formas tradicionales que se han debilitado como medios de expresión de la opinión y voluntad de los ciudadanos. De ahí que, con toda su ambivalencia, con sus aspectos positivos y negativos, la opinión pública puede aparecer como una nueva fuente de legitimidad. En este sentido, se podría hablar de "gobierno de opinión". El debate, desde luego, no está agotado. El desafío continúa siendo el porvenir de la democracia, la participación ciudadana en el proceso de toma de decisiones.

El temor de todo gobierno que se apoya centralmente en la "opinión pública" –que persiste (como en el actual ejemplo argentino) en construir leyendas épicas y un relato histórico en torno de un "proyecto nacional", que polariza a la sociedad en sus intereses y verdades culturales– es siempre la protesta de la calle y el veredicto de la opinión pública. El miedo no es un componente exclusivo de los que están obligados a obedecer, también es constitutivo del poder. Con las revueltas, con los estallidos sociales, con el desorden político y monetario, como ocurrió en el año 2001 en la Argentina, el miedo se apodera de todos los espíritus; se instala un miedo recíproco entre el poder y los gobernados.

En las condiciones actuales del juego político argentino, la opinión pública mantiene un rol protagónico que, en parte, devalúa el espacio del Parlamento y el de las disgregadas fuerzas partidarias, y condiciona a la Justicia. La opinión pública es un misterio difícil de descifrar, los ciudadanos son actores con intereses concretos. Lo cierto es que esa comunidad anónima se convierte en "fuerza política". El problema se presenta cuando los "gobiernos de opinión" creen que la opinión pública es *omnipotente* y que el poder político deriva *exclusivamente* de ella, y se descuida el ejercicio republicano del poder, opacando al Estado de derecho en el cual se enmarca institucionalmente la democracia[15]. Dicho de otro modo, cuando los líderes de popularidad actúan por fuera del Parlamento, esquivando todo tipo de control institucional y social, para relacionarse de un modo directo con la opinión pública.

Esa concepción de democracia sale de la órbita exclusiva de la política representativa, pero con rasgos paternalistas y plebiscitarios. Desde el momento en que todo gobierno dice inspirarse en la opinión del pueblo, la

---

[15] Retomo esta idea de mi texto "Ciudadanía y democracia en la Argentina. Problemas de representación en perspectiva comparada", (Quiroga, 2011).

opinión pública se relaciona en el mecanismo de la representación. No obstante, ello exige una vasta discusión de los asuntos comunes que se debería promover en el público, de manera paralela o con anterioridad a la que se produce en el Parlamento, tal como fue pensado en 1910 por uno de los mejores representantes del institucionalismo francés, Maurice Hauriou, en sus *Principes de droit publique* (Hauriou, 2003: 262).

Si bien la legitimidad de la opinión pública abre muchos interrogantes, ella no puede ser ignorada y nos obliga a repensar los supuestos centrales de la legitimidad, como se ha intentado hacer en este texto, ante el decaimiento de sus formas clásicas. Este nuevo fenómeno ¿puede contribuir a la configuración de una "obediencia crítica" y a reforzar el rol de una ciudadanía activa y fiscalizadora, que trascienda las modalidades tradicionales de participación? La legitimidad democrática pone en discusión hoy la formación de la voluntad política común en las democracias contemporáneas, en donde está en juego el proceso de deliberación y decisión, cuando existe un creciente poder de veto y de bloqueo de los ciudadanos y de los movimientos informales de protesta. De lo que se trata es de integrar las exigencias de renovación de la democracia ante nuevos desarrollos políticos, sociales y económicos.

Bibliografía

ALAIN, *Propos de politique*, Les Éditions Rieder, Paris, 1934.

ARENDT, HANNAH, *Sobre la revolución*, Ediciones de la Revista de Occidente, Madrid, 1967.

AYALA, FRANCISCO, *Ensayos políticos. Libertad y liberalismo*, Edición de Pedro Cerezo Galán, Biblioteca Nueva, Madrid, 2006.

BOURDIEU, PIERRE, "L'opinion publique n'existe pas", conferencia pronunciada en 1972, publicada en *Les Temps Modernes*, 318, en 1973, y reproducida en *Questions de Sociologie*, Paris, Minuit, 1984. Disponible en: www.homme-moderne.org/societe/socio/bourdieu/questions/opiniopub.

CAMPS, VICTORIA, *El malestar de la vida pública*, Grijalbo, Barcelona, 1996.

CHAMPAGNE, PATRICK, *Faire l'opinion. Le nouveau jeu politique*, Minuit, Paris, 1990.

CHERESKY, ISIDORO, "¿El fin de un ciclo político?", en Isidoro Cheresky (compilador), *Las urnas y la desconfianza ciudadana en la democracia argentina*, Instituto Gino Germani, Facultad de Ciencias Sociales-UBA, Homo Sapiens Ediciones, Rosario, 2009.

CHERESKY, ISIDORO, "Representación institucional y autorrepresentación ciudadana en la Argentina democrática", en Isidoro Cheresky (compilador), *Ciudadanía y legitimidad democrática en América Latina*, CLACSO-Manantial, Buenos Aires, 2011.

CHERESKY, ISIDORO, *Poder presidencial, opinión pública y exclusión social*, CLACSO-Manantial, Buenos Aires, 2008.

DAHRENDORF, RALF, en diálogo con Antonio Polito, *Después de la democracia*, FCE, Buenos Aires, 2003.

DERRIDA, JACQUES, *El otro cabo. La democracia, para otro día*, Ediciones del Serbal, Barcelona, 1992.

DERRIDA, JACQUES, *¡Palabras! Instantáneas filosóficas*, Trotta, Madrid, 2001.

FERRAJOLI, LUIGI, *Principia iuris. Teoría del derecho y de la democracia. 2. Teoría de la democracia*, Trotta, Madrid, 2011.

FERRERO, GUGLIELMO, *Poder. Los Genios invisibles de la Ciudad*. Tecnos, Madrid, 1998.

Ferry, Luc y Renaut, Alain, *Filosofía política III. De los derechos del hombre a la idea republicana*, FCE, México, 1990.

Gaufin, Jean-Pierre, *La démocratie participative*, Armand Colin, Paris, 2007.

Habermas, Jürgen, "Acerca de la legitimación basada en los derechos humanos", en J. Habermas, *La constelación posnacional. Ensayos políticos*, Paidós, Barcelona, 2000.

Hauriou, Maurice, *Principios de Derecho Público y Constitucional*, Editorial Comares, Granada, 2003.

Hume, David, *Ensayos políticos* (estudio preliminar de Joseph M. Colomer), Tecnos, Madrid, 1987.

Jacobino, Baptiste, *Apprendre à philosopher avec Alain*, Ellipses, Paris, 2010.

Kelsen, Hans, *Teoría general del Estado,* Ediciones Coyoacán, México, 2005 (segunda edición).

Lerner, Max, *Ahora o nunca. De la necesidad de una democracia militante*, México, 1943.

Linz, Juan J., *La quiebra de la democracia*, Alianza, Madrid, 1987.

Lippmann, Walter, *La opinión pública*, Inactuales-Langre, Madrid, 2003.

Quiroga, Hugo, "Ciudadanía y democracia en la Argentina. Problemas de representación en perspectiva comparada", en Isidoro Cheresky (compilador), *Ciudadanía y legitimidad democrática en América Latina*, CLACSO-Manantial, Buenos Aires, 2011.

Ricoeur, Paul, *La critique et la conviction. Entretien avec François Azouvi et Marc Launay*, Calmann-Lévy, Paris, 1995.

Rosanvallon, Pierre, *La legitimidad democrática. Imparcialidad, reflexividad, proximidad*, Manantial, Buenos Aires, 2009.

Tusell, Javier, *La revolución posdemocrática*, Ediciones Nobel, Oviedo, 1997.

Vorländer, Hans, "Structures et contestations de la legitimité en démocratie", en Yves Charles Zarka (sous la direction de Yves Charles Zarka), *Repenser la démocratie*, Armand Colin, Paris, 2010.

Zarka, Yves Charles, "Introduction. ¿Pourquoi repenser la démocratie?", en Yves Charles Zarka (sous la direction de Yves Charles Zarka), *Repenser la démocratie*, Armand Colin, Paris, 2010.

Zarka, Yves Charles, "La legitimité démocratique en question", en Yves Charles Zarka (sous la direction de Yves Charles Zarka), *Repenser la démocratie*, Armand Colin, Paris, 2010.

Política, economía, sociedad y ciudadanía en el Uruguay de comienzos del siglo XXI

Gerardo Caetano y Gustavo De Armas***

1. Introducción

La última década ha sido un tiempo de significativas transformaciones en la sociedad, la economía y el sistema político del Uruguay. Dentro de ellas, como veremos, no resultan menores las mutaciones que ha vivido la democracia uruguaya, las que merecen registrarse entre los cambios más profundos. Más allá de sus peculiaridades –algunas de ellas intensas– con relación al resto de los sistemas políticos latinoamericanos, también el país participa, a su modo y en sus tiempos, de ese proceso de "cambio político en la fragmentación"[1], que caracteriza la coyuntura actual que vive la gran mayoría de las democracias del continente. Pese a las resistencias de su potente matriz tradicional, la democracia uruguaya no es ajena a las transformaciones profundas en el "hacer" y en el "pensar" la política que se advierten a escala global y regional. Para registrar con precisión esos cambios, para superar las opacidades y distorsiones que provoca la persistencia de "formatos" que indicarían mera continuidad, se vuelven más necesarios que nunca prismas analíticos más ra-

---

* Coordinador Académico del Observatorio Político, Instituto de Ciencia Política, Facultad de Ciencias Sociales, Universidad de la República. Director Académico del Centro de Formación para la Integración Regional (CEFIR). Investigador del Sistema Nacional de Investigadores del Uruguay.

** Magíster en Ciencia Política por la Universidad de la República. Especialista en Política Social de la Oficina en Uruguay del Fondo de las Naciones Unidas para la Infancia. Profesor Adjunto en políticas educativas en la Universidad de la República e Investigador del Sistema Nacional de Investigadores del Uruguay. Las opiniones vertidas por el autor en este trabajo no comprometen necesariamente la posición de las organizaciones mencionadas.

[1] Para una caracterización más precisa sobre los alcances dados a esta noción de "cambio en la fragmentación", cfr. Gerardo Caetano (2010).

dicales, así como indagatorias más profundas en sus alcances interpretativos y más exigentes en su heurística[2].

En ese marco de análisis más general, en el texto que sigue se busca presentar una visión sintética pero global acerca de las transformaciones más relevantes que ha experimentado la sociedad uruguaya en el último decenio, buscando articular una revisión profunda de su proceso político reciente así como sus vínculos complejos con los itinerarios de la economía y de la sociedad. Lejos de cualquier visión de subordinaciones rígidas o de explicaciones simplificadoras, se procura fundamentar la pertinencia de un abordaje más centrado en miradas exigentes y combinadas desde la Historia Política y de la Ciencia Política, en tanto claves de interpretación consistentes a la hora de narrar y explicar algunos de los aspectos más salientes del ciclo político reciente y de sus principales consecuencias.

En esa dirección analítica, se abordarán los siguientes temas: i) los cambios más significativos verificados a nivel de los procesos electorales en los últimos diez años; ii) las principales transformaciones sociales y económicas verificadas en dicho período; y iii) el registro de mutaciones en la cultura política y en la opinión pública, entendidas como expresión de un cambio más profundo y extenso en el modelo de ciudadanía predominante en el Uruguay contemporáneo.

2. La última década en la política uruguaya: un "giro de época"

Durante los últimos diez años la política uruguaya experimentó una serie de profundas transformaciones que reconfiguraron en forma significativa sus principales rasgos. El ciclo electoral 2004/2005 constituyó, en cierto sentido, el epílogo de un largo recorrido iniciado en las elecciones de 1971: el proceso de transformación del sistema de partidos uruguayo. En términos de síntesis, se vivió la transición desde el viejo sistema bipartidista que con-

---

[2] El tema de la "nueva heurística" de la política contemporánea, con sus múltiples implicaciones de diversa índole, constituye un desafío teórico y metodológico muy relevante e insoslayable. A nuestro juicio, en el país y en la región, ni la Historia del pasado reciente ni la Ciencia Política han terminado de asumir de manera profunda y adecuada este reto.

formaban el Partido Colorado y el Partido Nacional (los dos partidos fundacionales[3]), a un nuevo formato pluralista moderado, en el que se suma a esos dos partidos, como actor principal, el Frente Amplio. Este nuevo sistema de tres partidos parecería responder sin embargo a una –nueva– dinámica competitiva de corte bipartidista: el cotejo entre los bloques que conforman, por un lado, la Izquierda y, por otro, los dos partidos fundacionales.

El ciclo electoral 2004/2005 implicó también una drástica reducción del caudal electoral del Partido Colorado, inédita en su historia: una caída desde el 32,78% de votos válidos que había cosechado en los comicios de 1999 al 10.61% que obtuvo en esa penúltima instancia electoral. Por su parte, las elecciones departamentales de 2005 determinaron por primera vez en la historia electoral del país que la Izquierda pudiese acceder a gobiernos departamentales fuera de Montevideo: siete intendencias que se sumaron a la de Montevideo, conducida por el Frente Amplio desde 1990. Finalmente, y a riesgo de un inventario incompleto, el ciclo electoral 2004/2005 arrojó un resultado para nada irrelevante: emergió como principal fracción del partido de gobierno y, por ende, como una de las principales fuerzas políticas nacionales, con un poderoso contingente parlamentario, el Movimiento de Participación Popular (MPP), fuerza liderada por José Mujica, líder histórico del Movimiento de Liberación Nacional Tupamaros (MLN-T).

Por su parte, el ciclo electoral 2009/2010 implicó la ratificación o confirmación de algunos de esos cambios reseñados, al tiempo que introdujo algunas novedades relevantes. Las elecciones parlamentarias y la primera vuelta presidencial desarrolladas en octubre de 2009 le permitieron al Frente Amplio revalidar su condición de partido mayoritario, tras obtener mínimas mayorías absolutas en ambas cámaras legislativas. La holgada victoria en el balotaje del candidato frentista, José Mujica, sobre el contendiente de la oposición, el ex presidente Luis Alberto Lacalle, le permitió a la Izquierda retener el gobierno nacional. Pese al significativo crecimiento del Partido Colorado con respecto a la elección de 2004 (de 10,61% a 17,51%) y a la caída moderada del Partido Nacional (de 35,13% a 29,9%), los comicios de 2009 ratificaron el mapa electoral que emergió en la pugna de 2004: un sistema de tres partidos principales de dinámica bipartidista.

---

[3] Partidos nacidos en los años treinta del siglo diecinueve.

Finalmente, las últimas elecciones legislativas confirmaron a grandes trazos, salvo en el Partido Colorado, los mapas internos. Precisamente, entre las novedades a destacar sobresale la emergencia de un nuevo liderazgo dentro del Partido Colorado, el de Pedro Bordaberry, y cierta renovación de su elenco legislativo. Asimismo, entre las novedades se aprecia una leve caída electoral de la Izquierda con respecto a las elecciones de octubre de 2004; caída que fue minimizada merced al arrollador triunfo de José Mujica en el segundo turno de la elección presidencial. Si se comparan los resultados de ambas elecciones legislativas, se advertirá que el caudal electoral del Frente Amplio se redujo en aproximadamente veinte mil votos, lo que implicó un descenso de 51,7% a 49,3% con relación al total de votos válidos. Por otro lado, la elección de intendencias y municipios desarrollada en mayo de 2010 determinó que el Frente Amplio perdiera peso en el interior del país, pasando de ocho a cinco gobiernos departamentales.

Más allá del análisis detallado de los cambios que se produjeron en los últimos dos ciclos electorales, resulta evidente que el sistema partidario uruguayo ha experimentado una profunda reconfiguración durante esta última década. Este "giro de época", si vale la expresión, ha sido en parte consecuencia de la profunda crisis económica y social que atravesó la sociedad uruguaya entre fines del siglo pasado y los primeros años de éste, pero también –y en mayor medida– de una serie de profundas y estructurales transformaciones que han venido operándose en el electorado uruguayo durante las últimas tres o cuatro décadas. En las próximas páginas se analizarán esas transformaciones de largo aliento aludidas, así como se buscará examinar las principales proyecciones de esos cambios en los escenarios más profundos de la cultura política, la opinión pública y las prácticas ciudadanas.

2. 1. *Elecciones 2004*: un nuevo escenario político emerge

Entre las elecciones de 1984 y 2004 el sistema de partidos uruguayo experimentó uno de los cambios más significativos de su historia, al menos desde la conformación del sistema poliárquico a comienzos del siglo pasado: nos referimos a la transición desde el bipartidismo fundacional conformado por los longevos partidos Colorado y Nacional a un nuevo bipartidismo (o un estadio a medio camino entre el "pluralismo moderado" y el bipartidismo tal como los describe Sartori[4]), en torno de la competencia entre la Izquierda (el Frente Amplio) y los partidos tradicionales. Esta transición se inició, por cierto, mucho antes de las elecciones de 1984. El tránsito gradual y sostenido del viejo al nuevo bipartidismo comienza con los resultados de las elecciones de 1971, cuando los partidos menores o de "ideas" coaligados en el Frente Amplio (FA) superaron en forma holgada su histórico caudal electoral, transformándose así en la segunda fuerza política en Montevideo, detrás del Partido Colorado (PC), con el 30,14% de los votos válidos.

Las elecciones de 1984, luego de once años de régimen autoritario, reprodujeron con leves matices el mapa electoral previo al quiebre institucional de 1973. Los resultados de 1984 confirmaron la sustitución del tradicional sistema bipartidista uruguayo por un sistema pluralista moderado. Desde ese momento hasta los comicios de 2004, el sistema político uruguayo recorrió una etapa de gradual y sostenida transformación. Como ha sido señalado Buquet (2005), las elecciones de 2004 parecen haber cerrado un largo ciclo de cambios, consagrando un nuevo mapa bipartidista. Entre las elecciones de 1984 y 2004 el caudal electoral de los dos partidos tradicionales sumados se redujo más de treinta puntos con relación al total de votos válidos: porcentaje que ganó el bloque o subsistema conformado por los partidos desafiantes (González y Queirolo, 2000).

---

[4] De acuerdo con la definición que hace Sartori en su obra clásica sobre los sistemas de partidos (1992) del "pluralismo moderado", este tipo de sistema partidario entraña una lógica bipolar, por lo cual la definición de un sistema de partidos como "pluralista moderado bipolar" podría pecar de redundante. Según Sartori (1992: 225): "... un sistema de pluralismo moderado se caracteriza por: i) una distancia ideológica relativamente pequeña entre sus partidos importantes; ii) una configuración de coalición bipolar, y iii) una competencia centrípeta." De todos modos, insistimos que la lógica del sistema de partidos uruguayos –o "mecánica" para utilizar un término sartoriano– lo acerca más al bipartidismo que al "pluralismo moderado", más allá de su actual "formato". Por esa razón, preferimos clasificar al sistema de partidos que ha emergido de las elecciones de 2004 (el que muy probablemente las próximas elecciones consolidarán en su formato y dinámica), al igual que otros colegas (Buquet 2005), como bipartidista o, en su defecto –y a riesgo de pecar de redundante– como "pluralista moderado bipolar".

Cuadro 1

Resultados electorales por partidos y subsistemas partidarios
(partidos tradicionales vs. "desafiantes") en Uruguay. Elecciones de 1984 a 2004.
Votos válidos y porcentajes sobre el total de votos válidos.

	1984		1989		1994		1999		2004	
Partido Colorado	777701	41,23	596964	30,29	656428	32,35	703915	32,78	231036	10,61
Partido Nacional	660773	35,03	765990	38,87	633384	31,21	478980	22,31	764739	35,13
Subtotal PPTT	1438474	76,26	1362954	69,16	1289812	63,56	1182895	55,09	995775	45,74
Frente Amplio	401104	21,26	418403	21,23	621226	30,61	861202	40,11	1124761	51,67
Nuevo Espacio	...	...	177453	9,01	104773	5,16	97943	4,56	...	...
Subtotal "desafiantes"	401104	21,26	595856	30,24	725999	35,78	959145	44,67	1124761	51,67
Otros	46784	2,48	11776	0,60	13470	0,66	5109	0,24	56473	2,59

Fuente: elaboración propia en base a ICP-EBO (2000) e ICP-EBO (2005) a partir de datos de la Corte Electoral.

La conformación de este nuevo mapa partidario fue resultado del constante crecimiento de la izquierda, la consecuente reducción del bloque constituido por los partidos tradicionales y el debilitamiento de las fronteras que otrora separaban en forma clara a blancos y colorados. En ese período la producción de lealtades, identificaciones y preferencias hacia los partidos dejó progresivamente de operar en función de la secular dialéctica entre blancos y colorados, para girar en torno de una nueva tensión: la competencia entre la Izquierda y los partidos tradicionales.

De esta forma, el sistema político y el subsistema de partidos fueron asumiendo dinámicas de competencia y producción típicas de una lógica bipartidista. Los partidos y los electores comenzaron a actuar en función de dos grandes campos de identificación partidaria: de un lado los partidos tradicionales y del otro los partidos "desafiantes". La reforma constitucional de 1996 que introdujo el balotaje o elección presidencial a dos vueltas, entre otros cambios significativos, coadyuvó a consolidar esta nueva competencia.

Para comprender cómo ha evolucionado el comportamiento electoral durante este período –en particular desde mediados de la pasada década– resulta útil analizar el sistema de partidos más allá de los límites o fronteras partidarias; como un sistema compuesto por dos campos o bloques: el "subsistema de partidos tradicionales" y el "subsistema de partidos desafiantes".

Una de las señales que indican hasta qué punto el sistema de partidos ha venido operando desde las elecciones de 1989 como bipartidista, sin perjuicio de su formato o del número de partidos, es que la competencia por el electorado opera primero, y fundamentalmente, entre dos los bloques partidarios, y luego a su interior entre los partidos que los componen. Corresponde advertir que la estrepitosa caída electoral del Partido Colorado entre los comicios de 1999 y 2004 (473.000 votos que implicaron un descenso del 32,78% de los votos válidos al 10.61%) tuvo como correlato el crecimiento significativo del Partido Nacional (286.000 votos más, que representaron un salto del 22,31% al 35,13%).

El crecimiento de los partidos "desafiantes" entre 1984 y 2004 ha suscitado diversos intentos explicativos –o al menos descriptivos– entre los politólogos y sociólogos uruguayos. En tanto el crecimiento del porcentaje de votos del subsistema desafiante sobre el total de votos válidos fue sostenido durante esos veinte años (9% entre 1984 y 1989; 5,5% entre 1989 y 1994; 8,9% entre 1994 y 1999; 7,6% entre 1999 y 2004), registrando un coeficiente de variación entre estos cuatro períodos relativamente bajo (21,7%), parece claro que la evolución de la Izquierda no ha sido producto de coyunturas favorables o movimientos erráticos de la ciudadanía.

Desde el campo de la sociología electoral, algunos investigadores (Aguiar, 2000; Canzani, 2000; González y Queirolo, 2000) han planteado que el crecimiento de la Izquierda puede ser atribuido a la renovación demográfica del cuerpo electoral, construyendo así lo que algunos investigadores han denominado el "modelo demográfico" (De Armas 1999 y 2000; Buquet y De Armas 2004). La tesis demográfica ha sido expuesta en forma sintética por Aguiar (2000: 20-21): "... en un electorado dividido por edad, aun cuando nadie cambie de opinión, el mero pasaje del tiempo implica el crecimiento de los partidos que tienen mayor peso relativo entre los electores más jóvenes. De esta forma, si el clivaje operaba con claridad desde 1971 y se mantenía operando a lo largo del tiempo, el EPFA debía crecer en forma regular incluso cuando ningún votante de los partidos fundacionales cambiara de manera de pensar (...) en el período 1971-1999, el efecto demográfico da cuenta de proporciones cercanas al 1% anual (...) puede asegurarse que en el año 2004 el piso electoral del EPFA subirá aproximadamente un 5% más como resultado de este efecto demográfico." En la misma línea ha señalado Canzani (2000: 240-241): "... la mortalidad registrada durante cierto período tiene más posibilidades de afectar más a los partidos tradicionales –que pierden votos más "viejos"– que a los partidos no tradicionales. ¿Cuánto de los cambios en el peso electoral de los partidos puede explicarse por este factor demográfico? No hay estimaciones precisas, pero su magnitud está lejos de ser despreciable, ya que en un período electoral de cinco años salen del padrón electoral –por mortalidad– al menos 170.000 personas, lo que en estos años ha representado una proporción de entre 7% y 8% del total de votantes."

Fácilmente se puede constatar la robusta relación que existe entre la edad y el voto en el cuerpo electoral uruguayo. Como se aprecia en el cuadro 2, entre 1984 y 2004 se mantuvo prácticamente inalterada la preferencia o inclinación de los nuevos votantes hacia la Izquierda, así como la sobrerrepresentación del voto hacia los partidos tradicionales entre los votantes más viejos, aunque en declive elección a elección[5].

---

[5] En la medida que ingresaron al cuerpo electoral entre 1984 y 2009 sucesivas cohortes de nuevos votantes cada vez más afines a la Izquierda, y en tanto sus preferencias se mantuvieron relativamente estables a lo largo del tiempo, las preferencias por la Izquierda entre los electores de mayor edad fueron gradualmente creciendo (multiplicándose por tres en términos porcentuales); por así decirlo, la renovación demográfica del electoral contribuyó a incrementar el peso de la Izquierda entre los votantes más viejos, transformándola en una fuerza política con un electorado menos joven, con un electorado relativamente parecido en términos de edad al conjunto del electorado.

Cuadro 2

Intención de voto por bloques o subsistemas partidarios en Uruguay, según franjas de edad de los electores, entre las elecciones de 1984 y 2004.

Intención de voto en los **votantes menores de 30 años**	1984	1989	1994	1999	2004
Por el subsistema "desafiante" (Izquierda)	61	61,9	61,9	62	62
Por el subsistema de partidos tradicionales	39	38,1	38,1	38	38
Intención de voto entre los **votantes de 60 o más años de edad**	1984	1989	1994	1999	2004
Por el subsistema "desafiante" (Izquierda)	12	18,5	25	31,5	40
Por el subsistema de partidos tradicionales	88	81,5	75	68,5	60

Fuente: elaboración propia en base a Canzani (2000 y 2005), Equipos Consultores (2009), González (1993) y Moreira (2000).

La hipótesis sobre el crecimiento demográfico de la Izquierda se presenta como una de las aproximaciones más compartidas entre los científicos sociales en Uruguay.[6] Empero, cabe señalar que tanto los argumentos esgrimidos por Aguiar, Canzani, González y Queirolo, como el tono en el que se expresan, confieren al modelo demográfico un carácter por momentos cuasi teleológico (De Armas, 2000), que deja escaso margen a la coyuntura política, la competencia electoral e, incluso, a las variables extrapolíticas que pueden explicar la evolución del sistema de partidos. En general, desde la sociología nacional se ha examinado el crecimiento electoral de la Izquierda en función de la recomposición de la masa electoral, sin preocuparse demasiado por los cambios en la oferta partidaria y la dinámica de competencia entre los partidos. En contraposición, la ciencia política ha analizado el crecimiento electoral de la Izquierda haciendo foco, por así decirlo, en las diversas mutaciones que ha experimentado la oferta electoral: el largo proceso de "nacionalización" de la Izquierda (Lanzaro, 2004), el advenimiento de una "era progresista" producto de la moderación ideológica y programática de la Izquierda (Garcé y Yaffé, 2004), el corrimiento al centro de la Izquierda (Buquet y De Armas, 2004; Buquet y Selios, 2004) o el corrimiento

---

[6] No obstante, la renovación demográfica del electorado sólo puede adquirir valor explicativo con relación al crecimiento de la Izquierda en tanto se la asocie con otro proceso que ha sido analizado recientemente por la ciencia política local: nos referimos a la mayor capacidad de las familias frenteamplistas con relación a las "blancas" o "coloradas" de transmitir entre generaciones sus preferencias partidarias.

hacia la Izquierda de los votantes (Moreira, 2004). Si es posible endilgarle a la sociología nacional cierta prescindencia de la política a la hora de explicar el crecimiento electoral de la Izquierda, también se puede cuestionar a la ciencia política local por no haber examinado con mayor interés las transformaciones que han operado en el cuerpo electoral durante este período.

Aunque el "efecto demográfico" permite determinar el origen de aproximadamente 55,1% de los 724.000 votos que engrosaron el caudal del subsistema de partidos "desafiantes" entre 1984 y 2004 (cuadro 3), resulta necesario elaborar algunas hipótesis para dar cuenta del resto del crecimiento (esos 325.000 votos de crecimiento político neto acumulado, es decir, de transferencia de votos hacia la Izquierda); hipótesis que permitan descifrar por qué centenares de miles de votantes "blancos" y "colorados" emigraron hacia la Izquierda permitiéndole en 2004 alcanzar el 50,4% de los sufragios emitidos y el 51,7% de los válidos. Asimismo, debemos establecer hipótesis que den alcance explicativo –y no meramente descriptivo– al modelo o argumento demográfico; por ejemplo, hipótesis acerca de la relación entre edad y voto, o sobre la mayor capacidad de transmisión de preferencias electorales en las familias de Izquierda que en las familias "blancas" o "coloradas".

Cuadro 3

Evolución del caudal electoral de los bloques o subsistemas de partidos en
Uruguay entre las elecciones de 1984 y 2004, según contribuciones de
"Crecimiento Demográfico Neto" (CDN) y de "Crecimiento Político Neto" (CPN).
Cifras expresadas en miles (*).

	1984	CDN	CPN*	1989	CDN	CPN	1994	CDN	CPN	1999	CDN	CPN	2004
"Subsistema de partidos desafiantes" (Izquierda)	401	+131	+64	596	+111	+19	726	+98	+135	959	+59	+107	1125
"Subsistema de partidos tradicionales"	1.438	-6	-69	1.363	-38	-35	1.290	-23	-84	1.183	-35	-152	996
Otros partidos	47	…	-35	12	…	+1	13	…	-8	5	…	+51	56
Voto en blanco y anulado	45	…	+41	86	…	+14	100	…	-42	58	…	-5	53
Votos emitidos	1.931			2.057			2.129			2.205			2.230

Fuente: elaboración propia en base a información sobre resultados electorales del Área de Política y Relaciones Internacionales del Banco de Datos de la Facultad de Ciencias Sociales de la Universidad de la República; sobre datos poblacionales y de mortalidad del Instituto Nacional de Estadística; sobre intención de votos por edades de Canzani (2000 y 2005), Equipos Consultores (2009), González (1993) y Moreira (2000); sobre emigración del Área de Población de la Unidad Multidisciplinaria de la Facultad de Ciencias Sociales de la Universidad de la República. Notas: (*) la suma de las cifras correspondientes al CPN de los bloques podrían no ser equivalente a cero (lo que corresponde ya que los saldos negativos y positivos se anulan entre sí, ya que expresan transferencias entre los bloques) por errores de redondeo.

Gráfico 1

Votación del "subsistema de partidos desafiantes" (Izquierda) en Uruguay entre las elecciones de 1984 y 2004, según la contribución de las distintas fuentes de los votos.

Porcentaje sobre votos emitidos.

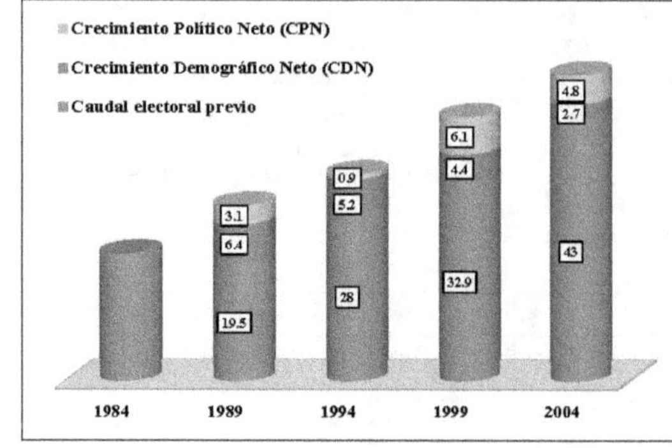

Fuente: elaboración propia en base a información sobre resultados electorales del Área de Política y Relaciones Internacionales del Banco de Datos de la Facultad de Ciencias Sociales de la Universidad de la República; sobre datos poblacionales y de mortalidad del Instituto Nacional de Estadística; sobre intención de votos por edades de Canzani (2000 y 2005), Equipos Consultores (2009), González (1993) y Moreira (2000); sobre emigración del Área de Población de la Unidad Multidisciplinaria de la Facultad de Ciencias Sociales de la Universidad de la República.

95

Si bien la Izquierda logró captar desde las elecciones de 1984 más del 60% de los nuevos votantes que se suman en cada período electoral, el crecimiento que ha experimentado en estos últimos veinticinco años entre los votantes más viejos (el grupo de personas de 60 o más años de edad, el cual explica aproximadamente 84% de las defunciones en dicho período) determina que las ganancias demográficas –lo que denominamos "crecimiento demográfico neto"– se hayan ido reduciendo en relación con el total de votos emitidos. En tal sentido, si bien el mentado efecto demográfico ha seguido operando, su magnitud se ha reducido con el correr de los años. A esto se suma que en algunos períodos –particularmente entre las elecciones de 1999 y 2004, merced a la crisis económica de 2002– el país experimentó un aumento del flujo migratorio hacia el exterior[7]. En consecuencia, resulta necesario incorporar otras variables para describir y explicar más en su totalidad el crecimiento de la Izquierda: en particular, las transformaciones en el sistema partidario y el impacto de algunas coyunturas político-electorales particulares, aquellas en las que se registraron, precisamente, incrementos superiores al aumento demográfico (esa tasa de entre 1 y 1,3% de crecimiento anual a la que se refieren Aguiar, Canzani, González-Queirolo)[8].

Identificar los factores determinantes de las "migraciones" electorales desde el subsistema "tradicional" al "desafiante" nos lleva al inicio del proceso de transición en el sistema de partidos: las elecciones de 1971. Hasta las elecciones de 1971 la suma de los partidos "desafiantes" nunca se había despegado del 10% del electorado. En 1971, con la creación del Frente Amplio, el subsistema de partidos "desafiantes" alcanzó el 18,28% del total de votos válidos, lo que representó un crecimiento del 90% con relación al caudal electoral de los partidos menores en 1966 (9,62%). Este salto electoral se corresponde con una caída significativa del Partido Colorado. Entre las elecciones de 1958 y 1966 –el período de "bipartidismo competitivo" según González

---

[7] Entre 2000 y 2004 se registraron de acuerdo con datos de la Dirección Nacional de Migración del Ministerio de Interior 94201 salidas del país, lo que implica un flujo migratorio anual promedio de aproximadamente 19.000 personas, en su mayoría adultos y por ende votantes.

[8] Como señalan Buquet y De Armas (2004: 128): "El hecho de que buena parte del crecimiento electoral de la izquierda obedezca a factores estrictamente políticos –la "expulsión" de votantes colorados o nacionalistas hacia la Izquierda y la correspondiente moderación ideológica y programática de los partidos desafiantes (...)–, no implica desconocer o subestimar el 'efecto demográfico'; por el contrario, la identificación de estos factores políticos pretende complementar y completar la tan difundida explicación sociodemográfica."

(1993)– el subsistema de partidos tradicionales obtuvo en promedio el 89,4% de total de votos válidos. Entre los comicios de 1966 y 1971, el Partido Colorado disminuyó claramente su caudal electoral, pasando de 49,33% a 40,96% del total de votos válidos. En esos cinco años se produjo un corrimiento a la derecha de la oferta ideológica y programática del Partido Colorado (un viraje pautado por la gestión gubernativa de Pacheco y el ascenso de Jorge Batlle en el batllismo), en paralelo a la moderación de la oferta de la Izquierda con la creación del Frente Amplio –entendida en términos de "nacionalización" e institucionalización–, en la que jugaron un papel protagónico sectores y figuras de centro izquierda de los partidos tradicionales. Podría decirse que los comicios de 1971 registran el primer gran salto electoral del subsistema de partidos "desafiantes", con la consecuente caída del bloque "tradicional", en un contexto de expulsión de electores y redefinición de la oferta ideológica y programática de uno de los partidos tradicionales y del subsistema "desafiante". Tras las elecciones de 1984 –en las que prácticamente se reprodujo el mapa electoral entre lemas que surgió de los comicios de 1971–, se inicia el sostenido crecimiento de la Izquierda que el modelo demográfico ha pretendido explicar. Empero, al revisar los resultados electorales desde 1984 a 2004, advertimos, con la excepción de la elección de 1994, que una porción significativa del crecimiento de la Izquierda se debió a la recepción de votantes desde el bloque de los partidos tradicionales[9].

Entre 1999 y 2004 se produjo la última reducción del porcentaje de votos del subsistema "tradicional" sobre el total de votos válidos (de 55.09% a 45,74%), con un concomitante aumento del 7% en el caudal del bloque "desafiante" y del 2,35% de los partidos menores (51.000 votos más que en 1999), tendencia a la reducción que comienza a revertirse en el último ciclo electoral 2009/2010.

---

[9] Como señalan Buquet y De Armas (2004: 130): "Si se analizan los sucesos previos a las elecciones de 1971, 1989 y 1999 (la peripecia al interior de uno de los dos partidos tradicionales), es decir, cuando se produjeron los mayores saltos electorales de la Izquierda, podremos constatar una cierta regularidad: al estrechar su oferta ideológica alguno de los partidos tradicionales se produce una fuga de votantes hacia el subsistema de partidos "desafiantes", en tanto la Izquierda modera sus posturas ideológicas y su plataforma electoral."

2. 2. *Elecciones 2009*: consolidación del nuevo escenario e inflexiones

Las elecciones de 2009 constituían para el Frente Amplio un reto particular por varios motivos. En primer término, porque sería la primera vez que la Izquierda habría de comparecer en una elección siendo el partido de gobierno. En segundo lugar, porque lo haría con un candidato "nuevo", José Mujica (vencedor en las elecciones internas de ese año), tras tres campañas electorales bajo el liderazgo del entonces presidente Tabaré Vázquez (1994, 1999 y 2004). Finalmente, porque esa elección podía ratificar el crecimiento electoral que la Izquierda venía experimentando en forma sostenida desde 1984, o representar un punto de quiebre o inflexión en esa tendencia. De hecho, las encuestas previas a la elección de octubre, a diferencia de lo que había ocurrido en los meses previos a los comicios de 2004 vaticinaban el pasaje a la segunda vuelta o balotaje, lo cual supondría en los hechos una reducción en el caudal electoral de la Izquierda, incluso la posibilidad de que perdiera las mayorías absolutas en el Parlamento que le habían permitido gobernar en solitario, sin tener que recurrir a los siempre trabajosos acuerdos interpartidarios.

Los resultados de octubre confirmaron, por una parte, el predominio electoral de la Izquierda; de hecho, estuvo muy cerca de ganar las elecciones en esa elección legislativa y primer turno de la presidencial. Pese a ser exigua la diferencia entre el Frente y la oposición considerada como bloque (en el que debemos incluir a la novel formación de izquierda radical, la "Asamblea Popular", grupo que se constituyó en parte gracias a diversos desprendimientos del oficialismo), la votación frentista fue suficiente para que mantuviese la mayoría absoluta en ambas cámaras legislativas, y así posicionarse hacia el balotaje como la opción con mayores chances de triunfo. En efecto, la segunda fórmula presidencial más votada, encabezada por el ex presidente Luis Alberto Lacalle, debió enfrentarse a la ardua –casi imposible– misión de argumentar cómo habría de hacer para gobernar siendo que las mayorías absolutas en el Legislativo estarían en manos del Frente Amplio. Asimismo, los resultados de octubre confirmaron el vaticinio que surgía de todas las encuestas: por primera vez desde 1984 la Izquierda retrocedería electoralmente con respecto a la elección previa (cuadro 4).

Cuadro 4

Votación por partidos en la elección legislativa y primer turno de la elección presidencial de Uruguay en 2009. Porcentajes sobre el total de votos válidos.

Frente Amplio	49,34
Partido Nacional	29,90
Partido Colorado	17,51
Partido Independiente	2,56
Asamblea Popular	0,69

Fuente: Área de Política y Relaciones Internacionales del Banco de Datos de la Facultad de Ciencias Sociales de la Universidad de la República, a partir de datos de la Corte Electoral (http://www.fcs.edu.uy/pagina.php?PagId=343&CatId=83&SubCatId=100).

Aunque el denominado "efecto demográfico" siguió operando en el último período interelectoral, su magnitud fue menor que en los períodos anteriores: entre 1984 y 1989 la Izquierda creció 6,37 puntos con relación al total de votos emitidos por este factor, mientras que entre 1999 y 2004 sólo creció 2,65 puntos (gráfico 1). Esta reducción se debe, como ya se indicó, al crecimiento del voto por el Frente Amplio entre los votantes de mayor edad: mientras en la campaña electoral de 1984 sólo uno de cada diez votantes de 60 o más años de edad manifestaba que votaría por la Izquierda, en las dos últimas elecciones prácticamente cuatro de cada diez se inclinaron por la Izquierda.

Si bien el FA siguió cosechando en las elecciones de 2009 la mayor parte de las adhesiones de los nuevos votantes (aproximadamente el 60%)[10], y en general de los votantes más jóvenes, la pérdida de votantes que sufrió por la ineluctable renovación poblacional del cuerpo electoral determinó que el crecimiento demográfico continuara disminuyendo en términos relativos (gráfico 1) o, a lo sumo, que se estancase.

En tanto se puede estimar que entre los comicios de 2004 y 2009 ingresaron al cuerpo electoral unos 260.000 nuevos votantes (de 18 a 22 años de edad), que fallecieron unos 150.000 votantes (de los cuales casi el 80% correspondió al grupo de personas de 60 o más años de edad) y que abandonaron el país otros 35.000[11], es posible sostener que la Izquierda debería haber

---

[10] De Armas (2009).

[11] Estas estimaciones se podrán corroborar más adelante en el gráfico 7.

engrosado sus filas en unos 70.000 votos simplemente a consecuencia de este proceso de renovación demográfica (3% de los 2.305.000 votos emitidos el 25 de octubre de 2009)[12]. Si el crecimiento demográfico de la Izquierda llegó efectivamente a esa magnitud, entonces el Frente Amplio debería haber alcanzado en octubre de 2009 una votación cercana al 52% del total de votos emitidos (poco más del 53% del total de votos válidos). Obviamente, para alcanzar ese 52% la Izquierda debería haber sido capaz de retener a todos los electores que la acompañaron en octubre de 2004, en la hipótesis de que no haya recibido votantes que en 2004 eligieron otros partidos u opciones. Puesto que el Frente Amplio alcanzó el 48% del total de votos emitidos, se podría afirmar que, por primera vez desde la restauración democrática, su caudal electoral se redujo por razones políticas (por haber tenido un saldo negativo entre los votantes recibidos desde otros partidos u opciones y los votantes que emigraron hacia esas otras opciones): una reducción cercana al 4 % del total de votos emitidos[13]. Naturalmente, esta conclusión sólo puede ser avalada si se asume como válida la hipótesis del efecto demográfico.

Al examinar los resultados de las encuestas de opinión pública realizadas en 1999 y 2004, es posible advertir algunos cambios con relación al comportamiento del cuerpo electoral. La serie de encuestas de la empresa *Equipos Consultores* muestra que la Izquierda tuvo en promedio desde febrero a octubre de 2004 una intención de voto de 47,5%, en tanto el promedio que se registró entre febrero y octubre de 2009 fue de 44,2%. Por su parte, la serie de

---

[12] Considerando la intención de voto en los distintos grupos de edad, que surge de las encuestas de opinión pública, se podrían realizar las siguientes estimaciones a fin de cuantificar el CDN de los dos bloques partidarios: a) el 58% de los 260.000 nuevos electores probablemente votó por la Izquierda, el 39% lo hizo por los partidos de oposición y el 3% restante en blanco o anulado; c) el 39% de los 120.000 votantes mayores de 60 años que fallecieron durante el período interelectoral hubiese votado por la Izquierda en caso de haber alcanzado a votar, el 58% por los partidos de oposición y el 3% restante en blanco o anulado; d) el 53% de los 30.000 votantes adultos que fallecieron en dicho período hubiese votado por la Izquierda, el 43% por los partidos de la oposición y el resto en blanco o anulado; d) el 53% de los votantes que emigraron hubiese votado por la Izquierda en caso de permanecer en el país, el 43% por los partidos de oposición y el resto en blanco o anulado.
[13] En caso que la Izquierda haya recibido en 2009 el apoyo de electores que en 2004 votaron por algún otro partido –situación bastante probable–, entonces, el número de votantes que sufragaron por el Frente Amplio en 2004 y que en 2009 lo hicieron por otros partidos u opciones (*grosso modo*, trasiego de votantes desde la Izquierda hacia la oposición) habría sido mayor a los cuatro puntos porcentuales estimados.

la empresa *Cifra* muestra que entre marzo y octubre de 2004 el FA tuvo en promedio una intención de voto de 46,8%, en tanto de marzo a octubre de 2009 tuvo en promedio una intención de voto de 44,3%. Las conclusiones que surgen al analizar los datos de la empresa *Interconsult* son similares: entre febrero y octubre de 2004 la Izquierda tuvo en promedio una intención de voto de 47,3% y entre febrero y octubre de 2009 de 43,2%. Finalmente, de acuerdo con los resultados de la empresa *Radar*, el FA registró entre febrero y octubre de 2004 un promedio de intención de voto de 49,8%, al tiempo que entre marzo y octubre de 2009 marcó un promedio de 44,7%. En suma, si comparamos los resultados de 2004 y 2009 de cuatro de las cinco principales empresas de opinión pública de Uruguay advertimos que la intención de voto por el FA decreció entre ambas elecciones –durante el año electoral– entre 2,5 % (*Cifra*) y 5,1% (*Radar*).

Cuadro 5

Promedios comparados de la intención de voto de la izquierda según cuatro empresas de opinión pública. Elecciones 2004 y 2009.

	Febrero – Octubre 2004	Febrero – Octubre 2009	Diferencia
Equipos Consultores	47,5	44,2	-2,3
Cifra	46,8	44,3	-2,5
Interconsult	47,3	43,2	-4,1
Radar	49,8	44,7	-5,1

Fuente: Elaboración propia en base a datos de las propias empresas.

Los datos presentados llevan a pensar que, pese al triunfo en las elecciones de 2009, se ha producido en el último ciclo electoral una leve inflexión en la tendencia sostenida al crecimiento de la Izquierda verificada entre 1984 y 2004. Por cierto, esta constatación no implica, en modo alguno, sostener que la Izquierda tuvo una *performance* electoral negativa o insuficiente. Basta con comparar su desempeño el 25 de octubre de 2009 con el de los partidos tradicionales entre las elecciones de 1989 y 2004. En ese período los dos partidos tradicionales experimentaron pérdidas electorales, de mayor o menor magnitud, al cabo de casi todas sus gestiones gubernativas: el Partido Colorado entre 1984 y 1989 y entre 1999 y 2004[14], y el Partido Nacional entre 1989 y 1994 (cuadro 1). Si realizamos el análisis a nivel de bloque o subsistema partidario, las pérdidas se registraron en los cuatro períodos interelectorales comprendidos en esos veinte años.

Las elecciones de octubre de 2009 consolidaron el formato "pluralista moderado" de competencia bipartidista que emergió en 2004, así como la existencia de un segmento del electorado (predominantemente de centro) que migra entre bloques partidarios y al interior de éstos de una elección a otra. Por su parte, el balotaje confirmó lo que las encuestas posteriores a la primera vuelta indicaron: el seguro triunfo de Mujica y la continuidad en el gobierno nacional del Frente Amplio.

Cuadro 6

Votación en el segundo turno de la elección presidencial de Uruguay en 2009.
Porcentajes sobre el total de votos emitidos.

José Mujica y Danilo Astori	52,39
Luis Alberto Lacalle y Jorge Larrañaga	43,51
Votos en blanco y anulados	4,10

Fuente: Área de Política y Relaciones Internacionales del Banco de Datos de la Facultad de Ciencias Sociales de la Universidad de la República, a partir de datos de la Corte Electoral (http://www.fcs.edu.uy/pagina.php?PagId=343&CatId=83&SubCatId=100).

3. Transformaciones económicas y sociales en los últimos años

Al momento de registrar las notas más salientes del recorrido reciente del país fácilmente se advierte el marcado crecimiento de su economía. Tras la profunda recesión que Uruguay experimentó entre 1999 y 2002, "coronada" por la crisis de 2002, la economía nacional inició nuevamente una fase de crecimiento sostenido a tasas inéditas para la historia reciente del país. Como se puede apreciar en el gráfico 2, desde el momento en el que la economía uru-

---

[14] Cabe anotar como única excepción el saldo levemente positivo que registró el PC entre las elecciones de 1994 y 1999.

guaya retomó la senda del crecimiento hasta el presente (datos de 2010) los niveles de crecimiento se ubicaron entre los más significativos de las últimas décadas. Más aún, para hallar en la historia moderna del país una fase similar es necesario retrotraerse a mediados del siglo pasado: solamente entre la primera mitad de los años cuarenta y mediados de los cincuenta es posible advertir un crecimiento acumulado del PIB per cápita similar. Sin embargo, la razonable previsión de crecimiento para los próximos años hace pensar que la economía uruguaya muy probablemente acumule durante este período, que se inicia tras la crisis de 2002, el mayor crecimiento de toda su historia moderna.

Gráfico 2
Variación del PIB (medido en $U a precios constantes) en Uruguay.
Porcentajes. Serie 1980-2010.

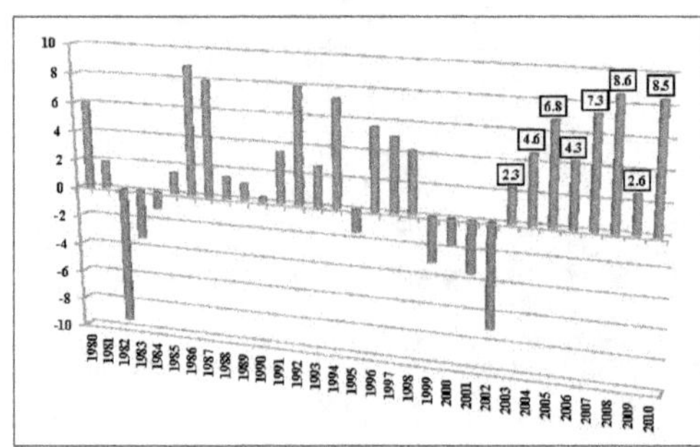

Fuente: International Monetary Fund, World Economic Outlook Database, September 2011 (http://www.imf.org/external/pubs/ft/weo/2011/02/weodata/weorept.aspx?sy=1980&ey=2010&rscsm=1&ssd=1&sort=country&ds=.&br=1&c=298&s=NGDP_RPCH%2CNGDPRPC&grp=0&a=&pr.x=61&pr.y=20#download).

Si bien el crecimiento que la economía uruguaya ha venido experimentando desde el segundo semestre de 2003 constituye una buena noticia, y determina en gran medida el cambio profundo que la sociedad uruguaya ha experimentado en otras áreas (en particular, el sostenido descenso de la pobreza y la indigencia), constituye un acto de prudencia observar con atención la trayectoria del país en materia económica en las últimas décadas para evitar una mirada simplista y exitista. Como ha sido señalado recurrentemente (Bértola y Bittencur, 2005 y 2007), la economía uruguaya exhibe desde hace varias décadas un patrón de crecimiento que se caracteriza por la alternancia de períodos expansivos y fases recesivas[15]. Sin abandonar esa actitud de prudencia al momento de evaluar en la larga duración la novedad o el carácter casi inédito del crecimiento experimentado en los últimos años, es posible identificar algunos indicios sobre cierta solidez de las bases en la que se asienta dicha expansión, en particular, el crecimiento de los niveles de inversión.

Desde 2002 al presente (aunque con una caída entre los años 2008 y 2009) la inversión ha crecido en forma pronunciada en el país, alcanzando en 2008 el nivel más alto de las últimas décadas. Asimismo, la inversión extranjera directa alcanzó entre los años 2005 y 2010 un valor promedio significativamente mayor al promedio registrado entre 1980 y 2004. Este incremento observado en los últimos años constituye, en cierto grado, un quiebre con respecto al pasado reciente de las últimas décadas[16].

Por cierto, sostener este incremento en los niveles de inversión requiere la implementación de un conjunto de políticas económicas (comercial, fiscal y tributaria) y de políticas destinadas a expandir y mejorar la calidad de la in-

---

[15] En esta dirección, Bértola y Bittencurt sostienen: "La economía uruguaya mostró, a lo largo del siglo veinte, una tasa de crecimiento económico promedio muy baja, que le hizo perder posiciones en el concierto internacional de manera muy marcada (...) Una de las características más nocivas del crecimiento económico del país ha sido la falta de continuidad. La uruguaya no es una economía estancada e inmóvil. Por el contrario, ha demostrado, de tanto en tanto, que puede experimentar cortos períodos de muy rápido crecimiento. El problema es que no le ha resultado posible mantener estable el ritmo de crecimiento; por el contrario, cada período expansivo culmina con crisis muy profundas que llevan al fracaso de empresas, de personas, de instituciones..." (2005: 305-306).

[16] Con relación a este punto sostiene Gabriel Oddone: "¿Por qué la acumulación de capital y el aumento de la productividad han sido insuficientes para sostener el crecimiento en Uruguay? (...) (Porque) la inversión en Uruguay ha sido extraordinariamente baja. En efecto, la inversión anual promedio entre 1955 y 2000 alcanzó apenas al 13% del PIB, un nivel comparativamente insuficiente para crecer de manera sostenida incluso si se tiene en cuenta el escaso aumento de la población del país." "Restricciones para sostener el crecimiento. Lecciones y desafíos para las políticas públicas", en *La aventura uruguaya. El país y el mundo.* (Rodrigo Arocena y Gerardo Caetano, coord.), Montevideo, Editorial Sudamericana, 2011, p.68.

fraestructura, así como de políticas sociales que acrecienten el capital humano del país, que generen condiciones materiales favorables e incentivos para los actores. En suma, el crecimiento que ha venido experimentando la economía uruguaya en forma sostenida durante los últimos ocho años –y que muy probablemente continúe registrando en los próximos años aunque a tasas quizá menores– debe constituir, ante todo, una oportunidad histórica –pese a lo solemne del calificativo– para consolidar en algunas dimensiones y sentar en otras los pilares de un desarrollo sostenido y sustentable.

El sostenido crecimiento de la economía, jalonado entre otros factores por el incremento de la inversión, se ha traducido en sostenido descenso del desempleo hasta alcanzar en los últimos trimestres los valores más bajos de las últimas décadas. Basta observar el comportamiento de este indicador –tan sensible en la consideración pública y en el debate político– desde fines de 2002 al presente para ponderar la magnitud de los cambios que el país ha experimentado durante los últimos diez años.

Gráfico 3
Tasa de desempleo en Uruguay (localidades de 5000 y más habitantes).
Serie 2001 a setiembre de 2011 (trimestres).

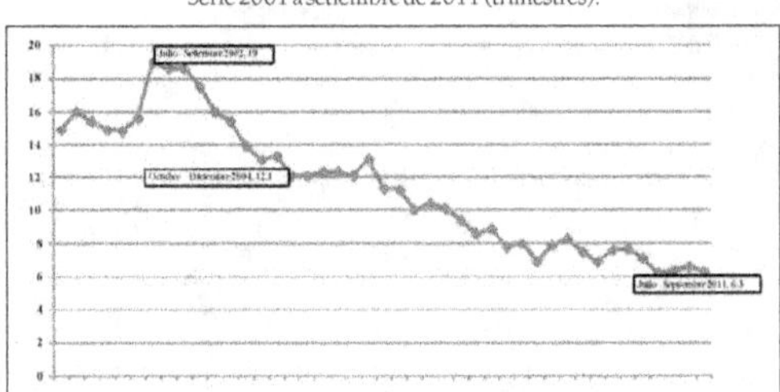

Fuente: elaboración en base a la ECH del INE (http://www.ine.gub.uy/actividad/empy-desemp2008.asp?Indicador=ech)

Del mismo modo que frente a otros indicadores que permiten ilustrar los tiempos de bonanza que el país disfruta, al examinar la evolución del desempleo se impone, al menos, una doble lectura o evaluación: por un lado, la economía uruguaya –por cierto, no solamente gracias a lo que algunos llaman "viento a favor" del contexto internacional– ha logrado generar fuentes de empleo y oportunidades para una proporción inédita de quienes buscan empleo; por otro, esta disminución del desempleo determina que seguir reduciéndolo implique abordar ciertos "núcleos duros" de la población (jóvenes con bajos niveles de capacitación, mujeres, etc.) lo cual supone operar desde las políticas laborales activas y aun desde las políticas sociales, sin que esto implique descuidar las variables macroeconómicas que generan el ambiente favorable para la expansión sostenida del empleo.

Así como el país registra en forma sostenida desde 2003 una mejora en los indicadores de empleo, salario e ingresos, desde 2005 se advierte una ininterrumpida reducción de los niveles de pobreza e indigencia. Entre 2004 y 2010 la incidencia de la pobreza y la indigencia en la población cayó, respectivamente, de 39,7% a 18,7% y de 4,6% a 1,2% (gráfico 4). De hecho, los valores de pobreza e indigencia para personas y hogares que Uruguay alcanzó el pasado año se ubican entre los más bajos de las últimas dos décadas[17]. En este sentido, cabe destacar también que de acuerdo con la Línea de Pobreza calculada por CEPAL, Uruguay presentaba en 2010 el registro más bajo en las localidades urbanas entre los países de la región de los cuales dispone información CEPAL: 8,4% en todo el países y tres décimas más en las localidades de 5000 o más habitantes.

---

[17] Al menos si tomamos los valores que arroja la nueva "Línea de Pobreza 2006" calculada recientemente por el Instituto Nacional de Estadística a partir de la última Encuesta de Gastos y Consumos que permitió actualizar los parámetros con base en los cuales se estima su valor. Si consideramos, en cambio, los valores que surgen de aplicar la "Línea de Pobreza 2002" probablemente el país aún no haya alcanzado los valores previos a la crisis: 19,3% en 2009 (probablemente un valor levemente inferior en 2010 considerando la evolución entre esos dos años del valor que surge de la "Línea de Pobreza 2006") y 15,3% en 1999.

Gráfico 4

Incidencia de la pobreza y la indigencia en personas en Uruguay (localidades de 5000 y más habitantes) según Línea de Pobreza 2006 y Línea de Pobreza de CEPAL. Serie 2001-2011 (primer semestre). En porcentajes.

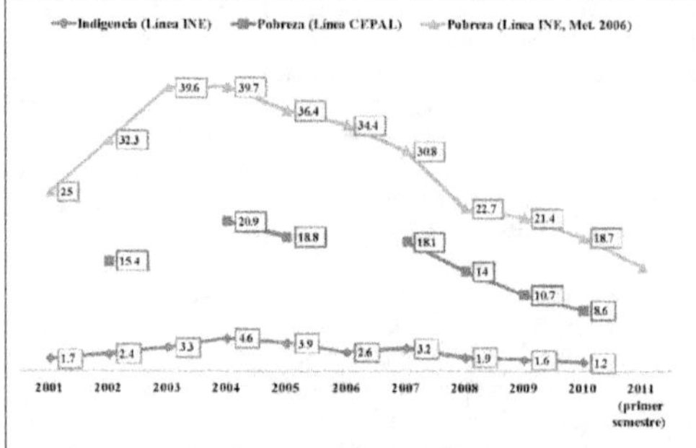

Fuente: los datos sobre la incidencia de la indigencia y de la pobreza de acuerdo con la Línea INE, Met.2006, están tomados INE (2011, 2010 y s/d), salvo para el primer semestre del 2011, en cuyo caso la fuente es la presentación del MEF en el Foro de ACDE (http://www.acde.org.uy/eventos/articulos/MEF2011.pdf); los datos sobre la incidencia de la pobreza de acuerdo con la Línea de CEPAL están tomados de sus bases on line (http://websie.eclac.cl/infest/ajax/cepalstat.asp?carpeta=estadisticas).

La reducción sostenida de la pobreza y la indigencia (que se inició, al igual que tras la crisis de 1982, con cierto *delay* respecto del momento en que la economía retomó la senda expansiva) no debería ocultar que algunos de los rasgos más problemáticos siguen relativamente inalterados: su concentración territorial —asociada con procesos de segmentación residencial y exclusión social que comprometen la reproducción del "lazo social"– y su sobrerrepresentación en las generaciones más jóvenes. Uno de los retos que el país debe enfrentar es el de asegurar la equidad entre generaciones en la prestación de servicios sociales, no sólo por argumentos o razones de carácter normativo, sino por la necesidad de formar capital humano de calidad. Pese a la reducción de la pobreza

107

entre los hogares con niños y adolescentes –y por tanto en éstos como grupo poblacional–, la "brecha" en el acceso al bienestar social con relación a los adultos y los adultos mayores sigue mereciendo atención. Si se emplean los valores de pobreza de la CEPAL, la incidencia de la pobreza entre los uruguayos de 65 o más años de edad es prácticamente inexistente (2,09%), en tanto entre los menores de 15 años (y por tanto entre sus familias) es de 21,3%, lo que hace que la probabilidad de ser pobre entre los niños y adolescentes uruguayos –el segmento de la población en el que se supone se debería estar realizando la principal inversión en términos de formación de capital humano– sea 11,8 veces mayor que entre los adultos mayores[18]. Mientras en la mayoría de los países de la región la reducción de la pobreza es una meta que implica trabajar prácticamente sobre todos los segmentos de la población y tipos de familia, en Uruguay (y en menor medida en los restantes países del Cono sur), habida cuenta del grado de desarrollo que su sistema de seguridad social ha alcanzado y, por ende, de los bajos niveles de pobreza que se observan entre sus adultos mayores, es un objetivo que implica reasignar prioridades y direccionar la inversión social hacia las familias con niños, adolescentes y jóvenes, familias que en una proporción elevada se componen por adultos perceptores de ingresos con bajo capital humano y social[19].

Al descenso de la pobreza y la indigencia se suma desde 2007 la que parecería ser una tendencia a la reducción de los niveles de concentración del ingreso[20]. Como se puede apreciar en el siguiente gráfico, tomando las estimaciones realizadas por la CEPAL sobre la concentración del ingreso, medida a través del Coeficiente de Gini, se advierte a partir de 2007 una reversión de la tendencia al aumento de la desigualdad que el país comenzó a experimentar en el último lustro del siglo pasado. Si comparamos los valores de 2004 y 2009 (respectivamente, 0,464 y 0,433) se advierte esta tendencia a la reducción de la desigualdad en una magnitud por cierto para nada despreciable, habida cuenta que se trata de un indicador que normalmente no registra variaciones bruscas en tanto mide un fenómeno (la concentración del ingreso) de carácter estructural.

---

[18] Elaboración propia a partir de la CEPAL:
http://websie.eclac.cl/infest/ajax/cepalstat.asp?carpeta=estadisticas
[19] Para mayor detalle, véase: Gustavo De Armas, *Estado de Bienestar, infancia y políticas públicas en Uruguay. Hacia un nuevo y necesario contrato intergeneracional por el desarrollo*, Montevideo, Ed. CLAEH, 2009.
[20] Sobre el tema de la distribución del ingreso en Uruguay deben consultarse los trabajos más recientes de Verónica Amarante y Andrea Vigorito.

Gráfico 5
Concentración del ingreso en Uruguay (localidades de 5000 y más habitantes)
medida a través del Coeficiente de Gini. Serie 2001-2009.

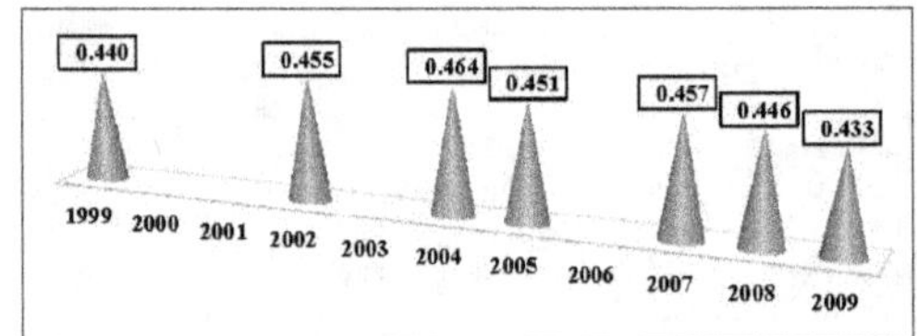

Fuente: CEPAL (http://websie.eclac.cl/infest/ajax/cepalstat.asp), a partir de información recabada por la Encuesta Continua de Hogares del Instituto Nacional de Estadística.

La reversión de la tendencia al aumento de la desigualdad, que desde mediados de los años noventa del siglo pasado hasta 2007 experimentó Uruguay, constituye en sí misma, con independencia de la magnitud del cambio, una bienvenida novedad. Por cierto la atribución causal de esta reversión no resulta una tarea sencilla y menos exenta de polémica política y aun técnica.

Más allá de la contribución que algunas políticas o reformas sociales pudieron haber realizado sobre este particular, junto a otras estrictamente económicas, en este atisbo de mejora en la distribución del ingreso (por ejemplo, los programas de transferencias monetarias, en particular el nuevo Régimen de Asignaciones Familiares introducido en 2008), la evidencia parece indicar que el incremento en la desigualdad que el país experimentó previamente obedeció al aumento en la disparidad de ingresos entre los trabajadores más calificados y los menos calificados, lo que implica ubicar la equidad de la educación al tope de la agenda de debate sobre la igualdad.

La apelación a las políticas sociales (en su doble faz de protección frente a las diversas fuentes de riesgo y de desarrollo y promoción de las capacidades de los ciudadanos) como uno de los instrumentos principales para reducir la desigualdad y, de esa forma, contribuir a la cohesión social, resulta en el presente bastante más que una mera expresión de deseo. Si bien históricamente Uruguay ha sido uno de los países de la región que más recursos destinan a las políticas sociales, el aumento en términos absolutos del gasto per cápita, determinado fundamentalmente por el crecimiento económico y por una leve expansión de su prioridad macroeconómica (de 19,6% a 21,7% del PIB entre 2005 y 2009[21]), ubican en la actualidad al país entre los que más recursos asignan al campo de las políticas sociales. Como se puede apreciar en el siguiente gráfico, el gasto público social per cápita creció 48,3% entre 2003 y 2009.

Gráfico 6
Gasto Público Social per cápita en Uruguay. Serie 1990-2009. En USD de 2000.

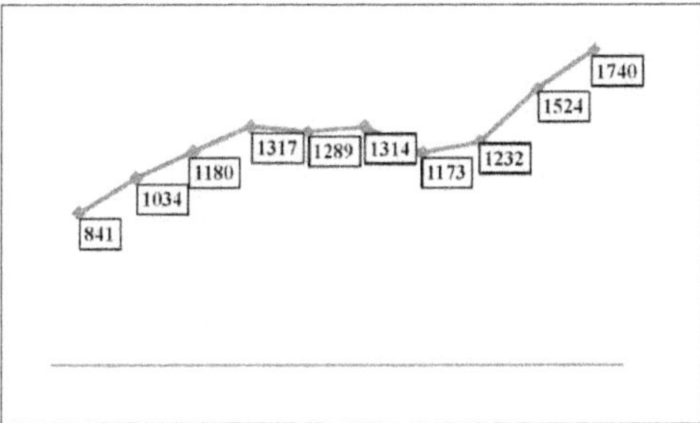

Fuente: CEPAL, *Panorama Social de América Latina 2010*, Santiago de Chile, CEPAL, 2010.

Como final de este recorrido, y sin pretender establecer una relación mecánica entre tendencias económicas y sociales positivas, con su correlato en las percepciones de los ciudadanos y en las tendencias migratorias, no se debería subestimar el hecho de que por primera vez en varias décadas parecería revertirse, o al menos atemperarse, la constante sangría poblacional de ciudadanos uruguayos que emigran en busca de un mejor destino personal y familiar (gráfico 7). Por cierto, dicha reversión se observa exclusivamente desde mediados de 2008 a mediados de 2010, en un contexto internacional

---

[21] CEPAL, *Panorama Social de América Latina 2010*, Santiago de Chile, CEPAL, 2010.

caracterizado por las recesiones que padecen los países más desarrollados, algunos de los cuales (España y Estados Unidos) han sido durante las últimas décadas uno de los destinos preferidos de los emigrantes uruguayos.

Gráfico 7

Saldo entre uruguayos ingresados y egresados por el Aeropuerto Internacional de Carrasco. Valores absolutos. Serie 2000-2010 (1 de julio a 30 de junio).

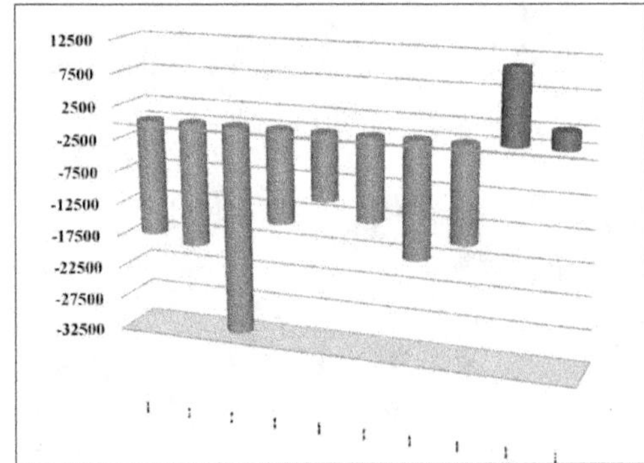

Fuente: Adela Pelegrino, *La población de Uruguay. Breve caracterización demográfica*, Montevideo, Ed. UNFPA, 2010, p.72. Gráfico elaborado a partir de información de la Dirección Nacional de Migraciones, Dirección de Estadística.

Sobre la magnitud de la "diáspora", así como en relación con la profundidad del cambio observado en los últimos años y de sus posibles causas, señala Adela Pelegrino: "No hay datos que permitan estimar el número de personas que abandonaron el territorio nacional (desde fines de la década de 1990 a los primeros años de la década siguiente), pero el movimiento por el Aeropuerto de Carrasco permite realizar una estimación aproximada: el saldo neto de entradas y salidas por ese puesto fronterizo entre el año 2000 y

2008 (julio a junio) es de 140.000 personas aproximadamente. Más recientemente, a la luz de la crisis iniciada en 2008, los datos que surgen de esta frontera indican un cambio de la tendencia en la migración internacional, que implicaría una disminución de la emigración y un incipiente aumento de la migración de retorno."[22]

El balance que emerge tras examinar la trayectoria que el país ha recorrido en los últimos años resulta auspicioso, más allá de las naturales controversias que un ensayo de este tipo siempre podrá entrañar. La sociedad uruguaya se encuentra a fines de 2011 en una posición claramente más favorable que a comienzos del pasado decenio para enfrentar los retos que aún debe necesariamente sortear si es que pretende alcanzar en el mediano plazo un nivel de desarrollo cualitativamente superior. La revisión de algunos de esos desafíos, aquellos que consideramos más relevantes, puede resultar un ejercicio útil para pensar una posible agenda de desarrollo nacional, o por lo menos una guía para ordenar el debate sobre los prospectos que esa agenda debería contemplar.

4. Mutaciones en la ciudadanía: cultura política y opinión pública

Con el telón de fondo de transformaciones de este calado, también en esta última década se jugaron otros *"pleitos"* de primera importancia para el sistema político uruguayo, que trascendían incluso las sensibles modificaciones ya registradas en el campo electoral. Muchos de esos fenómenos hacen referencia –a nuestro juicio– a la evaluación de cambios que pueden verificarse en el nivel más profundo de las prácticas y modelos de ciudadanía predominantes en el sistema político. Este prisma analítico, que desde diversas perspectivas y contenidos resulta válido para interpelar la actualidad política de muchos de los países latinoamericanos, desde nuestra mirada se vuelve especialmente rico en el caso de una política como la uruguaya, tradicionalmente muy institucionalizada y estructurada en torno de ciertas pautas ciudadanas que se han revelado sólidas y muy resistentes a lo largo del tiempo.

---

[22] Adela Pelegrino, *La población de Uruguay. Breve caracterización demográfica*, Montevideo, Ed. UNFPA, 2010, p.71.

Como se ha visto anteriormente, muchos de los comportamientos verificados en los actos electorales del último decenio en el país tienden a confirmar la acción del electorado como el escenario principal –aunque no el único– de ese cambio profundo de ciudadanía en el Uruguay contemporáneo. Esto supone, entre otras cosas, el registro de una dinámica de "cambio en la continuidad": como en tantas otras coyunturas decisivas de la historia nacional, el ciudadano uruguayo sigue prefiriendo expresarse sobre todo como elector, la ciudadanía deviene antes que nada en electorado y las principales señales de cambio político se proyectan a nivel del itinerario de los pronunciamientos cívicos en las elecciones, no sólo en términos de resultados sino también de prácticas. Alguien podría decir que esto puede resultar una obviedad en una democracia, pero el señalamiento destacado de este rasgo no resulta nada trivial a la hora de inscribir y comparar a la política uruguaya en el contexto actual de las democracias latinoamericanas: la forma en que, pese a todos los vaivenes de los últimos años, la cultura política uruguaya persiste en la idea y en la práctica de dirimir los pleitos fundamentales en las urnas, no ha dejado de constituir una singularidad en el continente[23].

Este último señalamiento no implica en modo alguno reivindicar desde el análisis la vieja vocación *"isleña"* uruguaya ni sus proclividades por enfatizar siempre el *"excepcionalismo"* de sus formas políticas. Como se ha dicho, también a la ciudadanía uruguaya le resulta difícil sentirse hoy ajena a ciertos fenómenos registrados en otros países del continente. Aunque con sus tiempos y sus maneras, en la sociedad uruguaya también se producen fenómenos que refieren a procesos de cambio profundo, identificados con temas y enunciados que diversos autores latinoamericanos [24] han caracterizado como la

---

[23] Como señalan muchos autores, más allá de sus notorias diferencias, los países latinoamericanos y en particular los de América del Sur, han coincidido en las últimas décadas en formatos de "democracia electoral". Dentro del mismo, las elecciones –cuya frecuencia ha aumentado significativamente en varios países- mantienen un rol muy decisivo en tanto instancias de arbitraje y de elección de gobiernos, pero con la simultaneidad de instituciones y partidos políticos debilitados. La diferencia en el caso uruguayo es que este último rasgo no se da y que, como se verá más adelante, la ciudadanía cambia pero manteniendo su adhesión general a los valores clásicos de la democracia republicana.

[24] Entre los autores que más han insistido en este enfoque se destacan los trabajos promovidos por Isidoro Cheresky y el grupo que él coordina sobre "Nuevas Formas Políticas". Cfr. entre otros textos de este autor: I. Cheresky (comp.), (2006).

emergencia de *"democracias diferentes"*, *"ciudadanías atomizadas y constantes"*, *"partidos y movimientos de nuevo cuño"*, *"opiniones públicas volátiles"*, *"elecciones como promotoras de constitución de escenas"*, entre otros fenómenos que podrían citarse. Lo singular en el caso uruguayo apunta a que esos cambios se tramitan en el país dentro de un formato general signado por ciertas resistencias y sobrevivencias de la vieja matriz de la política uruguaya, con sus clásicos contornos –aunque también desafiados o por lo menos contestados– de *"republicanismo liberal"*, *"centralidad de los partidos"* y *"rechazo a las implantaciones populistas netas"*.

Aunque en varios sentidos sobrevive la vieja fórmula del *"vino nuevo en odre viejo"*[25], ya no resulta persuasiva ni fundada, en términos empíricos ni analíticos, la asociación de ese rasgo con la visión de una política *"casi inmovilizada"* tras la fuerza estructuradora de sus instituciones y actores, *"que no cambia"* y que permanece incólume, básicamente adscripta al contorno fundamental de sus viejas raíces, refractaria ante la eventual irrupción de transformaciones profundas en el campo de las ideas y prácticas ciudadanas predominantes. Desde un país que, como el Uruguay, suele disimular sus propias transformaciones, la insuficiencia de esas miradas, obsesionadas por la continuidad y poco sensibles ante la emergencia de lo nuevo y del conflicto, se vuelve sin embargo cada vez más visible.

¿Cuáles podrían ser algunos de los ejes de interpelación más efectivos para el registro de esas nuevas pautas ciudadanas, expresadas en su vigencia incremental por múltiples procesos transcurridos en el cuarto de siglo que siguió a la dictadura y que aparecen a nuestro juicio ratificadas muy especialmente en el último decenio 2000-2010? Repasemos algunos factores de los más evidentes, dentro de una lista por cierto más extensa: i) se han sucedido en los últimos años cambios profundos en la identidad y en la vida cotidiana de todos los partidos políticos uruguayos, tanto en lo que tiene que ver con sus modelos organizativos como con sus pautas de funcionamiento, sus mapas sectoriales internos, sus propuestas ideológicas y sus comportamientos electorales[26]; ii) del mismo modo, ha ido variando –en forma progresiva

---

[25] Esta expresión como sinónimo de la fórmula del cambio y también de la permanencia en la política uruguaya, corresponden a José Pedro Barrán y Benjamín Nahum a lo largo de su investigación sobre el primer batllismo, recogida en los ocho tomos de la colección *Batlle, los estancieros y el Imperio Británico*.

[26] Cfr. los cuadros y gráficos correspondientes.

pero firme– la ecuación global del sistema de partidos a nivel de sus interrelaciones más generales, la que amagó consolidarse en el formato de un anunciado "nuevo bipartidismo" (que se compondría de manera perdurable en torno de la dialéctica predominante a partir del 2004 entre el Frente Amplio y el Partido Nacional), pronóstico que los resultados del último ciclo 2009-2010 parecen problematizar e incluso interpelar en su vigencia de cara a los desafíos que se atisban para los próximos años[27]; iii) la reiteración de la apelación práctica a los instrumentos de democracia directa en el período que siguió al fin de la dictadura, ha ido ensanchando el espacio político de los movimientos transpartidarios de participación ciudadana, aun cuando su amplitud creciente no ha terminado de desbordar la persistencia resistente de la centralidad partidaria y del terreno privilegiado del arbitraje de las elecciones nacionales[28]; iv) han cambiado de manera muy fuerte y visible las condiciones de origen y las modalidades de ejercicio de los liderazgos personales a nivel de los partidos, lo que sin llegar a las magnitudes de otros ejemplos cercanos en el continente, traduce la emergencia de fenómenos realmente inéditos en la historia política uruguaya[29]; v) en particular durante los últimos años de gobiernos frenteamplistas, pero sin duda como culminación de un proceso anterior, se ha venido consolidando una modificación intensa de los libretos más cotidianos del debate político, con una presencia creciente de los temas de la *"seguridad"*, de la llamada *"agenda posmaterialista"* y de los *"nuevos derechos"*, con fuertes referencias a tópicos de moral pública y privada; vi) el peso de los poderes públicos y el funcionamiento habitual del régimen político han ido variando de manera real, con una profundización gradual del formato presidencialista, de todos modos menor a la media veri-

---

[27] En un artículo reciente, Gustavo De Armas ha afirmado que el Uruguay se orienta hacia un *"pluralismo moderado que gira en torno de una nueva dinámica bipolar."* (De Armas, 2009: 42).

[28] Esto último recibió una nueva confirmación con lo sucedido en octubre de 2009, en relación con el fracaso de los plebiscitos por la anulación de la Ley de Caducidad y por el voto de los uruguayos residentes en el exterior, celebrados en forma simultánea con la primera vuelta presidencial y las elecciones legislativas. El que estas últimas hayan primado nítidamente en el interés ciudadano sobre las dos convocatorias plebiscitarias en la visión de muchos analistas afectó las chances de estos últimos.

[29] De manera particular expresan estos cambios el ascenso de la figura de Mujica dentro del FA y como una de las figuras más populares de la política uruguaya en los últimos 15 años, así como el muy vertiginoso encumbramiento de Pedro Bordaberry como secretario general del P. Colorado a partir de una militancia política efectiva de poco más de un lustro.

ficada en América Latina y con perfiles de moderación[30]; vii) se ha acrecentado de manera muy visible el peso de nuevas lógicas de opinión y de decisión ciudadanas, en el marco de la vigencia ascendente de circuitos propios de un *"ágora mediática"* genuina y de perfiles renovados, que nos hablan de un nuevo electorado, con apertura a comportamientos e identificaciones más imprevisibles que los de antaño; viii) aunque de manera aún más lenta que en las dimensiones anteriores, se vienen verificando modificaciones relevantes a nivel de la matriz ideológica dominante en el sistema político, con la aparición de algunos indicios de novedades sobre el particular[31]; entre otros que podrían citarse.

Como se observa, muchos de los registros anteriores pueden ser también considerados en relación con el destaque de actores e instituciones que no son propiamente los ciudadanos, ni siquiera remiten en forma exclusiva a su arbitraje: el sistema de partidos, los liderazgos políticos, el régimen de gobierno, el escenario de la confrontación ideológica, los cambios en la cultura política. Sin embargo, en nuestra perspectiva de análisis y a partir de nuestras hipótesis, existen muchas razones para indagar acerca de la intersección privilegiada de la evolución de estos procesos con giros y trayectorias de cambio ciudadano. En la política uruguaya los partidos y el resto de las instituciones públicas hace tiempo que están cambiando incluso más lentamente que la ciudadanía, lo que en un tiempo de mutaciones tiende a debilitar su liderazgo y sus capacidades de iniciativa y, sobre todo, su control sobre lo que pasa.

Todo esto, como se ha dicho, no llega todavía a desafiar la persistencia de la centralidad partidaria, pero le transfiere a la clave más ciudadana un protagonismo inusitado y hasta inédito. Se trata de una primacía emergente y de un espectro de iniciativas disperso y fragmentado, que estimula a menudo

---

[30] Como han estudiado varios autores, en particular Jorge Lanzaro, el formato presidencialista uruguayo es claramente más atenuado que el de la media de los regímenes latinoamericanos. Otra prueba de esa singularidad radica, por ejemplo, en que pese a distintas insinuaciones, en el país luego de la dictadura no se han dado ejemplos de concreción de la "fiebre reeleccionista" tan típica en otros países latinoamericanos. Aunque la tentación ha estado presente en relación con alguno de los últimos presidentes uruguayos, la misma nunca terminó de configurarse.

[31] La brevedad exigida a este texto nos inhibe de profundizar en torno de este aspecto. Simplemente anotemos sobre este particular la hipótesis acerca de evidencias de cierta caída de los componentes más republicanistas en el debate público, de manera especial en el tratamiento de temas vinculados con la "seguridad" y el consumo juvenil de drogas, entre otros.

un rumbo errático y hasta azaroso, lo que engrana con facilidad con un tiempo de mayor fluidez política. Traducido en clave preferencial a través de los giros del pronunciamiento electoral y de la fuerza cada vez más expresiva –e influyente– de la volatilidad de los "humores" de la opinión pública, el cambio ciudadano deviene de esta forma en una usina fortalecida, de expresión "continua", de rumbo complejo y a veces inestable, pero con un claro tropismo orientado a la desinstalación de prácticas y de ideas establecidas.

Dentro de esos contextos más inciertos, aunque dentro de un formato sin duda singular en el continente, las preguntas radicales que nutren la interpelación política más actual en otros países latinoamericanos comienzan a sintonizar bastante más con las sensibilidades actuales de la ciudadanía uruguaya. ¿Qué partidos? ¿Qué sistema de partidos? ¿Qué tipo de liderazgos? ¿Qué nuevos espacios de participación? ¿Qué tipo de comunicación política es la prioritaria? ¿Qué forma de representación resulta más plausible? ¿Qué agenda? ¿Qué forma efectiva de gobierno? ¿Qué régimen político resulta más funcional a los cambios en curso? ¿Qué ciudadano? ¿Cuáles pueden ser las opciones previsibles del electorado en el futuro inmediato y en el mediano plazo? ¿Qué niveles de volatilidad electoral pueden avizorarse? ¿De qué forma se acompasan a los nuevos contextos los marcos institucionales que sustentan la acción del Estado y las políticas públicas?[32].

En suma, si preguntas tan radicales como estas –y otras similares– comienzan a resonar como no tan exóticas ni tan lejanas a la experiencia cívica cotidiana de los uruguayos, resulta bastante evidente que algo profundo también se está moviendo en estos niveles menos observados de la resistente cultura política de los uruguayos. Cabe interpelar algunas de estas hipótesis, así como la consistencia de esa visión general de "cambio en la continuidad", con las tendencias registradas a nivel de la opinión pública uruguaya en algunos rubros, inicialmente a partir de las mediciones del Latinobarómetro.

---

[32] Los cambios profundos a nivel de la acción ciudadana siempre se proyectan en el terreno de la institucionalidad pública. En ese sentido, en el continente latinoamericano el incremento de la movilización ciudadana dentro de perfiles acusados de cambio intenso se proyecta también en esa dirección y exige repensar de manera más integral el tema de las instituciones. La hipermovilización social, que se verifica en varios países, no siempre se traduce en términos de demanda de derechos ciudadanos y desde sus lógicas fragmentarias y particularistas incentiva a menudo las bases de un *"Estado en flujo permanente"*, como han señalado Alberto Olvera y otros investigadores en trabajos recientes. El tema de la institucionalidad pública y su reforma de cara a estos nuevos contextos exige entonces una atención analítica especial.

Con relación al indicador general de "apoyo a la democracia", durante la última década la opinión pública uruguaya ha ratificado en todo momento, incluso durante los momentos más duros de la crisis del 2002, una muy marcada orientación de adhesión al régimen. Dentro de un rango de variación muy moderada, en el que la medición menor fue del 75% y la mayor del 82%, Uruguay se ubicó muy por encima del promedio latinoamericano y en la mayoría de los años se mantuvo en el primero y segundo lugar como país latinoamericano con mayor índice de apoyo a la democracia.

Gráfico 8

Apoyo a la democracia en Uruguay y América Latina (solo respuestas favorables a la sentencia: "La democracia es preferible a cualquier otra forma de gobierno"). Serie 2001-2011. En porcentajes.

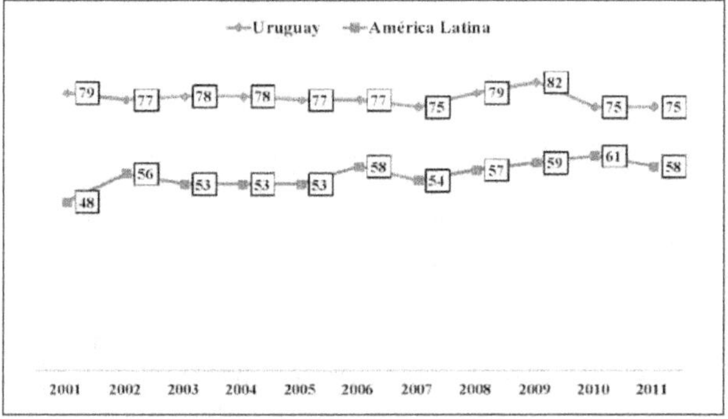

Fuente: Corporación *Latinobarómetro* (http://www.latinobarometro.org/latino/LATContenidos.jsp).

Por su parte, dentro del contexto de crecimiento económico sostenido, incremento de los niveles de inversión, reducción del desempleo, disminución de la pobreza, la indigencia y la desigualdad en la distribución del ingreso, así como en el marco de una creciente inversión en políticas sociales (reflejada en los indicadores convencionales de gasto público social), parecía previsible y razonable hallar altos niveles de satisfacción con el funcionamiento de la democracia, así como otros indicadores de opinión pública referidos a confianza de los ciudadanos y a optimismo con respecto al futuro. Si bien la opinión pública uruguaya mantuvo como vimos altos niveles de "apoyo a la democracia", en la primera mitad de la pasada década se pudo constatar cierta tendencia al desencanto con el funcionamiento de la democracia, con aumento de los juicios y evaluaciones críticas con respecto al desempeño de las instituciones. Del mismo modo que con los indicadores, por así decirlo "objetivos", que permiten apreciar la evolución del país en distintas dimensiones (económicas, sociales y políticas), la "satisfacción con el funcionamiento de la democracia" muestra claramente una tendencia positiva desde 2004 al presente: *grosso modo* se podría afirmar que en ese período se ha duplicado el porcentaje de ciudadanos que manifiestan estar satisfechos con el funcionamiento del sistema democrático en el país (gráfico 9), lo cual no sólo constituye una noticia alentadora en términos de legitimidad del régimen poliárquico, sino también una plataforma para la construcción de consensos políticos de amplia base ciudadana.

Gráfico 9
Satisfacción con el funcionamiento de la democracia en Uruguay y América Latina (suma de la respuesta "Muy satisfecho" y la respuesta "Más bien satisfecho"). Serie 2001-2011. En porcentajes.

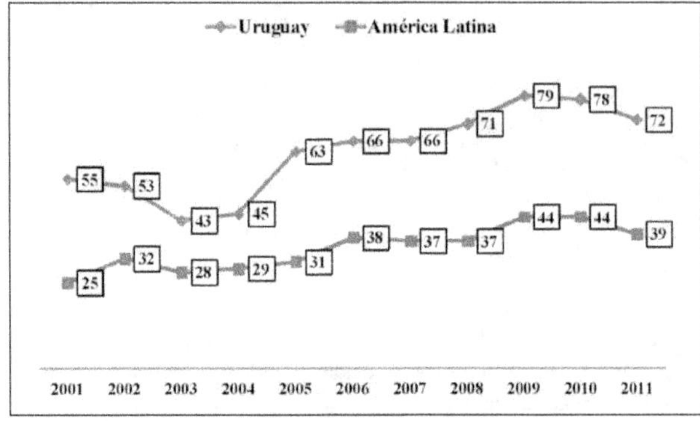

Fuente: Corporación *Latinobarómetro* (http://www.latinobarometro.org/latino/LATContenidos.jsp).

Por su parte, si seguimos el índice de "aprobación de la gestión del gobierno nacional", los datos del Latinobarómetro refieren un verdadero "desplome" en los niveles de popularidad del gobierno colorado del presidente Jorge Batlle durante los años de la crisis del 2001-2002, seguido por un salto notable de aprobación a los gobiernos frenteamplistas que devinieron luego de las elecciones de 2004 y 2009, con altibajos moderados.

Gráfico 10
Aprobación de la gestión del gobierno nacional en Uruguay. Serie 2002-2010.
En porcentajes.

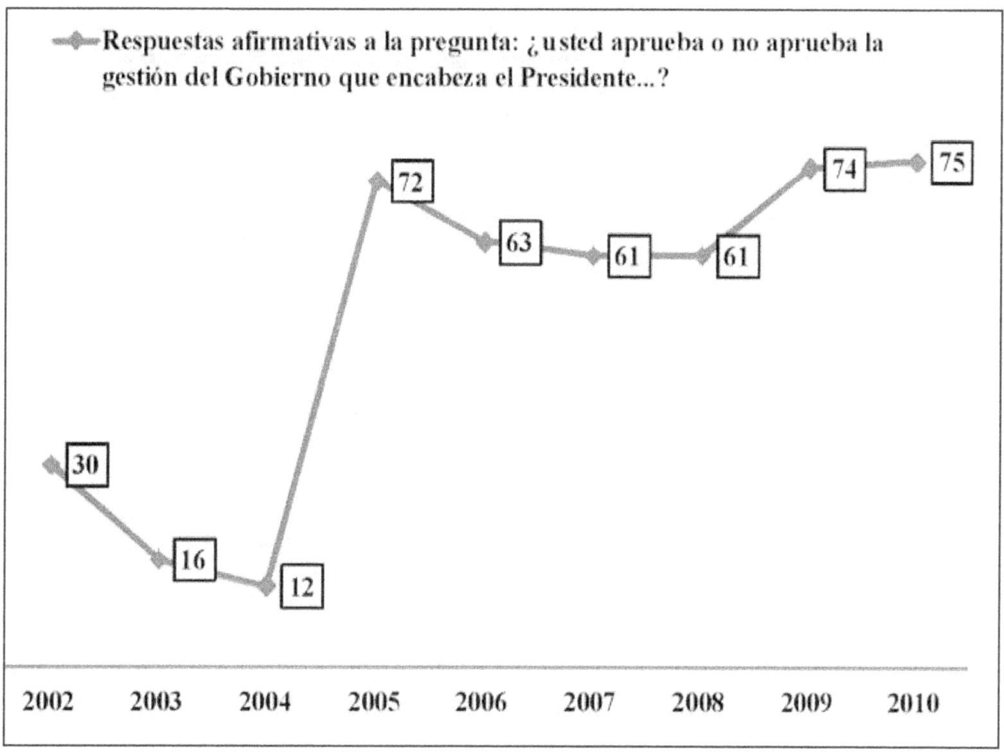

Fuente: Corporación *Latinobarómetro* (http://www.latinobarometro.org/latino/LATContenidos.jsp).

En suma, y con relación al resto de los países latinoamericanos, durante la última década el Uruguay manifiesta a nivel de las mediciones de opinión pública un fuerte y persistente apego a las visiones más clásicas de la democracia representativa, al tiempo que también es reconocido externamente como *"el país más democrático de la región"*[33]. Este cuadro de situación se ratifica en una coyuntura en que se profundizan cambios muy visibles en el continente en torno de la conceptualización de régimen democrático, con la persistencia de indicadores de tolerancia ante actitudes autoritarias y de distanciamiento crítico sobre la confiabilidad de las instituciones que merecen ser atendidos[34].

Muchos podrían señalar ante estos datos que, al menos a partir del seguimiento de las mediciones del Latinobarómetro, lo que se infiere es mucho más un escenario de consolidación en la opinión pública de los uruguayos de la matriz democrática republicana más clásica, antes que el registro de evidencias sobre cambios ciudadanos profundos como los señalados en el texto. Por el contrario, la hipótesis que defendemos apunta a destacar que la singularidad uruguaya no radica en su ajenidad al cambio político en el contexto de fragmentación que caracteriza la actualidad política del continente, sino en las formas y en la particular tensión entre cambio y continuidad que enmarcan y dan continente a las transformaciones ciudadanas ocurridas efectivamente en el país. La singularidad uruguaya se perfila mucho más en *el cómo se cambia,* antes que en una supuesta ajenidad al ciclo de transformaciones políticas.

Esta resulta sin duda una singularidad relevante y de signo desafiante ante el análisis: hay que hurgar con mayor profundidad, revisar la heurística de la nueva política y evitar que la opacidad evite la visualización precisa de las transformaciones "silenciosas"[35]. Si nada estuviera cambiando y sólo tuviéramos más de lo mismo, con seguridad el ciclo electoral 2009-2010 hubiera sido distinto y en particular José Mujica no hubiera sido candidato único del FA y mucho menos electo presidente de la república[36]. En esta dirección, la necesaria inscripción del análisis de la política uruguaya en el contexto com-

---

[33] Cfr. Corporación Latinobarómetro, *Informe 2009*. Santiago de Chile, noviembre de 2009. Dicha expresión pertenece a Daniel Zovatto. Los registros de los Informes correspondientes a 2010 y a 2010 confirman esos perfiles. (Banco de datos en línea www.latinobarómetro.org)

[34] Ibidem.

[35] El siempre recordado sociólogo uruguayo Carlos Filgueira acuñó el concepto de "revoluciones silenciosas" para referir a muchas transformaciones profundas en diversos campos que se han vivido en el Uruguay de las últimas décadas y que no han sido suficientemente visibilizadas por la ciudadanía y aun por las elites políticas e intelectuales.

[36] Sobre el particular, cfr. Gerardo Caetano, (Caetano, 2011).

parativo de América Latina puede ayudarnos a calificar mejor los límites y alcances del cambio ciudadano en el Uruguay, a definir con mayor precisión los contornos de singularidad efectiva de sus trayectorias como un caso distinto pero a la vez comparable. También contribuye a configurar un observatorio menos provinciano y autorreferido, más asociado con claves epocales que se perciben tal vez con mayor nitidez en la región y en el mundo. En cualquier caso, la profundidad del análisis sale ganando con la incorporación de ese filtro conceptual.

Véase en esta dirección las alteraciones más fuertes y de signo mucho más incierto que se verifican en algunas mediciones más recientes acerca de la popularidad del presidente Mujica, así como de la alteración de los temas dominantes en la agenda pública de los uruguayos[37]. Las mediciones que registran los gráficos presentados a continuación tienen la ventaja de su carácter más reciente, así como de su diseño y ejecución más específicos, lo que habilita a nuestro juicio un análisis más profundo sobre los fenómenos que venimos señalando.

Como se observa a continuación en el gráfico 11, el actual gobierno se instaló en marzo de 2010 con muy altos niveles de aprobación, lo que entre otras cosas tenía que ver con las grandes expectativas generadas inicialmente por su estilo de gobierno, sus entendimientos con la oposición y varias de sus propuestas. A partir de junio del 2010, comenzó a producirse un marcado descenso de los índices de aprobación, así como un crecimiento primero lento pero luego espectacular de los niveles de desaprobación. Hacia junio de 2011, ambas tendencias coincidieron, "empatando" ambos indicadores en un 39% de los encuestados. El aceleramiento de la caída en la evaluación de la gestión gubernativa en el primer semestre de 2011 alcanzó niveles pronunciados, lo que refiere no sólo a la falta de sintonía del Gobierno con importantes segmentos del electorado –principalmente los sectores que se identifican con los partidos de oposición– luego de un arranque muy favorable, sino también una opinión pública mucho más fluida y volátil.

---

[37] Cfr. (varios autores), VVAA (2011).

Gráfico 11
Evaluación de la gestión del presidente José Mujica (*). 2010-2011.

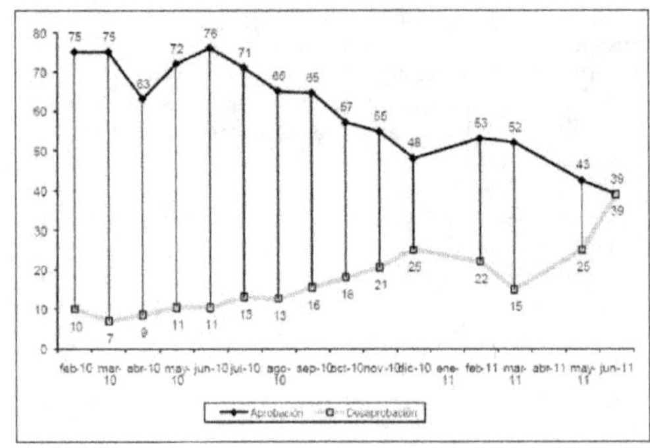

Fuente: Selios (2011).
Nota: (*) Promedio realizado a partir de los datos de la empresa Equipos MORI, Cifra, Interconsult y Factum. En el período Marzo 2010- Junio 2011. Información disponible en Banco de Datos Política y Relaciones Internacionales FCS-UdelaR.

Por su parte, como se observa en el gráfico 12, la evolución del saldo entre los niveles de aprobación y desaprobación del actual gobierno en sus dos primeros años de gestión también registra una variación muy pronunciada en un período corto de tiempo. El comportamiento de esta variable en los dos primeros años de administración contrasta claramente con el observado en la anterior gestión gubernativa. La comparación resulta más concluyente si se contextualiza la mirada de la opinión pública uruguaya en relación con sus últimos tres gobiernos: el de Jorge Batlle (2000-2005) inició su gestión con una coalición débil entre colorados y blancos –que por otra parte se rompió antes de la mitad del mandato– y en el marco de una recesión económica que devino en el 2002 en una fuerte crisis económica y financiera; los gobiernos de Vázquez (2005-2010) y de Mujica (2010-) contaron desde el comienzo con mayorías legislativas propias y con un contexto firme de crecimiento económico.

123

Gráfico 12
Saldos en la aprobación de gestión (*) de los últimos tres gobiernos en Uruguay.

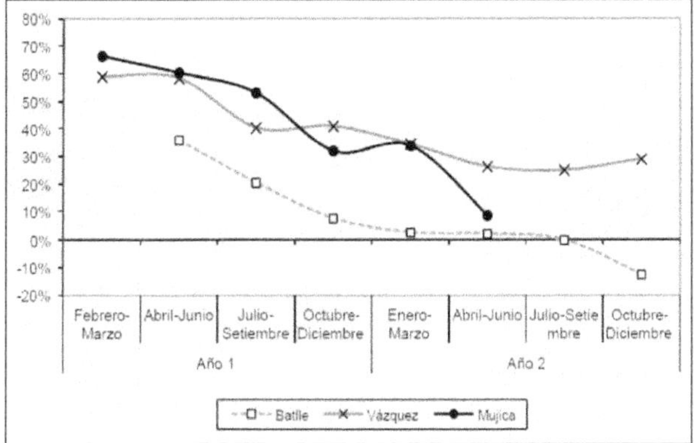

Fuente: Selios (2011).
Nota: (*) Promedio realizado a partir de los datos de la empresa Equipos MORI, Cifra, Interconsult y Factum. En el período marzo 2010- junio 2011. Información disponible en Banco de Datos Política y Relaciones Internacionales FCS-UdelaR.

Finalmente, el gráfico 13 nos revela un cambio también inédito en lo que refiere a lo que la opinión pública uruguaya define como principales problemas del país. Ya desde abril del 2009 el tema de la inseguridad y la delincuencia se convirtió –por primera vez desde que hay mediciones sobre este particular en el país– en el que genera una mayor preocupación a nivel ciudadano, superando al desempleo. Asimismo, este último también fue superado en el segundo lugar por el tema educación desde abril de 2011, lo que termina de configurar un panorama inédito en el cuadro de principales preocupaciones exhibidas por la opinión pública uruguaya: en particular la inseguridad pero también la situación educativa son percibidos como los problemas más acuciantes por la ciudadanía uruguaya, desplazando a los temas más clásicos de desempleo, pobreza o situación económica.

124

Gráfico 13

Principales problemas del país según la opinión pública. Octubre de 2006 a abril de 2011.

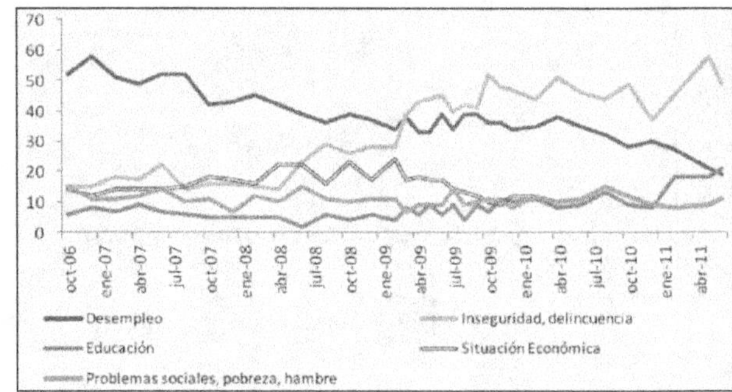

Fuente: Selios (2011) a partir de información suministrada por Equipos MORI. (Suma de Menciones).

Más allá de los aspectos coyunturales que sin duda inciden en estos movimientos[38], el registro de estas alteraciones remite a esos cambios más profundos que a nuestro juicio se dan en el Uruguay reciente a nivel de la opinión pública y de la cultura política, en tanto expresión de una transformación más honda en las prácticas e ideas ciudadanas prevalecientes. Como hemos señalado, el test del ciclo electoral 2009-2010 confirmó a nuestro juicio la consistencia de estas transformaciones poco visibles desde el análisis más usual. El peculiar "liderazgo de popularidad" de José Mujica ya puso de relieve muchos de estos cambios en el escenario electoral. Pero su gestión inicial de gobierno no ha hecho más que profundizar esa situación. El nuevo presidente uruguayo ha introducido notas muy personales en la forma de gestionar el gobierno, que lo diferencian claramente de sus antecesores: ha privilegiado su incidencia cotidiana sobre la agenda pública; ha buscado cimentar sus decisiones en operaciones políticas orientadas a construir legitimidad y apoyos específicos en la opinión pública para sus iniciativas; ha intentado en

---

[38] Cfr. Ibídem.

más de una oportunidad sortear la compleja interna del partido de gobierno en procura de un vínculo de asociación más directa con la ciudadanía. Por lo que perfilan sus índices de popularidad personal y de aprobación para su gobierno, sus capacidades de juego político han encontrado límites y restricciones determinados por la dinámica de la competencia entre partidos y a su interior.

5. Apuntes finales

Las tendencias observadas en la opinión pública –en particular, cierta volatilidad en sus evaluaciones sobre el desempeño gubernativo, contrastantes con su positiva performance en algunas áreas claves de la vida económica y social del país (empleo, ingreso, reducción de la pobreza, etc.), así como sus apreciaciones sobre cuáles son los principales problemas o asuntos nacionales– también podrían estar expresando un nuevo "sentido común" de la ciudadanía uruguaya, que comienza a expresarse en otras áreas y prácticas con relativa independencia de las adhesiones partidarias y las preferencias electorales. Si eso es así, como creemos, las capacidades de un "liderazgo de popularidad" como el de Mujica, más allá de sus novedades y de las sintonías que le permitieron alcanzar el gobierno, aparecen desafiadas por estos nuevos contextos emergentes. Tampoco parece muy evidente –más allá de la popularidad persistente de Tabaré Vázquez que lo sitúa como candidato favorito de cara a los comicios de 2014– que el futuro de la política uruguaya recobre pronto su previsibilidad de otrora. Es que aun bajo formatos de continuidad, la democracia uruguaya también está mutando. Lo ocurrido durante los dos primeros años del actual gobierno no ha hecho más que consolidar esta visión del giro político uruguayo, en lo que también configura otro corolario de un decenio de transformaciones muy profundas en el país.

Bibliografía

AGUIAR, CÉSAR (2000): "La Historia y la historia: Opinión Pública y opinión pública en el Uruguay", *Revista Prisma* N° 15, Universidad Católica del Uruguay, Montevideo.

AROCENA, RODRIGO y CAETANO, GERARDO (2011): "Sobre los futuribles del Uruguay internacional, hoy y ayer los desafíos de una mirada prospectiva", en *La aventura uruguaya. El país y el mundo.* (Rodrigo Arocena y Gerardo Caetano, coord.), Ed. Sudamericana, Montevideo.

AROCENA, RODRIGO y CAETANO, GERARDO (coord.) (2011): *La aventura uruguaya. Tomo II ¿Naides más que naides?* Montevideo, Random House Mondadori-Debate, 2011, 400 pp.

——— (2011): *"La aventura uruguaya. Tomo III La agenda del futuro."* Montevideo, Random House Mondadori-Debate, 2011, 272 p.

BÉRTOLA, LUIS y BITTENCURT, GUSTAVO (2007): "Los cambios en la estructura productiva para un Uruguay desarrollado", en *Uruguay: Agenda 2020. Tendencias, conjeturas, proyectos* (Rodrigo Arocena y Gerardo Caetano coord.) Ed. Taurus, Montevideo.

——— (2005): "Veinte años de democracia sin desarrollo económico", en *20 años de democracia. Uruguay 1985-2005: miradas múltiples* (Gerardo Caetano, Dir.), Ed. Taurus, Montevideo.

BUQUET, DANIEL (2004): capítulo sobre Uruguay en *Public Opinion and Polling Around the World. A Historical Encyclopedia*, Geer, J. (editor), Santa Barbara, California.

——— (2005): "Elecciones uruguayas 2004-2005: De la vieja oposición a la nueva mayoría", en Buquet, Daniel (coord.), *Las claves del cambio. Ciclo electoral y nuevo gobierno 2004/2005*, EBO – Instituto de Ciencia Política, Montevideo.

BUQUET, DANIEL y DE ARMAS, GUSTAVO (2004): "La evolución electoral de la izquierda: crecimiento demográfico y moderación ideológica", en Lanzaro,

Jorge (coord.), *La izquierda uruguaya entre la oposición y el gobierno*, Ed. Fin de Siglo, Instituto de Ciencia Política, Montevideo.

CAETANO, GERARDO (2010), *La crisis mundial y sus impactos políticos en América del Sur.* Montevideo, CEFIR-Trilce.

——— (2011): *Ciudadanía, republicanismo y liberalismo en Uruguay. (1890-1930) Tomo I. La República batllista.* Editorial Banda Oriental, Montevideo.

CAETANO, GERARDO y DE ARMAS, GUSTAVO (2011): "Educación, democracia y desarrollo en el Uruguay del bicentenario. Algunos aportes para una nueva utopía educativa", en *La aventura uruguaya. ¿Naides más que naides?* (Rodrigo Arocena & Gerardo Caetano Eds.), Ed. Sudamericana, Montevideo.

——— (2011): *Del Uruguay de la crisis a las posibilidades y exigencias del desarrollo,* en (varios autores), *Política en tiempos de Mujica. En busca del rumbo.* Montevideo, Estuario Editora, pp. 11 a 41.

CAETANO, GERARDO (2011): *Ciudadanía y elecciones en el Uruguay contemporáneo (2009-2010),* en *Temas y debates,* Revista universitaria de ciencias sociales, Facultad de Ciencia Política y Relaciones Internacionales, Universidad Nacional de Rosario, año 15, N° 21, agosto 2011, pp. 11 a 41.

CANZANI, AGUSTÍN (2000): "Mensaje en una botella. Analizando las elecciones de 1999/2000", en *Elecciones 1999/2000,* Ediciones de la Banda Oriental, Montevideo.

——— (2005): "Cómo llegar a buen puerto: Un análisis desde la opinión pública de la trayectoria electoral del EPFA", en Buquet, Daniel (coord.), *Las claves del cambio. Ciclo electoral y nuevo gobierno 2004/2005,* EBO – Instituto de Ciencia Política, Montevideo.

CEPAL (2010): *Panorama Social de América Latina 2010,* CEPAL, Santiago de Chile.

CHERESKY, ISIDORO (comp.), (2006): *Ciudadanía, sociedad civil y participación política.* Buenos Aires, Miño y Dávila editores.

——— (2007): *Elecciones presidenciales y giro político en América Latina.* Buenos Aires, Ediciones Manantial.

——— (2008): *Poder presidencial, opinión pública y exclusión social.* Buenos Aires, CLACSO-Manantial.

——— (2011): *Ciudadanía y legitimidad democrática en América Latina.* Buenos Aires, CLACSO-Prometeo.

DE ARMAS, GUSTAVO (2009): "Debilitamiento del efecto demográfico y consolidación de un nuevo sistema de partidos: evidencia de las elecciones 2009 en Uruguay", en *Revista Uruguaya de Ciencia Política*, N° 18, Ediciones Cauce-ICP, Montevideo.

DE ARMAS, GUSTAVO (2009): *Estado de Bienestar, infancia y políticas públicas en Uruguay. Hacia un nuevo y necesario contrato intergeneracional por el desarrollo*, Ed. CLAEH, Montevideo.

DE ARMAS, GUSTAVO y RETAMOSO, ALEJANDRO (2010): *La universalización de la educación media en Uruguay. Tendencias, asignaturas pendientes y retos a futuro*, UNICEF, Montevideo.

GARCÉ, ADOLFO y YAFFÉ, JAIME (2005): *La Era Progresista. El gobierno de izquierda en Uruguay: de las ideas a las políticas*, Ed. Fin de Siglo, Montevideo.

GONZÁLEZ, LUIS EDUARDO (1993): *Estructuras políticas y democracia en Uruguay*, Instituto de Ciencia Política, Colección Torre de Babel, Ed. FCU, Montevideo.

GONZÁLEZ, LUIS EDUARDO y QUEIROLO, ROSARIO (2000): "Las elecciones nacionales del 2004: Posibles escenarios", en *Elecciones 1999/2000*, Instituto de Ciencia Política, EBO, Montevideo.

INE (2011): *Estimación de la pobreza por el método del ingreso. Año 2010*, INE, Montevideo.

INE (2010): *Estimación de la pobreza por el método del ingreso. Año 2009*, INE, Montevideo.

INE (s/d): *Líneas de pobreza e indigencia 2006. Uruguay. Metodología y resultados*, INE, Montevideo.

LANZARO, JORGE (2004): "La izquierda se acerca a los uruguayos y los uruguayos se acercan a la izquierda. Claves de desrrollo del Frente Amplio", en Lanzaro (coord.) *La izquierda uruguaya entre la oposición y el gobierno*, Ed. Fin de Siglo, Instituto de Ciencia Política, Montevideo.

MIERES, PABLO (1988): *¿Cómo votan los uruguayos? Las elecciones de 1984*, CLAEH, Ediciones De la Banda Oriental, Montevideo.

————— (1994): *El voto en el Uruguay de fin de siglo*, Ed. Fin de Siglo, Montevideo.

————— (1997): "Intermediación política y cambio electoral: algunas líneas de interpretación", en *Cuadernos del CLAEH*, Nros. 78-79, Montevideo.

MONESTIER, FELIPE (1999): "Partidos por dentro: la fraccionalización de los partidos políticos en el Uruguay (1954-1994)", en González, Luis Eduardo *et al.*, *Los partidos políticos uruguayos en tiempos de cambio*, Ed. FCU – UCUDAL, Montevideo.

MOREIRA, CONSTANZA (2000): "Las paradojales elecciones del fin de siglo uruguayo: comportamiento electoral y cultura política", en *Elecciones 1999/2000*, Instituto de Ciencia Política, EBO, Montevideo.

ODDONE, GABRIEL (2011): "Restricciones para sostener el crecimiento. Lecciones y desafíos para las políticas públicas", en *La aventura uruguaya. El país y el mundo*. (Rodrigo Arocena y Gerardo Caetano, coord.), Ed. Sudamericana, Montevideo, 2011.

PELEGRINO, ADELA (2010): *La población de Uruguay. Breve caracterización demográfica*, Ed. UNFPA, Montevideo.

SELIOS, LUCÍA (2011): "Opinión pública", en (varios autores), *Política en tiempos de Mujica. En busca del rumbo*. Montevideo, Estuario Editora, pp. 11 a 41.

(VARIOS AUTORES), *Política en tiempos de Mujica. En busca del rumbo*. Montevideo, Estuario Editora, 2011, 272 p.

YAFFÉ, JAIME (2005): *Al centro y adentro. La renovación de la izquierda y el triunfo del Frente Amplio en Uruguay*, Ed. Linardi y Risso, Montevideo.

Representação e governabilidade no Brasil

*Leonardo Avritzer**

O Brasil está entre os casos de democratização exitosa na América Latina se consideramos bem sucedidos os casos nos quais a democratização produziu eleições regulares (Kingstone e Power, 2008), além de uma sociedade civil forte e foi capaz de aumentar o acesso da população a bens públicos (Avritzer, 2009). Quando pensamos a democratização brasileira a partir destes três elementos, é possível perceber grandes avanços no que diz respeito à organização da sociedade que cresceu fortemente desde os anos setenta com a criação de associações civis e comunitárias e a constituição de um sistema universal e integrado de políticas públicas que criou estruturas mínimas para um Estado de bem estar social. No entanto, no que diz respeito ao sistema político, não temos como deixar de notar que ele constitui o elo frágil da democracia política. Por um lado, o Brasil conseguiu constituir um sistema de partidos no período democrático o qual gerou dois grandes partidos, o PT e o PSDB, e gerou formas regulares de competição eleitoral e formação de maioria e de minorias (Santos e Grijo, 2008). Por outro, o sistema político é uma das instituições nas quais os brasileiros demonstram a mais baixa confiança em diversas pesquisas[1]. Isso se deve à maneira como a Constituição de 1988 manteve traços fundamentais da organização do sistema político tal como ela foi determinada pelo regime militar (Alves, 1985) sem ter conseguido alterar elementos fundamentais da organização seja do sistema eleitoral, seja do sistema de partidos.

---

* Universidade Federal de Minas Gerais (UFMG), Departamento de Ciência Política.

[1] Pesquisa aplicada pela UFMG em parceria com a Vox Populi e que estabeleceu um ranking de confiança entre as instituições políticas brasileiras que mostrou os legislativos locais, estaduais e nacional como as instituições com o mais baixo índice de confiança e com a maior propensão à corrupção. Tanto o poder executivo quanto o judiciário aparecem com índices de confiança mais altos. *Vide* Avritzer e Filgueiras, 2011.

Assim, temos um problema na forma de organização da nova democracia brasileira que pode ser enunciado nos seguintes termos: temos no Brasil um sistema político mais atrasado do que a sociedade[2] e cujas práticas não são bem vistas por ela, mas que garante a governabilidade, ainda que a um preço demasiado alto. Essa é a tese que pretendemos defender neste artigo mostrando a incompletude do argumento daqueles que defendem a estabilidade do sistema político brasileiro (Figueiredo e Limongi, 1998 e Limongi, 2006). Na primeira parte deste artigo, pretendemos reinterpretar a tese sobre a estabilidade do sistema político brasileiro mostrando os problemas enfrentados pelo Partido dos Trabalhadores em virtude de ter trazido ao sistema político brasileiro mais disciplina e estabilidade. Na segunda parte, iremos realizar uma análise do governo Lula nos seus dois mandatos sob essa perspectiva. Na terceira parte desse artigo, irie mostrar que dois fenômenos explicam o alto sucesso do governo Lula, a formação de políticas participativas que conseguiram formar uma agenda entre governo e sociedade civil e a judicialização com a consequente emergência de instituições imparciais que tornaram também possível uma agenda da sociedade civil. Nosso objetivo é mostrar que uma reforma política que reconecte Estado e sociedade do ponto de vista das práticas políticas continua sendo fundamental para o futuro da democracia no Brasil.

Democracia, representação e governabilidade no Brasil democrático

O sistema político praticado no Brasil pós-1988 pode ser denominado de presidencialismo de coalizão (Abranches, 1988). A Constituição brasileira de 1988 manteve os principais elementos do presidencialismo, em especial a cultura de um poder executivo bastante ativo. É o poder executivo que estabelece a agenda do poder legislativo, prática que está em vigor no Brasil, pelo menos, desde o início da era Vargas e foi consagrada pelo plebiscito de 1993. Por outro lado, algumas das características que fariam do poder exe-

---

[2] Em uma entrevista dada à *Revista Veja* Putnam afirma que há países que têm sistemas políticos mais avançados que a sociedade e há países que têm sistemas menos avançados que as suas sociedades. *Vide* Putnam, 1994.

cutivo ainda mais forte em seu poder de controlar o Congresso Nacional tais como a lista fechada e a disciplina partidária não foram implementadas no Brasil pós-1988 o que torna a construção de maiorias no Congresso Nacional muito instável. São essas características que permitem classificar o sistema político vigente no Brasil de presidencialismo de coalizão. O Brasil tem um sistema político no qual o presidente se elege com maioria absoluta, mas o seu partido não consegue alcançar mais que 20% do total das cadeiras no Congresso. No governo Fernando Henrique, o seu partido, o PSDB, alcançou 10,9% em 1994 e no governo Lula o PT alcançou 17% dos votos em 2002, alcançando o mesmo patamar 17,1% em 2010. Vale a pena, então, indagar como as maiorias são alcançadas no Congresso e como se dá a governabilidade no Brasil.

Figueiredo e Limongi argumentam que o sistema político brasileiro adquiriu suas principais características através de uma forte mistura entre as regras do presidencialismo vigentes em 1946 e as regras vigentes após 1964. Assim, os poderes legislativos do presidente do Brasil foram ampliados enormemente após 1988 através da manutenção do instituto da medida provisória (Figueiredo e Limongi, 1998: 83). Ao mesmo tempo, o controle das bancadas pelos seus líderes foram fortemente ampliados. Os autores não mencionam, mas vale a pena observar que institutos semi-clientelistas de controle das bancadas pela via da institucionalização de emendas de parlamentares também foram ampliados depois de 1988 (Ames, 2002). O argumento de Figueiredo e Limongi (1998, 2002) é, então, que o presidente do Brasil consegue governar no sistema devido aos dois mecanismos de controle instituídos após 1988, a quase capacidade legislativa oferecida pelas medidas provisórias e a capacidade dos líderes de controlarem as suas bancadas. Tal fato gera o que os autores denominam de uma alta taxa de sucesso, isso é, o poder executivo brasileiro foi capaz de aprovar em torno de 91,3% das suas propostas nos governos FHC e Lula (Limongi, 2006), porcentagem semelhante à capacidade do primeiro ministro inglês de aprovar as suas propostas no parlamento.

O argumento de Figueiredo e Limongi é importante por ter tido a capacidade de conectar legislativo, sistema partidário e governabilidade. No entanto, ele padece de um problema fundamental, a sua incapacidade de analisar as consequências da maneira como a governabilidade é produzida, seja para o sistema político, seja para o Estado brasileiro como um todo. A maneira como o executivo brasileiro produz governabilidade, desde a eleição de Fernando Henrique Cardoso, estabelecendo amplas coalizões congressuais, gera uma instabilidade profunda na própria coalizão de governo. Desde o governo FHC, um conjunto de escândalos envolvendo principalmente o PMDB e a maneira como este negocia o seu apoio com o governo (Nobre, 2011) é parte do processo de instabilidade da politica brasileira[3]. Essa instabilidade se acentuou depois da chegada do Partido dos Trabalhadores ao poder em 2002.

O presidencialismo de coalizão tem gerado crises em todos os governos instituídos no Brasil desde 1994, mas ele tem gerado mais crise nos governos do Partido dos Trabalhadores. Já não existem dúvidas que Lula e o PT constituíram a grande novidade da democratização brasileira (Menegello, 1989; Keck, 1991). O PT constituiu uma novidade devido a sua capacidade de integrar na política grupos de que tinham sido historicamente excluídos ou subordinados durante o processo de modernização brasileira, ao formar um partido de massas capaz de incluir tanto a população urbana de baixa renda quanto à nova classe trabalhadora que surgiu nos grandes centros urbanos durante o período do regime autoritário (Keck, 1989). Ao mesmo tempo, o PT estabeleceu duas diferenças estruturais com outros partidos brasileiros: ele sempre foi mais disciplinado e mais organizado tendo claramente um núcleo gestor capaz de dar uma orientação comum as suas políticas (Samuels, 2004). Ele foi o único partido capaz de mobilizar amplas bases e incorporá-las no seu processo de organização via diretórios, assim como através da realização de consultas diretas para os seus níveis de direção. Assim, o PT estabeleceu-se como um partido mais disciplinado e mais democrático que os outros partidos brasileiros. No entanto, este foi um dos problemas que gerou uma crise maior entre o governo do PT e o presidencialismo de coalizão, tal como irei mostrar mais a frente.

---

[3] No momento em que este artigo está sendo escrito uma forte crise política está ameaçando o governo da presidente Dilma Roussef. Entre os meses de maio e outubro de 2011, seis ministros pediram demissão e cinco das seis demissões foram provocadas por crises ligadas ao pacto político do presidencialismo de coalizão e ao uso político dos ministérios.

Governo Lula, crise política e governabilidade

A chegada do Partido dos Trabalhadores a presidência do Brasil em 2002 representou uma mudança fortíssima na trajetória da democracia brasileira. A democracia brasileira foi evoluindo progressivamente desde 1985, tendo passado por um período de forte continuidade entre os seus principais atores políticos e os atores dominantes durante o período autoritário. Somente com a eleição de Fernando Henrique Cardoso em 1994 houve de fato a chegada dos grupos de oposição ao autoritarismo ao centro do poder político. A eleição de Luiz Inácio Lula da Silva representou o ponto de inflexão nesta trajetória de renovação do sistema político brasileiro, devido à trajetória de proximidade entre o presidente e atores sociais no país (Keck, 1989).

Lula foi eleito com um pouco mais de 48% dos votos e o PT foi o partido mais votado para o Congresso com 91 deputados e aproximadamente 17% dos votos. Imediatamente colocou-se o problema de como governar e com qual aliança. O PT já tinha forte tradição de governos locais em Porto Alegre, Belo Horizonte e São Paulo, onde havia governado com alianças fortemente homogêneas ou sem nenhuma aliança (Avritzer, 2009). Se tal estratégia tinha sido viável no nível local, ela era claramente inviável no nível nacional. Duas opções se colocaram para o PT no começo de 2003: a primeira destas opções, preferida pelo então ministro da casa civil Jose Dirceu, era de uma aliança estratégica com o PMDB; a segunda era uma aliança pontual no Congresso Nacional preferida pelo presidente Lula e que veio a prevalecer (FSP, 2003).

No começo de 2005, eclodiu a crise do mensalão que foi a crise mais aguda do governo Lula. O mensalão foi a revelação por parte de um ex-aliado do governo no Congresso, o deputado Roberto Jefferson, líder do PTB[4], de que havia um sistema de pagamentos de propinas em votações no Congresso. O inicio do escândalo ocorreu nos correios que era uma das agências do governo federal ocupadas por cargos de indicação política através de um

---

[4] O PTB é uma boa amostra do funcionamento do sistema partidário brasileiro. O partido foi fundado por Getúlio Vargas ao final da experiência autoritária entre 1937 e 1945, tornou-se o partido da classe trabalhadora vinculada ao Varguismo entre 1946-1964. O líder popular Leonel Brizola pertenceu ao partido e através dele governou o Estado do Rio Grande do Sul no começo dos anos sessenta. Durante a última fase da democratização, a legenda foi apropriada e se tornou parte da base de sustentação do governo militar no Congresso Nacional. A partir de 1985, ela se tornou base de sustentação de praticamente todos os governos no Congresso Nacional.

sistema de loteamento de cargos públicos. A *Revista Veja* revelou a existência de propina nos correios e, em seguida, em uma entrevista à *Folha de São Paulo* em 06/06/2005, Roberto Jefferson, líder do PTB. revelou a existência do que ele chamou de mensalão, um esquema de pagamentos mensais a parlamentares, gerido na Casa Civil. Imediatamente se instalou um CPI[5] com o objetivo de investigar as denúncias de corrupção que foram parcialmente comprovadas. Jamais foi possível comprovar que houve pagamentos mensais e regulares do governo para parlamentares, mas foi possível comprovar que houve desvio de recursos públicos que foram repassados a parlamentares do PT, do PTB e do PL. Como resultado do mensalão, dezoito deputados foram acusados, renunciaram ou foram cassados. Quarenta pessoas entre deputados, ex-membros do governo e dirigentes de empresas de comunicação foram indiciados por denúncia do Procurador Geral da República no ano de 2011.

Ao analisarmos o mensalão e as denuncias de corrupção o no governo Lula, podemos perceber que ele foi causado por três fenômenos diferentes: em primeiro lugar, por uma tentativa errônea de organizar burocraticamente esquemas de cooptação de deputados que já existiam no Congresso Nacional. Já no governo FHC houve noticias sobre a compra de votos durante algumas eleições chave (Folha de Sao Paulo, 2007), a mais importante delas sendo a votação sobre a reeleição do presidente. No entanto, não se tinha noticia de um esquema centralizado sob a coordenação de um alto dirigente partidário e do governo. Essa foi a novidade introduzida pelo PT e que resultou no mensalão. Em segundo lugar, vale a pena examinar o problema da ascensão de um conjunto de dirigentes partidários a cargos de segundo e terceiro escalão. Essa ascensão explica um conjunto de fenômenos paralelos ao mensalão, mas importantes. É o caso escândalos de pequena monta ligados ao reposicionamento social de diversos dirigentes partidários, um fenômeno ai sim ligado exclusivamente ao PT. Casos como o de Sílvio Pereira — um sindicalista de origem social baixa que aceitou presentes de diversos empresários

---

5 AS CPIs são o instrumento que o Congresso Nacional se utiliza para realizar a apuração de desmandos no Poder Executivo. O funcionamento das CPIs e sua eficácia investigativa é bastante variável. Algumas CPIs mostraram-se fortemente efetivas, seja na capacidade de investigar como de punir membros do Poder Executivo. A principal entre elas foi a que investigou corrupção no governo Collor. Outras CPIs foram muito pouco ativas ou mesmo controladas ostensivamente pelo poder executivo como foi o caso da CPI da Petrobras no governo Lula.

para defender interesses pontuais no governo — são emblemáticos neste sentido. Em terceiro lugar, vale a pena mostrar também o papel da mídia em selecionar escândalos e aumentar o impacto de escândalos selecionados. O mensalão não foi o maior escândalo do período democrático por qualquer critério que se adote[6], volume de recursos desviados ou numero de pessoas envolvidas, mas ele recebeu esse tratamento na mídia[7]. O escândalo diminuiu de intensidade quando um aliado estreito do governo Lula assumiu a presidência da câmara dos deputados e o governo retomou o controle do sistema político na lógica do próprio presidencialismo de coalizão.

O mensalão e o enorme sucesso posterior do governo Lula a partir da reforma ministerial de junho de 2005, apontam em duas novas direções: a primeira delas é o distanciamento entre governo e máquina partidária do PT. Nos primeiros quinze dias do mensalão, entre 6 e 20 de junho de 2005, ocorreram uma série de trocas nos ministérios, com troca de ministros na Casa Civil, no Ministério da Educação, na Secretaria de Comunicação da Presidência da República, além de trocas na direção da Petrobrás e na presidência do PT. Ao analisar as mudanças nos ministérios percebe-se claramente a exclusão da máquina partidária dos ministérios e sua substituição por ministros com vocação administrativa mais forte. A mais importante destas trocas ocorreu na casa civil assumida por Dilma Roussef[8].

O segundo elemento de forte mudança ocorreu com a política no Congresso. A partir de 2006, o PMDB passou a ser o principal partido da base do governo e o governo passou a trabalhar mais fortemente com indicações partidárias para os ministérios, tal como operava o governo Fernando Henrique

---

[6] Alguns importantes cientistas políticos brasilianistas têm defendido esta posição, a mais importante entre eles é Wendy Hunter. Segundo a autora, o mensalão ultrapassou em volume o desvio de verbas que levou ao impeachment do ex-presidente Collor. Essa parece ser uma afirmação completamente sem fundamento e que segue artigos opinativos da imprensa brasileira. *Vide* Hunter, 2008.

[7] Foi muito comum na mídia a expressão maior escândalo de corrupção da historia do Brasil, *vide Veja*, 24/09/2011. Essa frase também foi pronunciada por algumas pessoas encarregadas de investigar o escândalo, entre eles o Procurador Geral da República Roberto Gurgel.

[8] Essas mudanças poderiam também ser interpretadas como um re-estabelecimento do princípio federativo no governo. Entre os três ministros mais poderosos trocados, dois eram de São Paulo e foram substituídos por ministros provenientes do Rio Grande do Sul. O mesmo ocorreu com a presidência do Partido dos Trabalhadores. Em junho de 2005, a coordenação do governo passou a ser exercida por Tarso Genro, Jacques Wagner, Dilma Roussef e Luiz Dulci, efetivamente anulando a presença do núcleo paulista no governo até o início de 2007.

Cardoso[9]. Assim, PMDB passou a ocupar a presidência do Senado, a indicar entre quatro a cinco ministros do governo federal e a ter forte influência na máquina pública (Nobre, 2011). Essas mudanças ao mesmo tempo, consolidaram uma política da convivência com a corrupção e retiraram do Congresso Nacional importantes prerrogativas como instituição. Hoje o Congresso Nacional brasileiro sofre uma profunda crise de legitimação[10].

No entanto, houve também uma forte mudança de orientação na política do governo Lula que se transferiu fortemente para dois campos, as conferências nacionais e os processos de mudança definidos pelo poder judiciário, em particular, pelo Supremo Tribunal Federal.

A ascensão das instituições imparciais: conferencias nacionais e judiciário no Brasil

O segundo mandato do presidente Lula (2006-2010) foi o momento no qual, em virtude das fortes limitações na base congressual do governo, foi progressivamente se desenvolvendo uma concepção de representação extraparlamentar no interior do governo. Essa concepção pode ser caracterizada por três elementos: política normal no congresso nacional; constituição de uma agenda entre o governo e a sociedade civil a partir das conferências nacionais e a ampliação de alguns direitos fundamentais a partir do poder judiciário. Permitiam-me desenvolver o segundo e o terceiro ponto, já que o primeiro foi elaborado na seção anterior.

O Partido dos Trabalhadores tem, desde a sua origem, uma agenda na área da participação social. Esta agenda levou a diversas formas de participação no nível local, entre elas a implantação do orçamento participativo em diversas cidades brasileiras entre 1990-2004 (Avritzer, 2009). No começo do governo Lula diversas agendas participativas foram implantadas, entre ela os PPA participativo, uma re-estruturação e ampliação dos conselhos nacionais

---

[9] Um dos motivos pelos quais o PT tem mais dificuldade com esquemas de partilhamento dos ministérios reside na sua relação com movimentos sociais. Muitos ministérios ao serem cedidos a outros partidos na montagem da base do governo no congresso, acabam causando protestos na base petista. Os principais casos são o do Ministério da Saúde e das cidades.

[10] Em duas pesquisas aplicadas em 2008 e 2009, o poder legislativo aparece como o mais propenso a corrupção. *Vide* Avritzer e Filgueiras, 2011.

mas essa agenda acabou se concentrando nas conferências nacionais. O Brasil tem uma longa tradição em conferências nacionais as primeiras tendo ocorrido ainda no governo Vargas. As conferências nacionais foram introduzidas na regulamentação dos capítulos da Constituição de 1988 para as áreas da saúde e assistência social. Mas foi no governo Lula que houve uma forte ampliação das conferências nacionais para praticamente todas as áreas de governo. As conferências têm o seguinte funcionamento: elas são sempre convocadas por um ministério que estabelece elementos organizativos/normativos tais como data, critério de retirada de delegados, etc. Em segundo lugar, as conferências sempre envolvem etapas ou locais ou estaduais; em terceiro lugar, as conferências têm um perfil deliberativo e o seu resultado gera uma agenda da sociedade civil para o governo federal[11].

Foram realizadas no governo Lula aproximadamente 74 conferências nacionais em praticamente todas as áreas de políticas públicas. Estas conferências expressam tanto a tradição anterior quanto a nova tradição participativa no governo federal. Neste sentido, vinte um conferências contaram com apenas uma edição, nove contaram com duas edições, cinco com três e quatro com quatro edições (Souza, 2011). Foram realizadas conferências nacionais extremamente importantes nas áreas de cidades, diretos humanos, meio ambiente, assistência social entre outras, que contaram com mais de uma edição. Em outras áreas com menos tradição de participação social foram realizadas apenas uma conferência. Em todos os casos, as conferências geraram uma agenda da sociedade civil a ser seguida pelo governo. Em alguns casos esta agenda foi extremamente importante como foi o caso do sistema único da assistência social e do sistema único da segurança alimentar.

Em pesquisa recente aplicada em uma amostra representativa da população brasileira[12] aferimos os seguintes dados: 6,5% da população brasileira foi participante em conferências nacionais, perfazendo aproximadamente 6,5 milhões de pessoas (Avritzer, 2011). Quando desagregamos a participação total nos seus três níveis percebemos uma forte participação local que alcança 42,7% do total de participantes. A medida que passamos do nível local

---

[11] Essa definição foi retirada em uma reunião no IPEA, órgão de pesquisa ligado a Secretaria de Assuntos Estratégicos e irá orientar um conjunto de pesquisas sobre as conferências.
[12] A pesquisa foi aplicada em uma amostra de 2200 pessoas representativa para o território brasileiro e para as regiões.

para o nacional a participação diminui, até atingir 5,6% por cento das pessoas que participaram da etapa nacional. Mesmo, assim, estamos falando de aproximadamente 300.000 pessoas que foram a Brasília discutir prioridades de políticas com o governo federal. As conferências também foram capazes de gerar uma agenda do governo federal no interior do Congresso Nacional, tal como mostrou Progrebinschi.

Tabela 1.
Já participou em quantos níveis de Conferências?

	#	%	#	%
Não participou	1281	58,2	-	-
Nenhum	776	35,3	-	-
1 nível	61	2,8	61	42,7
2 níveis	55	2,5	55	38,5
3 níveis	19	0,9	19	13,3
4 níveis	8	0,4	8	5,6
Total	2200	100	143	100

Fonte: Avritzer, 2011.

A segunda grande forma de fazer política no período pós-mensalão foi através do sistema judiciário. Desde 1988, que o judiciário tem assumido um crescente protagonismo na política brasileira em consequência dos artigos 102 e 103 da Constituição brasileira. Ambos artigos consagraram no próprio texto constitucional o princípio da revisão constitucional. Além disto, o artigo 103 ampliou enormemente o número e o tipo de atores que podem arguir a inconstitucionalidade que passaram a ser desde o presidente e os governadores, até os sindicatos e as associações civis, além dos partidos políticos. Houve depois de 1988 um crescente deslocamento da arena de demanda de direitos e também da própria arena de contestação política, tal como os dados da Tabela 2 abaixo demonstram. Partidos políticos, associações civis e associações sindicais fazem um extenso uso da ação direta de inconstitucionalidade que alcançou a marca de mais de 800 ações entre 1988 e 2010, apontando na direção de uma enorme explosão da litigação no Brasil, em particular daquela patrocinada por atores não estatais. Essas ações ocorrem fundamentalmente em quatro áreas: organização do sistema político; previdência, direitos dos servidores públicos e direitos fundamentais. A Tabela 2 abaixo mostra as principais dimensões do fenômeno.

Tabela 2

Número de ADINs por demandante

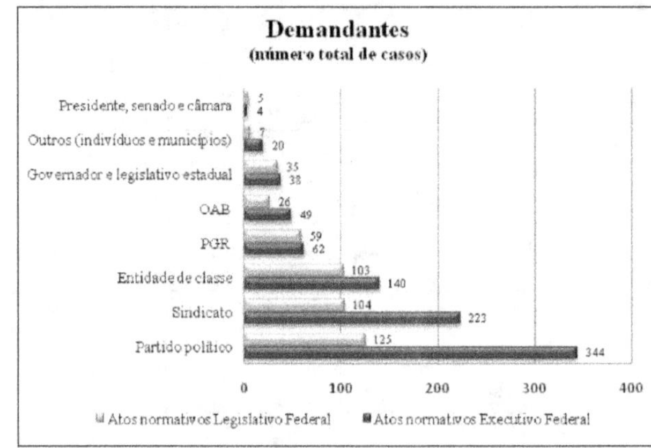

Fonte: Sundfeld *et al*., 2010.

Desde 1988, foram ajuizados no Supremo Tribunal Federal no Brasil mais de 800 ações diretas de inconstitucionalidade nos seguintes temas: organização partidária (14%), assuntos ligados aos servidores públicos (12%), direitos fundamentais (9%) e seguridade social (8%) (Sundfeld, 2010). Essas ações foram propostas, em primeiro lugar, pelos partidos políticos[13], em se-

---

[13] As ações propostas pelos partidos políticos têm, no entanto, uma característica que é o fato de elas se extinguirem antes de serem julgadas frequentemente por perda de objeto, o que mostra um uso político-mediático destas ações.

guida por sindicatos e entidades de classe. Esse fato mostra um aspecto fundamental da democracia brasileira pós-1988 a migração de parte do debate político para o Supremo Tribunal Federal considerado por muitos uma autoridade imparcial (Rosanvallon, 2010).

Duas ações envolvendo direitos fundamentais foram julgadas durante o governo Lula e nos primeiros meses do governo Dilma Roussef: a ação Raposa Serra do Sol sobre demarcação de terras indígenas e a ação de legalização da união homo-afetiva. A ação Raposa Serra foi originada pela ocupação de uma grande zona de várzea nas terras indígenas de Roraima por agricultores da região Sul do Brasil. Eles questionaram no Supremo Tribunal Federal a demarcação da área indígena pelo governo Lula em 2005. Uma das questões jurídicas centrais envolvidas na demarcação foi o princípio da proporcionalidade no uso da terra, já que a área total da reserva de 1,7 milhões de hectares seria ocupada por um número pequeno de indígenas, em torno de 19.000. O ministro Ayres Brito em sua sentença relacionou especificidade cultural com direito à terra, inovando na jurisprudência brasileira ao respeito. Em 2009, o Supremo Tribunal Federal decidiu pela saída dos produtores de arroz da reserva indígena.

Ainda está no Supremo para ser julgada a legalidade das políticas de ação afirmativa. Ambas as ações jamais poderiam ter sido aprovadas no Congresso Nacional devido a algumas características do sistema de representação, tal como ele funciona hoje no Brasil: a partir de uma lógica de lobbies particularistas e de políticas de maioria. Hoje 13% do território brasileiro está demarcado como reserva indígena, enquanto os indígenas brasileiros representam cerca de 500.000 indivíduos. Só é possível reconhecer as terras indígenas no Brasil a partir de um princípio de direitos ao invés de um princípio de maioria. O mesmo pode ser afirmado em relação ao direito da união afetiva ao qual se opõem além dos lobbies religiosos cerca de 70% da população brasileira. Ainda não julgada, a ação de contestação dos programas de ação afirmativa nas universidades brasileiras envolve a mesma questão. Assim, vai se afirmando no Brasil uma via não parlamentar e não eleitoral de afirmação de direitos.

Representação, participação e judicialização no Brasil

A nova democracia brasileira possui claramente duas dimensões contraditórias. Uma primeira dimensão, está ligada à maneira específica como o sistema representativo se reconstituiu no Brasil democrático, optando por manter uma estrutura de representação fragmentada e fora de sintonia com a sociedade civil, e compensando essa escolha com uma maneira de garantir a governabilidade pela via das emendas parlamentares. Essa forma de solucionar a organização do sistema político acabou gerando um déficit de legitimação da representação que está claramente expresso na crise contínua vivida pelo Congresso Nacional brasileiro, crise essa expressa principalmente na sua baixa legitimidade frente aos outros poderes e a sociedade civil em geral. Essa crise manifestou-se mais abertamente nos governos do Partidos dos Trabalhadores, tanto no governo Lula quanto no governo Dilma Roussef, provavelmente, porque a base de sustentação do governo no congresso não pode encaminhar plenamente uma certa agenda histórica partilhada entre sociedade civil e Partido dos Trabalhadores.

No entanto, essa crise que torna absolutamente problemática a relação entre a governabilidade e o poder legislativo acabou propiciando um fortalecimento de formas alternativas de expressão da vontade política, seja pela via da participação, seja pela via da judicialização. Pela via da participação, o governo Lula optou pelas conferências nacionais que foram 74, que organizaram mais de seis milhões de pessoas e que geraram uma agenda entre a sociedade civil e o executivo, agenda essa que dificilmente poderia ter sido gerada na arena congressual, que tende a se formar em torno de questões mais fortemente majoritárias[14].

---

[14] Existem dois bons exemplos de agendas que surgiram da sociedade civil e que foram exitosas no Congresso Nacional, o primeiro deles é o Estatuto da Cidade, que regulamentou o capítulo da Constituição sobre política urbana. Ele foi resultado de um lobby intenso feito pelo FNRU (Fórum Nacional da Reforma Urbana) no Congresso Nacional. A legislação demorou 13 anos para ser aprovada. O outro exemplo é o da lei da ficha limpa, proposta de lei feita pelo "Movimento de Combate à Corrupção Eleitoral" que impede indivíduos com condenação em duas instâncias do judiciário de se candidataram. A lei foi aprovada rapidamente, mas com forte pressão feita pela imprensa. Neste caso, o maior problema da lei da ficha limpa ocorreu no Supremo Tribunal Federal onde ela ainda está em discussão. Em geral, a agenda da sociedade civil brasileira é fraca no Congresso Nacional.

As conferências nacionais mudaram fortemente a relação entre o executivo e a sociedade civil. Além das áreas nas quais o resultado das conferências marca fortemente a política social como é o caso da assistência social como o SUAS, Sistema Unificado da Assistência Social, e da segurança alimentar com o SISAN, Sistema Nacional de a Segurança Alimentar, temos um conjunto de outras áreas nas quais existe uma agenda conjunta entre sociedade civil e Estado que surgiu fora do sistema de representação e que migra para o sistema de representação uma vez aprovada pelas conferências nacionais ou pela via de decretos ou de projetos de lei. Há também, evidentemente, as áreas que acabam por formarem uma agenda mais corporativa como é o caso da segurança pública, onde a decisão mais votada da conferência acabou sendo parte da agenda corporativa de um dos setores que participou da conferencia, os agentes penitenciários. Mas, no geral, o resultado das conferencia é uma agenda capaz de envolver os aspectos mais importantes da política social.

É possível fazer uma afirmação semelhante sobre o processo de judicialização em curso e seu impacto sobre a agenda da sociedade civil. A sociedade civil brasileira tem feito um uso intensivo das ADINs na busca de uma agenda política com o Estado brasileiro. Neste uso, especialmente na questão relativa a novos direitos e parcialmente, no caso do controle do sistema político, o judiciário tem se mostrado receptivo à agenda do sociedade civil. As três ações mais importantes que dizem respeito a sociedade civil na última década foram as que envolveram a demarcação de terras indígenas, a união homo-afetiva e a ação afirmativa. Teve também importância a ação sobre uso de células tronco. Também teve muito impacto no sistema judiciário as ações de acesso ao direito à saúde[15]. É possível afirmar que em todos estes casos o êxito da sociedade civil tem sido mais forte no judiciário do que no sistema político. Na verdade, entre os cinco tipos de demandas judiciais que a sociedade civil brasileira mais participa, pelo menos três encontram fortes bloqueios no sistema político: a questão das terras indígenas encontra a oposição do bloco ruralista no Congresso Nacional, um dos mais fortes; a questão das

---

[15] A constituição brasileira reconhece o direito á saúde, em oposição a outras tradições legais como a inglesa e a canadense que reconhecem apenas o direito aos serviços de saúde. A forma como o texto constitucional brasileiro coloca a questão possibilitou um amplo movimento de judicialização do acesso a saúde. Segundo pesquisa recente do Observatório da Justiça brasileira em parceria com a PUC-RS apenas no Supremo Tribunal Federal em 2009 e 2101 foram ajuizadas 232 ações ligadas a acesso a serviços de saúde. *Vide* Sarlet, 2011.

células tronco encontra a oposição da igreja católica e dos grupos evangélicos; a questão da ação afirmativa encontra a oposição difusa dos setores conservadores[16] no Congresso Nacional expressa principalmente no partido dos Democratas que ajuizou a ADINs. O caso da saúde parece ser o que menos existe uma oposição organizada contra a ampliação da oferta de bens e serviços, ainda que muitas vezes a judicialização seja desorganizadora das ações do poder executivo na área. Em todos os casos, a judicialização tem se mostrado mais exitosa do ponto de vista de uma agenda de ampliação de direitos do que uma estratégia de presença no Congresso Nacional.

Assim, a guisa de conclusão podemos dizer que o Brasil democrático desenvolveu uma dupla agenda em relação a representação: uma agenda de governabilidade *stricto sensu* que passa pelo Congresso Nacional e uma agenda de ampliação de direitos via atores da sociedade civil que tem cada vez mais tangenciado o Congresso Nacional e o sistema político. Essa nova agenda tem se fortalecido muito mais pela debilidade do sistema de representação que existe no Brasil hoje do que pela vontade dos atores de tangenciar o sistema político. No entanto, tanto as conferências nacionais quanto o judicialização devem aumentar nos próximos anos o número de agendas que passam por fora do sistema político a não ser que finalmente seja possível realizar a reforma política no Brasil. Apenas neste caso, uma nova conexão entre a agenda da sociedade civil para a ampliação de direitos e o sistema político tornar-se-á possível novamente.

---

[16] No caso da ação afirmativa há também uma oposição política ao acesso da população negra e de baixa renda à universidade dentro das instituições de ensino superior. Sobre o debate *vide* Zonistein e Feres, 2008.

Bibliografia

ABRANCHES, S. 1988 *Presidencialismo de coalizão: o dilema institucional* (Rio de Janeiro: Dados).

ALVES, MARIA HELENA MOREIRA 1985 *State and Opposition in Military Brazil* (Austin: University of Texas Press).

AMES, BARRY 2002 *The Deadlock of Democracy in Brazil* (Michigan: University of Michigan Press).

AVRITZER, LEONARDO 2009 *Participatory Institutions in Democratic Brazil* (Washington: Wilson Press / Johns Hopkins University Press).

AVRITZER, LEONARDO 2011 *A participação nas conferências nacionais* (Belo Horizonte: PRODEP).

AVRITZER, LEONARDO e FILGUEIRAS, FERNANDO 2011 "Corrupção e sistema político no Brasil" em Zoninsein, Jonas e Júnior, João Feres (orgs.) *Ação afirmativa no Ensino Superior Brasileiro* (Belo Horizonte: Editora UFMG).

FIGUEIREDO, ARGELINA e LIMONGI, FERNANDO 1998 "As Bases Institucionais do Presidencialismo de Coalizão" em *Lua Nova. Revista de Cultura e Política* (São Paulo) V. 44, pp. 81-106.

FIGUEIREDO, ARGELINA e LIMONGI, FERNANDO 2002 *Incentivos eleitorais, partidos e política orçamentária* (SciELO Brasil).

FORO DE SÃO PAULO, 2003.

FORO DE SÃO PAULO, 2007.

HUNTER, WENDY 2008 "The Partido dos Trabalhadores: Still a Party of the Left?" em Kingstone, Peter e Power, Thimothy 2008 *Democratic Brazil Revisited* (Pittsburgh: University of Pittsburgh Press).

KECK, MARGARET 1989 "The new unionism in the Brazilian Transition" em Stepan, Alfred (ed.) *Democratizing Brazil: Problems of Transition and Consolidation* (Nova Iorque: Oxford University Press).

KECK, MARGARET 1991 *PT: a lógica da diferença: o Partido dos Trabalhadores na construção da democracia brasileira* (São Paulo: Ática).

KINGSTONE, PETER e POWER, THIMOTHY 2008 *Democratic Brazil Revisited* (Pittsburgh: University of Pittsburgh Press).

LIMONGI, FERNANDO 2006 "A Democracia no Brasil: Presidencialismo, Coalizão Partidária e Processo Decisório" em *Novos Estudos Cebrap*, N° 76, pp. 17-41.

MENEGELLO, RACHEL 1989 *PT: a formação de um partido, 1979-1982* (Rio de Janeiro: Paz e Terra).

NOBRE, MARCOS 2011 "O peemedebismo" em *Revista Piaui* (Rio de Janeiro) janeiro.

PUTNAM, ROBERT 1994 Entrevista da *Revista Veja*.

ROSANVALLON, PIERRE 2010 "El gobierno de los jueces" em *Claves de Razón Práctica*. Em <dialnet.unirioja.es>.

SAMUELS, DAVID 2004 "As bases do Petismo" em *Opinião Pública* (Campinas) Vol. X, N° 2, outubro, pp. 221-241.

SANTOS, FABIANO e GRIJO, MARCIO 2008 "Political Institutions and Governability from FHC to Lula" em Kingstone, Peter e Power, Thimothy (orgs.) *Democratic Brazil Revisited* (Pittsburgh: University of Pittsburgh Press).

SARLET, INGO *et al.* 2011 *Democracia, separação de poderes e o papel do judiciário para a eficácia e efetividade do direito à saúde — Observatório do Direito à Saúde* (Belo Horizonte: Faculdade de Filosofia e Ciências Humanas).

SOUZA, CLOVIS 2011 "Conferencias nacionais: novos formatos com velhos desafios". Apresentação IPEA (Belo Horizonte e Porto alegre: Observatório da Justiça / Observatório do Direito à Saúde).

SUNDFELD, CARLOS ARI *et al.* 2011 *Judicialização da política e demandas por juridificação: o judiciário frente a outros poderes e à sociedade* (Belo Horizonte: Observatório da Justiça / SBDP).

ZONINSEIN, JONAS 2008 "Ação afirmativa" en Feres Júnior, J. (Org.) *Ensino Superior Brasileiro* (Belo Horizonte: Editora UFMG).

De cómo y por qué la (precaria) democracia mexicana ha ignorado los derechos humanos

*Alberto J. Olvera**

Introducción

Afortunadamente para México, se han realizado en los años recientes diagnósticos sobre los derechos humanos (OACNUDH, 2001) y estudios que, área por área, sector por sector, analizan las problemáticas específicas que los ciudadanos de este país confrontan en su aspiración de garantizar el acceso a sus derechos humanos[1]. En este espacio queremos proponer una explicación de por qué un país como el nuestro, que ha vivido ya una larga transición a la democracia, continúa denegando de facto los derechos de ciudadanía a la mayoría de la población. La pregunta es: ¿cómo es posible que la democracia electoral que tan difícilmente se ha construido en México en estos años no haya sido capaz de garantizar el acceso de los mexicanos a sus derechos, con la excepción de los derechos políticos?

Este grave problema puede interpretarse como un déficit histórico de ciudadanía (Olvera, 2007). En efecto, la precariedad estructural de la ciudadanía (PNUD, 2004) es una característica histórica de América Latina, y expresa una doble debilidad: de una parte, de las instituciones del Estado, pues los derechos constituyen una garantía jurídica, un compromiso político del Estado hacia los ciudadanos, que para poderse hacer efectivo precisa de una institucionalidad operativa que garantice su efectivo goce y

---

* Instituto de Investigaciones Histórico-Sociales. Universidad Veracruzana.

[1] Nos referimos a informes sobre los derechos de los niños y niñas, mujeres, adolescentes; sobre el derecho a la educación, a la salud, a la vivienda. En materia de información no hay un déficit.

ejercicio. Si esta institucionalidad no existe o es deficiente, el derecho otorgado es simplemente discursivo y no efectivo. Sobre este punto hay una larga discusión en América Latina, que se inicia con la historia del siglo XIX, período sobre el cual se ha dicho que se caracterizó por "repúblicas de papel", "ciudadanos imaginarios", en fin, regímenes esquizofrénicos que al mismo tiempo que se dotaban de leyes modernas, mantenían vivas las prácticas de control político más atrasadas y premodernas. Estas definiciones nos hablan de la separación entre el mundo real y el mundo jurídico, "el país real y el país legal", separación que permanece históricamente vigente hasta la fecha.

De otra parte, destaca la debilidad de la sociedad, pues no solamente los ciudadanos en lo individual carecen del poder para exigir al Estado el cumplimiento de los derechos que en las leyes se plasman, sino que también sus asociaciones y movimientos carecen de la fuerza necesaria para cambiar el modo de operar de las instituciones y/o inducir la creación de las instituciones que deberían resolver este déficit histórico.

La experiencia indica, como los expertos en el tema lo han mostrado una y otra vez, que el acceso efectivo a los derechos de ciudadanía es un resultado histórico de luchas sociales diversas, que terminan cristalizándose en pactos sociales que se traducen en leyes y éstas a su vez en instituciones estatales. Desde el clásico estudio de Marshall (Marshall, 1950) acerca del desarrollo de los derechos de ciudadanía en Inglaterra, se han realizado múltiples investigaciones sobre casos nacionales que demuestran que no hay un modelo único en el desarrollo de los derechos de ciudadanía y que su institucionalización es un proceso desigual, con rupturas y avances, que se asocia con circunstancias históricas específicas, como grandes movimientos sociales, guerras, revoluciones, transformaciones sustantivas del orden social que se traducen en cambios políticos, que a su vez redefinen las relaciones entre Estado, mercado y sociedad (Turner, 1986; Roberts, 1995).

Normalmente estos grandes cambios se plasman en nuevas constituciones, que definen las bases de un orden legal que, de un lado, protege y garantiza los derechos de ciudadanía, y de otro, mediante legislación secundaria, crea las agencias estatales que han de hacerse cargo de la gobernabilidad vía administración y ejecución de políticas públicas, las cuales deben apuntar a la materialización de los derechos de los ciudadanos (Iazzetta, 2007).

En los países desarrollados la creación del moderno Estado social de derecho fue un resultado histórico particular en el que se construyeron simultáneamente los ciudadanos y el Estado democrático. La mayor parte de las teorías de la ciudadanía ignoran el hecho básico de que la ciudadanía no es una condición subjetiva, sino un proceso relacional en el que de un lado se producen sujetos dotados de autonomía y portadores de derechos y obligaciones, y de otro, instituciones estatales cuya función es actualizar y garantizar esos derechos. De poco sirven los derechos civiles si no hay acceso a la justicia; de poco los derechos políticos si no hay elecciones libres; de nada los derechos sociales si no hay escuelas y hospitales. Se trata de un proceso de co-construcción de la sociedad y el Estado (Dagnino, Olvera y Panfichi, 2006).

Una explicación de por qué en México no se produjo este desarrollo armónico del Estado y la ciudadanía debe abarcar por lo menos dos campos problemáticos. En principio, debe ofrecerse una explicación de orden histórico, dado que la democracia precaria que hoy día vivimos muestra muy fuertes rasgos de continuidad con el viejo régimen autoritario y reproduce muchos de los fundamentos que normaron y dieron sentido a la específica relación entre el Estado y la sociedad que produjo ese régimen. En otras palabras, la transición a la democracia no ha alterado los pactos básicos entre los actores sociales organizados y el Estado mexicano, pactos que condujeron a un modelo de acceso segmentado y parcial a los derechos civiles, políticos y sociales (Olvera, 2011).

Por otra parte, el problema que analizamos puede ser interpretado como un déficit de Estado, es decir, como una incapacidad institucional del Estado mexicano para operar de acuerdo con las leyes que la propia clase política ha creado. Hay instituciones y prácticas, formales e informales, que contradicen la operación del Estado en términos de derechos, pues orientan su acción por el fin principal de mantener el control político y la reproducción de un sistema que privilegia los intereses de sus propios componentes. Se trata entonces de un proceso que puede ser aproximado desde dos perspectivas complementarias: la de la cultura política y la del déficit de estatalidad.

Las causas históricas

En primer lugar recordemos que el régimen de la Revolución Mexicana creó un concepto peculiar de justicia en el marco de un proyecto histórico nacionalista, formalmente inclusivo y al mismo tiempo antidemocrático en su esencia. El régimen de la revolución concibió a la justicia social como la capacidad del Estado para otorgar a ciertos sectores de la población acceso a bienes (tierra) y servicios (educación, salud), además de tutelar derechos laborales. El fundamento programático de esta concepción fue la Constitución de 1917, que prescribía, en primer término, el derecho a la tierra para todos los campesinos. Sin embargo, la forma en que se reglamentó este derecho condujo a que el proceso del reparto agrario dependiera de las decisiones presidenciales. Es notable la ausencia histórica de tribunales agrarios, y sorprendente la discrecionalidad política del reparto de tierras, que dependía de un proceso administrativo centralmente controlado. Históricamente, hubo un déficit de justiciabilidad independiente en materia agraria, pues el tribunal del ramo fue fundado apenas en 1992, paradójicamente el mismo año en que se consumó el fin constitucional del derecho a la tierra. Así, un derecho social fundamental en el viejo régimen fue en la práctica administrado políticamente, centralizado en el gobierno federal y ejecutado como una política pública administrativa y no como el ejercicio de un derecho social.

En lo que se refiere a los derechos laborales, el proceso fue similar. La Ley Federal del Trabajo mantiene en la esfera del poder ejecutivo todo el campo de la justicia laboral. En efecto, las juntas de conciliación y arbitraje –federal y locales–, el tribunal federal de conciliación y los locales, no fueron diseñados como parte del poder judicial, lo que abrió la puerta al ejercicio de la discrecionalidad del poder ejecutivo en la administración de otro derecho social fundamental, aplicado selectivamente a ciertos sectores de la clase obrera, fundamentalmente trabajadores del Estado y de las empresas paraestatales, así como a los obreros y empleados de la economía privada formal. La vasta mayoría de los trabajadores, ubicados fuera de estos mercados, carecieron siempre de acceso a la justicia laboral.

En el viejo régimen no solamente había una administración política de los derechos sociales, sino una denegación de los derechos políticos, pues durante décadas los derechos democráticos fueron suspendidos *de facto*, si bien nunca *de jure*. La suspensión *de facto* derivaba del hecho de que había un partido único y elecciones no competitivas, no obstante lo cual los procesos electorales se llevaban a cabo en tiempo y forma en medio de una gigantesca ficción democrática.

Por si esto fuese poco, los derechos civiles más elementales, las llamadas garantías constitucionales en el lenguaje de la Constitución de 1917, eran protegidos por un aparato de justicia que tenía deficiencias fundamentales de diseño y gigantescos vicios de operación. El déficit de diseño consistía en que las procuradurías de justicia, tanto la federal como las estatales, y sus respectivas Agencias del Ministerio Público, fueron y son instituciones dependientes del poder ejecutivo, quien en base a esta capacidad pudo y puede administrar políticamente la procuración de justicia. La dependencia política del procurador respecto al presidente, o a los gobernadores, ha sido la garantía de que las decisiones tomadas por los aparatos estatales encargados de la justicia estarían determinadas ultimadamente por las decisiones del ejecutivo. Pero además, el que se le haya otorgado a la figura del agente del ministerio público el monopolio de la acción penal, es decir la capacidad de decidir cuando un caso es o no digno de ser llevado a juicio, ratificó la discrecionalidad gubernamental y por consiguiente el uso potencial del acceso a la justicia para fines políticos y/o para la obtención de rentas privadas vía la corrupción sistémica del proceso penal (Alvarado, 2008).

El poder judicial, por su parte, fue construido de una forma precaria bajo una dependencia política completa respecto del poder ejecutivo, quien nombraba a sus miembros sin consideración alguna por trayectorias profesionales y en función de criterios de distribución política de puestos. Tardíamente en el proceso de construcción del Estado mexicano, el poder judicial empezó a conseguir alguna autonomía política a nivel federal con las reformas de 1994 y la refundación de la Suprema Corte de Justicia, sin que esto haya terminado de impactar a todo el actual poder judicial federal y sin que esta reforma se haya reflejado en los poderes judiciales estatales, en la gran mayoría de los cuales todavía la preponderancia o hegemonía del poder ejecutivo sobre el judicial se produce en los mismos términos del pasado. El poder judicial padeció históricamente la ausencia de una carrera judicial previsible (carencia de un verdadero servicio profesional de carrera), su trabajo se caracterizó por la más completa opacidad y se creó una práctica y una cultura dominada por la corrupción sistémica, la falta de profesionalismo y la ausencia radical de rendición de cuentas.

La cultura política

Con frecuencia se olvida que las leyes y las instituciones son los marcos dentro de los cuales tiene lugar la práctica social efectiva, pero que las prácticas de los actores concretos se guían también, y con frecuencia principalmente, por una serie de valores, códigos y reglas que no están estatuidos en el orden legal, sino en la trama cultural de la sociedad. Esta cultura política constituye una especie de malla referencial, un conjunto de conocimientos codificados derivados de tradiciones, experiencias, aprendizajes empíricos y valores entendidos que nos permiten reaccionar frente a los hechos de la vida diaria y traducir el lenguaje oficial en lenguaje ordinario, las órdenes explícitas en deseos implícitos, las reglas formales en conductas informales.

En un país que se caracterizó históricamente por el peso demográfico y cultural del mundo rural y que tuvo y sigue teniendo un creciente componente social de pobreza urbana, las relaciones que se han establecido y se establecen entre los gobernados y el gobierno, en los niveles estatal y federal, están determinadas por una cultura política peculiar. La mayoría de la población ha vivido históricamente fuera de la ley, es decir, sin que su vida cotidiana transcurra ordenada o remitida a un orden jurídico traducido en instituciones. En tiempos contemporáneos la relación más frecuente que tienen los ciudadanos con el Estado es a través del acceso a algunos servicios públicos, particularmente la educación básica, ocasionalmente y con enormes déficits los servicios de salud, y en tercer lugar, y de manera más eventual y en relación con los gobiernos municipales, la policía como sujeto de la seguridad pública. Fuera de estos ámbitos, la inserción en el mercado de los gobernados transcurre en un mundo de reglas informales, no por ello menos transcendentes o efectivas, pero no sujetas al mundo legalmente establecido.

Los contratos de compra- venta, los contratos laborales, el pago de impuestos, la obtención de permisos, la aplicación de regulaciones, es decir, las instituciones y reglas que constituyen el mundo del mercado legalmente regulado y de la intervención estatal en la economía, son básicamente inexistentes para la mayoría de los habitantes. Si las relaciones privadas entre los agentes económicos se sujetan más bien a pactos específicos, uno a uno, o grupo a grupo, esto querrá decir que el Estado no constituye una entidad regulatoria y tampoco tiene una trascendencia práctica en la vida cotidiana y en la reproducción material de las personas. Lo mismo aplica en otros órdenes de la vida pública, especialmente en el político. Históricamente los gobernados carecían del estatuto de ciudadanos, pues no tenían derechos políticos ni los demás derechos de ciudadanía. En el orden político los pactos tenían un carácter más bien específico, temporal, y obedecían a relaciones de fuerza y a acuerdos construidos en cada momento entre fuerzas hegemónicas locales y grupos, comunidades o individuos que no se relacionaban con el poder político como ciudadanos sino como gobernados, es decir, como objetos de la acción de gobierno o como sujetos que en todo caso se protegen de la acción del gobierno.

Es por ello pertinente rescatar a Pharta Chatterjee (Chatterjee, 2005), un antropólogo y politólogo hindú que nos ofrece una explicación desde el pensamiento postcolonial que es perfectamente aplicable a las condiciones históricas de México. Chatarjee sostiene que en países donde el Estado de derecho es tan precario, donde el acceso efectivo a los derechos de ciudadanía es más un accidente que una norma y donde la vida cotidiana de la gente transcurre en un contexto marcado por la ilegalidad o por la alegalidad, los vínculos entre gobierno y sujetos sociales están básicamente definidos por el par conceptual gobernantes-gobernados. Los gobernados constituyen una masa compuesta por diversos tipos de individuos, agrupaciones, comunidades, incluso movimientos que no se relacionan con el gobierno como una sociedad civil, es decir, como sujetos individuales o colectivos dotados de derechos que reclaman acceso a los mismos desde su autonomía individual o social y que como iguales tratan con el Estado o resisten las acciones del Estado. Por el contrario, los gobernados se presentan en el espacio público como una sociedad política, es decir, como sujetos que para conseguir algo ejercitan directamente algún tipo de acción o petición que exige mostrar un mínimo de poder político frente a quienes los gobiernan. Estos sujetos no son sociedad civil porque carecen de derechos y no pueden ni siquiera hablar en un lenguaje de derechos, pues no lo conocen ni existe para ellos como una referencia cultural o material en su vida cotidiana. Hablan con el Estado el lenguaje del poder: "nosotros aquí estamos, necesitamos la solución de nuestros conflictos y demandas, tú gobierno nos tienes que atender en función de que nos puedes necesitar políticamente".

En efecto, en México muchos de los problemas sociales se resuelven mediante el recurso a diversos tipos de acciones directamente políticas que justamente expresan esta perspectiva cultural. Tomar una calle, una carretera o una oficina pública no es un acto civil en el sentido moderno de la palabra, porque no se hace apelando a derechos, sino a la necesidad de resolver problemas específicos, no importa cuál sea el mecanismo de resolución. Esto significa que los gobernados exigen que los gobiernen, es decir, resienten y padecen la ausencia del Estado y reclaman que el Estado les resuelva un problema. No importan las vías que sean necesarias tomar para la resolución de ese problema, quieren atención específica y concreta a sus necesidades, no una solución universal y abstracta para todos.

Naturalmente, hay actores y movimientos que hablan un lenguaje de derechos, sobre todo aquellos que han tenido la influencia y el apoyo de ONG's, como grupos de derechos humanos, de desarrollo, de educación y/o salud, o bien una relación con las universidades públicas. Hay un lenguaje de derechos en movimientos sociales más recientes y de orden cultural, como el movimiento por los derechos de las mujeres, el lésbico-gay y en general el movimiento ecologista, todos ellos prototípicamente modernos y que apelan a la esfera pública. Si bien tienen que hacer en determinados momentos demostraciones de poder, lo hacen en la búsqueda de una interlocución con el gobierno que apela a políticas, leyes y reglamentos de orden general. Pero para la inmensa mayoría de la población, la regla es que para resolver un problema específico hay que actuar como una sociedad política, pues una protesta debe ser una señal de poder, de visibilidad y por ello el recurso tan masivo a la plaza pública, a las acciones colectivas, puesto que ese es el lenguaje en que se relacionan sociedad y gobierno en ausencia de un Estado de derecho operativo.

Junto con este lenguaje de la negociación política operan otros tipos de lenguajes del particularismo, anclados en el corporativismo y el clientelismo tradicionales. El corporativismo es un lenguaje de una sociedad política porque habla de un sector de la sociedad que está integrada políticamente en el Estado. En el pasado esta integración estaba mediada por un partido corporativo y autoritario, pero era el Estado el que en intercambio por la lealtad política otorgaba a ese grupo o sector una serie de "privilegios" particulares. El corporativismo es una relación especial, una relación marcada por la distinción, es decir, por el hecho de que el gobierno toma como sus "hijos predilectos", como dijera Arturo Warman, a aquellos sectores que de una manera organizada reconocen su inserción política en el partido oficial y por tanto dentro del sistema político.

Algunas de las prácticas que llamamos clientelismo, cuando se ejecutan de manera más bien descentralizada e individualizada, reflejan otro tipo de práctica de legitimación individual del político-gobernante frente a sujetos que carecen de la capacidad organizacional para plantear sus demandas de manera colectiva. Puede darse una relación de cercanía que ratifica la voluntad asistencial y paternal del Estado con la población, que legitima en cada momento el simbolismo del Estado como una especie de fuerza protectora de la sociedad. Se trata de una forma preciudadana de vínculo, pues el Estado no otorga los bienes por la vía de un derecho sino como una graciosa concesión que ratifica de un lado su voluntad asistencial y de otro legitima la dependencia política de los individuos.

Este tipo de vínculos deconstruyen la ciudadanía, porque borran del escenario simbólico y práctico de la interacción cualquier noción de derechos, de autonomía individual o colectiva, de exigencia de universalización; por el contrario, este tipo de relación subraya el particularismo, la ausencia de derechos, el pacto específico y la desigualdad de fuerzas. Al mismo tiempo, este modelo de relación implica un reconocimiento del Estado hacia los gobernados, pero entendido como un pacto privado.

Es en este contexto que tenemos que entender el fenómeno de la ciudadanía en nuestro país. La ciudadanía es frágil por la precariedad misma del Estado de derecho en todos los ámbitos y porque culturalmente, con anclaje en las prácticas sociales y políticas dominantes, se ha establecido una tradición de relación entre gobernantes y gobernados que no requiere de la intermediación de los derechos de ciudadanía para operar. Necesita en cambio de la generalización de una cultura, de unas reglas, de unas prácticas que ratifican a cada paso una relación entre gobernantes y gobernados basada no en derechos universales, sino en el acceso particularista al Estado, en la atención concreta y específica a las demandas, sea desde fuera del sistema político, mediante negociaciones *ad hoc* que implican una demostración de fuerza, sea dentro del sistema político por la vía del corporativismo de las relaciones privilegiadas y especiales entre el Estado y ciertos grupos organizados, sea finalmente por la vía del asistencialismo y el clientelismo que en su práctica y en su implementación subraya la desigualdad de la relación entre gobernados y gobernantes y la dependencia de aquéllos respecto de éstos.

Al propio régimen político no le conviene modificar este orden de cosas, pues le garantiza una dominación extendida en el tiempo y en el espacio, que evita los riesgos inmanentes a un orden democrático basado en la exigibilidad jurídica. En este orden, la división de poderes no garantiza un modelo de gobernabilidad democrática, sino que es una cadena más de un sistema que en su mayor parte opera fuera de las reglas instituidas jurídicamente[2].

El problema de este orden político es que profundiza la exclusión de los que carecen de poder, es decir, los más débiles, los más pobres, los menos organizados, que son los que sufren las consecuencias del olvido y del abandono estatal. Un régimen político de esta naturaleza atiende a quienes tienen poder, sea porque están adentro del sistema o sea porque, desde afuera, demuestran tenerlo mediante la movilización y la lucha. Pero aquellos que no tienen fuerza para hacer escuchar su voz, que son tan pobres que carecen de los recursos materiales y organizacionales para hacerse escuchar, serán entonces simplemente ignorados, permanecerán al margen de la vida pública, pues ni siquiera alcanzan la estatura de gobernados, pertenecen a un mundo en donde el Estado casi no existe, donde su vínculo con el Estado, si es que hay alguno, será casual y desde una posición de carencia de poder.

Déficit de estatalidad

Los problemas propios del régimen autoritario en materia de derechos de ciudadanía no han sido resueltos en el proceso de transición, y es relevante señalar que los déficits de estatalidad, es decir, de institucionalidad estatal que acarreó este modelo autoritario y centralizado, no han sido diagnosticados de una manera adecuada. El Estado autoritario solo podía mantener su capacidad de control político y de centralización de las decisiones en el poder ejecutivo mediante la construcción de una institucionalidad fáctica que negaba a la institucionalidad formal. Los poderes del presidente eran metaconstitucionales, pues no estaban establecidos en la Constitución, sino que

---

[2] Una explicación de este problema desde la óptica de la rendición de cuentas, en Olvera, (2009).

dependían de los usos y costumbres establecidos por el sistema y de su columna vertebral, el partido único. Como consecuencia, las instituciones estatales tenían que ser débiles, permeables, dúctiles, precisamente para estar siempre listas a obedecer las órdenes superiores, sin consideración de las reglas y de las leyes formalmente existentes. La flexibilidad del Estado sólo podía producirse por medio de una deliberada debilidad institucional, organizacional y operativa de las diversas agencias de Estado. Un Estado moderno, con una burocracia profesional dotada de un *ethos* de la responsabilidad, es antitético a la práctica de un Estado autoritario centralizado que opera cotidianamente bajo la base de la simulación de la ley. Esta debilidad intrínseca del Estado mexicano, derivada de la naturaleza autoritaria del Estado, no ha sido superada en el nuevo periodo democrático y las reglas fundamentales del sistema siguen siendo las mismas.

Dos obstáculos formidables a la eficacia del Estado pueden ser distinguidos. Uno es el recientemente estudiado poder de los "poderes fácticos", es decir, de los monopolios privados que controlan sectores estratégicos del mercado (telefonía fija y celular, señal de televisión abierta y por cable, etc.) y de los sindicatos casi mafiosos que controlan áreas estratégicas de la acción estatal. Nos referimos a los sindicatos magisteriales y del área de salud, pero también al sindicato de trabajadores petroleros, los cuales dominan la operación cotidiana de áreas fundamentales del servicio público y a una empresa estratégica para la nación, imponiendo sus reglas e intereses privados por encima de los intereses de los ciudadanos. El efecto neto del control sindical es la improductividad, la corrupción moral y material, la baja calidad del servicio y su alto costo, al igual que la monopolización privada conduce a altos precios y mala calidad de los servicios (Castañeda y Rodríguez, 2009).

En el campo de los poderes fácticos deben situarse también los remanentes del caciquismo rural, los intermediarios políticos locales del campo y la ciudad y los aparatos burocráticos de los partidos políticos, que han convertido a esas instituciones en mecanismos de distribución de cargos y de rentas en todos los niveles del gobierno.

Otro factor de distorsión de los derechos de la ciudadanía es la persistencia de prácticas de clientelismo en el ejercicio de muchas políticas públicas en el campo social. El clientelismo asistencialista que hoy día permea las relaciones entre los gobiernos municipales, estatales y federal con la población pobre (mayoritaria) del país es un lastre político y cultural que impide la consolidación de una cultura ciudadana.

Pero junto a estas consideraciones es relevante dejar en claro en este capítulo que el diseño institucional del Estado mexicano garantiza su baja eficiencia y facilita su colonización por intereses privados. Mientras estas estructuras no sean renovadas, vía una verdadera reforma del Estado y/o un proceso constituyente, será casi imposible construir un Estado social de derecho y, junto con él, una ciudadanía activa y dotada de poder.

El eje fundamental de un Estado democrático es el "equilibrio de poderes", principio constitucional que indica que el poder ejecutivo (dotado de legitimidad electoral) debe ser vigilado por el legislativo (también elegido) y ambos por el poder judicial, en cuya integración por designación participan los otros dos poderes. Hace apenas unos años que este orden constitucional ha empezado a ser operativo gracias a la relativa autonomización, en el plano federal, de los poderes legislativo y judicial. Pero a pesar de ello, el sistema de equilibrio de poderes, que es el fundamento de la rendición de cuentas, sigue siendo incapaz de controlar la colonización del Estado por intereses privados.

Para entender los límites de las capacidades de control del poder legislativo sobre el ejecutivo tenemos que analizar los problemas intrínsecos de la constitución y funcionamiento del Congreso. El poder legislativo mexicano continúa reproduciendo una de los peores rasgos del antiguo régimen: se trata de una institución no profesional y carente de mecanismos de rendición de cuentas a los ciudadanos. El corto período del mandato de los diputados (tres años) conduce a que los representantes formales de la ciudadanía atraviesen por un permanente proceso de formación, de manera tal que cuando los diputados de una legislatura han aprendido al fin los secretos de su labor, tienen que desplazarse a otros estadios de su carrera política[3]. Este problema se ve agravado por el hecho de que no existe un verdadero servicio civil de carrera para los empleados de los congresos, por lo que tampoco se dispone de

---

[3] En el congreso del estado de México, por ejemplo, en el mes de abril de 2009 47 de los 75 diputados locales dejaron su curul para lanzarse como candidatos a diversos cargos: diputados federales, ediles y alcaldes. En cada estado, cerca de dos tercios de los diputados locales pierden la mitad de su corto período de ejercicio en campañas políticas para otros cargos de elección popular, para acceder a las cuales usan su paso por los congresos locales.

un cuerpo de asesoría especializado que proporcione constancia y acumulación de aprendizaje a las instituciones legislativas.

Al no haber reelección, los legisladores no son responsables políticamente frente a sus electores, sino ante sus líderes partidarios. No hay rendición de cuentas del poder legislativo a los electores, puesto que éstos no pueden sancionar con su voto en una próxima elección a sus representantes. El futuro político de un legislador no depende de sus electores, sino de los líderes de su partido. Se rompe así uno de los principios fundamentales de la representación política: la rendición de cuentas. En efecto, la elección de un representante por la ciudadanía involucra no solamente la autorización política para decidir en su nombre, sino la responsabilidad de rendir cuentas sobre sus actos[4]. En la democracia, la forma última de rendir cuentas consiste en someterse al juicio de los votantes, lo cual en México es imposible por la prohibición de la reelección. La debilidad política estructural del poder legislativo minimiza sus capacidades de control sobre el ejecutivo, su legitimidad se ve cuestionada por su propia opacidad y su forma de elección constituye una violación del principio de rendición de cuentas vertical de los ciudadanos sobre sus representantes.

El sistema de acceso a la justicia ofrece otros problemas. Para empezar, carece de mecanismos operativos de control. Las procuradurías de justicia son parte del poder ejecutivo y sus titulares dependen políticamente del presidente o del gobernador respectivo. En nuestro país no es necesario abundar sobre los excesos y falta de control sobre las policías. Debe recordarse que no hay mecanismos de transparencia ni de rendición de cuentas sobre el funcionamiento del ministerio público, cuya ineficacia y altos niveles de corrupción son legendarios (Zepeda Lecouna, 2004).

El poder judicial federal goza de autonomía a partir de la reforma de 1994, pero su órgano de control interno, el Consejo de la Judicatura, ha mostrado ser imperfecto. En este Consejo, tanto en el federal como en los de los estados, participan representantes de los otros poderes, evitándose así que los ministros de la Suprema Corte o, en los estados, los magistrados de los Tribunales Superiores de Justicia, concentren todo el poder de decisión en su campo. Sin embargo, los consejos funcionan con poca transparencia y no

---

[4] La mejor explicación de este proceso está en una obra clásica: de Hanna Pitikin, The Concept of Representation (1967).

siempre publicitan los criterios de designación y evaluación del desempeño de los jueces[5]. La modesta reforma judicial pactada en 2008 en el congreso, que consiste ante sobre todo en una transición progresiva a la celebración de juicios orales en los distintos ámbitos contenciosos, está apenas en proceso de implementarse.

La Suprema Corte de Justicia ha jugado en México un papel central en términos de rendición de cuentas horizontal en el largo proceso de transición a la democracia, ya que en su papel de tribunal constitucional resuelve los conflictos de interpretación de la constitucionalidad de las leyes aprobadas por el legislativo y dictamina en los conflictos entre los poderes legislativo y ejecutivo, así como entre los distintos niveles del poder ejecutivo. Tan grande es la carga de esta labor central en el momento actual de nuestra inacabada transición a la democracia, que el máximo tribunal ha tenido poca oportunidad de intervenir en asuntos que competen a la garantía de los derechos de ciudadanía de los mexicanos[6]. El abuso del amparo fiscal ha conducido a la Corte a dedicar mucho tiempo y energía a resolver pleitos de actores económicos contra el gobierno (amparos fiscales). Es muy importante que, en su papel como agente de la rendición de cuentas horizontal, la Corte dedique en el futuro mayor atención a la consolidación y defensa de los derechos de ciudadanía, cuya debilidad refleja fallas del poder ejecutivo que afectan principalmente a los más pobres (González Compeán y Bauer, 2002).

Otro mecanismo de rendición de cuentas horizontal para el sistema de acceso a la justicia son las *Comisiones de Derechos Humanos*, la nacional y las de los estados. Se trata de instituciones dotadas, de acuerdo a la ley, de autonomía política y operativa plena. Sin embargo, como lo demuestran los diversos estudios realizados sobre estas instituciones[7], enfrentan diversos

---

[5] Una muestra en términos de justicia sobre la ineficiencia del poder judicial local: de acuerdo con los estudios desarrollados en el CIDE, más del 40% de la población encarcelada en el DF y en el Estado de México permanece encerrada por delitos de robo por montos menores a cinco mil pesos, y sus procesos han durado en promedio 4 años. Las cárceles están llenas de pobres, mientras la tasa de impunidad ronda el 98%.(Magaloni, 2008).

[6] La excepción en este terreno son los derechos políticos, pues otra instancia judicial, el Tribunal Electoral de la Federación, ejerce una función de control decisiva, en este caso sobre la elaboración de leyes electorales federales y estatales, y sobre las decisiones de los órganos electorales respectivos, además de realizar también acciones de tutela de los derechos de los militantes de los partidos políticos.

[7] Véase, entre otros, Ackerman, (2007); Monsiváis, (2010); Zavaleta (2010); Regalado y Moloeznick (2010); Olvera (2010); Ríos (2008).

problemas de orden político y administrativo que limitan su eficacia política y operativa. Desde el punto de vista del desarrollo institucional, las capacidades de las comisiones de derechos humanos son poco significativas para la ciudadanía, ya que solamente pueden emitir recomendaciones que no tienen obligatoriedad de ser cumplidas por las agencias a quienes las dirige. Su función es ante todo la de un control de orden moral, en tanto instancias no jurisdiccionales. Por si esto fuera poco, los gobiernos federal y estatales han maniobrado en muchos casos para que los congresos nombren como presidentes de las comisiones a personajes poco autónomos y comprometidos, en un intento exitoso de evitar que estas instituciones asuman un perfil crítico y orientado a la colaboración con la sociedad civil.

Otra institución orientada a proteger derechos, creada en 2003, y que constituye el único avance normativo real de la transición a la democracia, es el Instituto Federal de Acceso a la Información Pública Gubernamental. La institución, con un diseño poco atrevido, pues se trata sólo de un órgano desconcentrado y no de una institución autónoma, debería garantizar el nuevo derecho constitucional a la información. Innovaciones legales e institucionales semejantes se impulsaron ya, aun antes de la ley federal, en todos los estados de la república. Después de un inicio auspicioso, tanto el gobierno federal como los de los estados han intentado acotar las capacidades institucionales de estos institutos y limitar su ya de por sí escasa autonomía[8].

Mención indispensable es la de los institutos electorales estatales, el Instituto Federal Electoral y los tribunales electorales estatales y federal, instituciones centrales de la transición (inacabada) a la democracia, los cuales padecen también los estragos de la rutinización y de la manipulación política por parte de los partidos. La experiencia ha demostrado fehacientemente que los institutos electorales estatales no han sido capaces de aplicar cabalmente la ley, ya que carecen de los recursos institucionales y jurídicos necesarios, además de que, en forma perversa, los partidos han logrado controlarlos a través del nombramiento de sus consejeros.

Pero el punto más crítico del sistema es la casi absoluta disfuncionalidad del control interno dentro del poder ejecutivo. Resalta, en primer lugar, la falta de autonomía de las instancias gubernamentales que deberían vigilar,

---

[8] Un estudio comparado de las legislaciones estatales en esta materia, y de la suerte de algunos institutos de acceso a la información en los estados, está disponible en Olvera, (2010).

tanto desde el punto de vista fiscal como laboral, a los servidores públicos. La Secretaría de la Función Pública a nivel federal y las Contralorías Generales de los gobiernos de los estados son oficinas dependientes de los titulares del ejecutivo, que son precisamente a quienes deben de supervisar. Lo mismo puede decirse de las procuradurías de justicia, que se hacen cargo del control laboral. Otra limitante fundamental es la virtual inexistencia del servicio profesional de carrera en toda la administración pública. La incertidumbre laboral de los cuadros técnicos y de los mandos medios limita el espíritu de cuerpo y debilita la cultura de la responsabilidad.

En materia de contabilidad pública, cada entidad federativa tiene su propio catálogo de cuentas, lo cual torna imposible un análisis serio de presupuestos y una evaluación comparada de resultados. Para atacar esta fuente de opacidad, muy tardíamente dentro del proceso de transición, el Congreso aprobó, en marzo de 2008, una nueva *Ley de Contabilidad Gubernamental*, que debería de establecer un verdadero sistema de cuentas nacionales. No obstante, en los transitorios de la ley se otorga un generoso plazo que se cierra a fines del 2012 para establecer la homogeneización de las cuentas gubernamentales, un período inexplicablemente largo para un proceso técnico que podría ser de fácil solución (Merino, Ayllón y Cejudo, 2010). Este vacío jurídico imposibilita la comparación del ejercicio del gasto entre entidades y la evaluación crítica de la calidad de los programas y proyectos desarrollados por el sector público estatal y municipal. Fomenta, además, la corrupción en la medida en que hace imposible dar un seguimiento adecuado a los fondos transferidos por el gobierno federal a las entidades y a los municipios.

El problema de corrupción más agudo se presenta en el ámbito municipal, el más cercano a los ciudadanos, donde el corto período de gobierno y la imposibilidad de la reelección incentiva las conductas predatorias de los funcionarios en turno, que carecen de control en la medida que los órganos internos municipales son debilísimos y que el control desde el gobierno de los estados y desde el poder legislativo local queda sujeto a los intereses de los partidos políticos y a la voluntad política de los gobernadores. Visto el problema municipal desde el ángulo de la rendición de cuentas vertical, es obvio que la no reelección impide la sanción electoral de los ciudadanos sobre sus alcaldes. Estos saben que no van a una nueva elección, de manera que carecen de incentivos para desempeñar su cargo de manera satisfactoria para la ciudadanía.

Todo lo anterior determina una bajísima calidad de desempeño del gobierno mexicano en sus tres niveles, problema que se ha acentuado en el proceso de transición, pues se ha acompañado de un desordenado proceso de descentralización. En cada una de las 32 entidades federativas de México se observa desde 1997 un proceso de empoderamiento de los gobernadores, consecuencia directa de cinco factores que operan simultáneamente: la descentralización de ciertos campos de las políticas públicas, ante todo la educación y la salud, pero también las grandes obras de infraestructura, lo cual ha implicado la transferencia de proporciones crecientes del presupuesto público desde el gobierno federal a los estatales; la continuidad del control de los poderes legislativo y judicial locales por los gobernadores, a pesar de la alternancia de partidos en el poder y de la mayor pluralidad política; el debilitamiento del poder presidencial, que antes permitía castigar a gobernadores que se salieran de los límites de lo políticamente tolerable; el control por parte de los gobernadores de las bancadas de sus estados en el Parlamento nacional; y la debilidad de los medios de comunicación y de los actores de la sociedad civil locales frente al poder del ejecutivo local. Este conjunto de factores explica la nueva correlación de fuerzas entre el presidente de la república y los gobernadores, así como el espacio que éstos han ganado para poner en práctica una política discrecional y autoritaria en sus estados.

En este recuento una rápida mención a los déficits de la mediación política en la transición es necesaria. La democratización de la vida pública puede entenderse también como una densificación de los encuentros entre la sociedad y el Estado, y por lo tanto, los actores democráticos deberían haber impulsado el despliegue de instancias de contacto, conocidas normalmente como espacios de participación ciudadana, que son el medio de ejercicio de una rendición de cuentas social. Pero en México nos enfrentamos al hecho de que ningún partido político se ha comprometido con esta causa, más allá de declaraciones programáticas generales, mientras que, por otro lado, se experimenta una gran debilidad estructural de la sociedad civil, muy pequeña en relación con el tamaño y complejidad del país (Olvera, 2003).

En materia de participación ciudadana, tanto la izquierda como la derecha han puesto en práctica experimentos participativos, con diferencias notables en su espíritu, aunque no necesariamente en su ejercicio. En el campo de la derecha, la participación, aparte de ser políticamente selectiva, pues se dirige a los sectores de elite de la sociedad civil, apunta básicamente a la eficacia y a la eficiencia gubernamental y no a la democratización del ejercicio del poder público. Se trata de una lectura tecnocrática de la participación muy afín al discurso del Banco Mundial. En el caso de la izquierda, en sus experimentos hay un esfuerzo de apertura del gobierno no sólo en la búsqueda de la eficacia, sino de incorporación ciudadana al ejercicio mismo del gobierno. No obstante, los resultados pueden no ser tan diferentes en un lugar y en otro, puesto que en todos los casos los promotores se han topado con la realidad de que los ciudadanos están poco organizados y que los propios funcionarios carecen de la tradición y de las herramientas de canalización de esta participación ciudadana de una manera constructiva. Además, la voluntad política de las autoridades casi nunca tiene continuidad entre un gobierno y otro (Olvera, 2008).

Consideraciones finales

En síntesis, en México el régimen autoritario se fundó, para ejercer su dominación, en la suspensión *de facto* de la mayoría de los derechos humanos. En la transición, continúa la fragmentación y parcialización de los derechos de ciudadanía. La única adquisición de los mexicanos en el prolongado y penoso proceso de transición ha sido la ciudadanía política, la cual se ejerce episódicamente, cada tres años, dependiendo de los absurdos calendarios electorales. Las ciudadanías civil y social siguen siendo sumamente precarias, debido fundamentalmente a los déficits institucionales y operativos del Estado mexicano y al atraso legal e institucional de nuestra democracia.

Hemos apuntado algunos de los vacíos legales y políticos de la democracia mexicana: los mecanismos de rendición de cuentas horizontal no funcionan adecuadamente debido a su mal diseño institucional y a la permisividad que se ha otorgado a sí misma la propia clase política; los mecanismos de rendición de cuentas vertical, es decir, los electorales, tampoco funcionan debido a la prohibición de la reelección y a los defectos del sistema electoral mismo; no hay mecanismos de participación ciudadana relevante en los asuntos públicos. Nuestra democracia, en suma, requiere una reforma radical.

Hoy día las orientaciones de diversos movimientos civiles y el espíritu de algunas de las nuevas instituciones apuntan al ideal normativo del control social del Estado vía la lucha por los derechos. Pero sólo ahí donde se ha logrado una institucionalización con participación ciudadana en los ámbitos de decisión es posible hablar de un control social efectivo (o al menos su posibilidad), al ofrecer a los representantes simbólicos de los ciudadanos un espacio de poder con un cierto grado de autonomía en instituciones con capacidades decisorias en distintos campos de la política pública. Esta aspiración debe generalizarse y concretarse gradualmente en tantas áreas como sea posible. Sólo así estaremos avanzando en la democratización de la vida pública y construyendo un sistema de rendición de cuentas que fortalezca los derechos de ciudadanía.

Bibliografía

AGUIAR, CÉSAR (2000): "La Historia y la historia: Opinión Pública y opinión pública en el Uruguay", *Revista Prisma* N° 15, Universidad Católica del Uruguay, Montevideo.

AROCENA, RODRIGO y CAETANO, GERARDO (2011): "Sobre los futuribles del Uruguay internacional, hoy y ayer los desafíos de una mirada prospectiva", en *La aventura uruguaya. El país y el mundo.* (Rodrigo Arocena y Gerardo Caetano, coord.), Ed. Sudamericana, Montevideo.

———— (coord.) (2011): *La aventura uruguaya. Tomo II ¿Naides más que naides?* Montevideo, Random House Mondadori- Debate, 2011, 400 pp.

ACKERMAN, JOHN (2007): "*Organismos Autónomos y Democracia. El caso de México*", UNAM-Siglo XXI: México en Olvera, Alberto J., (editor) (2010): *La democratización frustrada*, México: CIESAS-Universidad Veracruzana.

ALVARADO, ARTURO (coord.) (2008): *La Reforma de la Justicia en México*, México: El Colegio de México.

BRENA RÍOS, LENA (2008): "*Los órganos públicos de derechos humanos en las entidades federativas de México: un análisis de su desarrollo institucional*", Tesis de Maestría en Sociología Política. Instituto de Investigaciones Dr. José María Luís Mora.

CASTAÑEDA, JORGE G. y MANUEL RODRÍGUEZ W. (2009): *¿Y México por qué no?*, México: FCE.

CHATTARJEE, PARTHA (2005): *La Nación en un tiempo heterogéneo y otros ensayos*, Buenos Aires: Siglo XXI.

DAGNINO, EVELINA, ALBERTO J. OLVERA y ALDO PANFICHI (eds.) (2006): *La disputa por la construcción democrática en América Latina*, México:FCE.

GONZÁLEZ COMPEÁN, MIGUEL y PETER BAUER (2002) : *Jurisdicción y Democracia: los nuevos rumbos del poder judicial en México*, México: Ediciones Cal y Arena.

IAZZETTA, OSVALDO (2007): *Democracias en busca de Estado. Ensayos sobre América Latina*, Rosario: Homo Sapiens.

MAGALONI, ANA LAURA (2008): "Justicia penal y democracia", en Reforma,mp. 15, 5/07/08.

MARSHALL, T. H. (1950): *Citizenship and social class and other essays*, Cambridge: Cambridge University Press.

MERINO MAURICIO, SERGIO LÓPEZ AYLLÓN y GUILLERMO CEJUDO (eds.) (2010): *La estructura de la rendición de cuentas en México*, México: IIJ-UNAM-CIDE.

MONSIVÁIS, ALEJANDRO (2010): "La Comisión de Derechos Humanos del Distrito Federal (2001-2008): Desarrollo institucional y Desempeño Político"; en Olvera, Alberto J., (editor) (2010): *La democratización frustrada*, México: CIESAS-Universidad Veracruzana.

REGALADO, JORGE y MOLOEZNICK, MARCOS PABLO (2010): "Derechos humanos y Alternancia Política (1993-2006): El Caso de la Comisión Estatal de Derechos Humanos de Jalisco" en Olvera, Alberto J., (editor) 2010: *La democratización frustrada*, México: CIESAS-Universidad Veracruzana.

ROBERTS, BRYAN (1995): *The making of citizens*, London: Arnold.

OFICINA DEL ALTO COMISIONADO DE LAS NACIONES UNIDAS PARA LOS DERECHOS HUMANOS (OACNUDH) (2001): *Diagnóstico sobre la situación de los derechos humanos en México*, México:OACNUDH.

OLVERA, ALBERTO J., (editor) 2010: *La democratización frustrada*, México: CIESAS-Universidad Veracruzana.

——— (ed.), 2003: *Sociedad civil, esfera pública y democratización: México*. México: FCE-Universidad Veracruzana.

——— (2008): "Las relaciones entre democratización y participación en México: apuntes para su historia", en: *Controversia*, tercera etapa, N° 191, Bogotá, diciembre.

——— (2007): *Ciudadanía y Democracia*, Cuadernos de Divulgación de la Cultura Democrática 27, México, IFE. Disponible en:www.ife.org.mx/docs/IFEV2/DECEYEC/EducacionCivica/CuadernosDivulgacion/CuadernosDivulgacion-pdfs/CUAD27.pdf

——— (2009): *La Rendición de Cuentas en México: Diseño Institucional y Participación Ciudadana*, México: SEFUPU.Disponible en www.programaanticorrupcion.gob.mx/cuadernos_rc/Cuaderno_de_Rendici%

——— (2011): "The elusive democracy", en: *Latin American Research Review*, Special Issue (Living in Actually Existing Democracies), Montreal, Spring 2011

Pitkin, Hanna (1967): *The concept of representation*, Berkeley: University of California Press.

PNUD (2004): *Informe sobre la Democracia en América Latina*, Buenos Aires:PNUD.

TURNER, BRYAN (1986): *Citizenship and Capitalism*, London, Allen and Unwin.

ZAVALETA, ALFREDO (2010) "Los Derechos Humanos en Veracruz"; en Olvera, Alberto J., (editor) 2010: *La democratización frustrada*, México: CIESAS-Universidad Veracruzana.

ZEPEDA LECUONA, GUILLERMO (2004): *Crimen sin castigo. Procuración de justicia penal y ministerio público en México*, México: FCE-CIDAC.

El triunfo de Ollanta Humala en el Perú y las formas emergentes de representación política

Aldo Panfichi[1]

Este trabajo analiza el triunfo de Ollanta Humala en las elecciones presidenciales y parlamentarias peruanas de 2011 y las formas de representación política que se hacen visibles en este proceso y durante sus primeros meses de gobierno. En una democracia sin partidos ni formas institucionales que canalicen las demandas básicas de los ciudadanos, son otros los espacios o las plataformas en donde se procesan las demandas y se construyen liderazgos, algunos de los cuales devienen en formas de representación política.

En efecto, entre las nuevas autoridades políticas se destacan empresarios y emprendedores regionales, propietarios de universidades, medios de comunicación (radios y televisoras locales), y medianas empresas. Un sector social que hasta hace poco no parecía interesado en participar en la política. Otros son expresión de lo que denomino la *representación contenciosa* que surge de la conflictividad social, de los movimientos y frentes de defensa, o de la oposición beligerante de radios o medios de comunicación locales. Es una representación que apela al veto o exigencias de negociación al gobierno central a través del estallido y acciones directas. Una variante en este esquema es la representación por espejo, donde la semejanza sociocultural entre el representante y el representado permite que mujeres indígenas con experiencia gremial campesina lleguen al Congreso de la República.

La mayor parte de ellos, sin embargo, tienen en común ser liderazgos personalistas y sin programa, donde el peso del individuo es mayor que el del colectivo o movimiento, de allí que a lo largo de su trayectoria varios de

---

[1] Aldo Panfichi es profesor principal y jefe del Departamento de Ciencias Sociales de la Pontificia Universidad Católica del Perú. Tiene un doctorado en Sociología por The New School for Social Research en Estados Unidos.

estos representantes hayan transitado por varios partidos o movimientos entre una elección y otra. Otros, por su capacidad de arrastre electoral en sus jurisdicciones, son "invitados" a integrarse a la lista de candidatos al Congreso por las alianzas electorales que se forman alrededor de los caudillos para competir con la presidencia. No son novatos sin embargo. Muchos cuentan con experiencia política previa o en cargos públicos de nivel local o regional, aunque con el auge de la antipolítica de los años noventa se separaron de sus partidos originarios para convertirse en independientes. Al no existir partidos realmente funcionando, la actividad política a todo nivel se basa en el personalismo

Este "sistema" de representación, si bien puede imaginarse como una apertura a la participación política de los ciudadanos, muestra también sus limitaciones en la baja calidad de la gestión política, en el transfuguismo y los escándalos de corrupción recurrentes. A sólo seis meses de iniciado el gobierno de Ollanta Humala ya existen doce congresistas investigados por el Ministerio Público, por delitos civiles y penales. Incluso el propio segundo vicepresidente de la república, Omar Chehade, ha sido suspendido por el Congreso y se encuentra acusado de tráfico de influencias.

La poca capacidad de los partidos nacionales de elegir, formar y controlar a los candidatos que presentan en sus listas se hace evidente con cada denuncia y escándalo. Los conflictos sociales y las crisis que generan desnudan además la debilidad de la representación que cada día es más heterogénea. En esta dinámica la desconfianza ciudadana a los partidos y los políticos se mantiene muy alta sin que los procesos electorales ayuden a relegitimar la democracia. La fragilidad de la representación política personalista se mantiene como un rasgo más estructural o permanente, afectando la gobernabilidad del sistema democrático.

1. La victoria electoral de Ollanta Humala

El pasado 5 de junio del año 2011, Ollanta Humala, un militar retirado y candidato de la alianza nacionalista "Gana Perú", resultó electo Presidente derrotando por estrecho margen a Keiko Fujimori de "Fuerza 2011", hija del ex presidente Alberto Fujimori, con el 51,5 por ciento del total de votos válidos. La disputa electoral que dio lugar a este resultado se desarrolló en un escenario polarizado, enrarecido incluso con referencias raciales, e incierto para muchos electores.

Este escenario en parte fue resultado de la dispersión del voto de centro con las candidaturas de Alejandro Toledo "Perú Posible", Pedro Pablo Kuczynski "Alianza por el Gran Cambio", y Luis Castañeda "Solidaridad", que sumadas habrían dejado fuera de carrera a uno de los dos finalistas. La dispersión permitió que las dos candidaturas con mayor resistencia, la de Keiko Fujimori y la de Ollanta Humala pasaran a la segunda vuelta con el 23,6 por ciento y 31,7 por ciento de los votos respectivamente. Ambas candidaturas de signo opuesto expresaron inicialmente el voto de los descontentos tanto de izquierda como de derecha, pero la exigencia de sumar votos las convirtieron en expresión de múltiples alianzas con movimientos y líderes locales de distinta índole. Humala obtuvo la victoria en los últimos días cuando, frente a la posibilidad de la restitución del gobierno de Fujimori, la sociedad civil y sectores liberales influyentes en la opinión pública le expresan su apoyo.

La estrategia de Humala en 2011 partió de una lectura acertada de lo ocurrido en las elecciones presidenciales de 2006 pero también del hecho que él no cuenta con un partido político. En 2006 su candidatura irrumpió con fuerza y casi gana la presidencia, pero cuatro meses después fue derrotado estrepitosamente en las elecciones regionales y municipales. En un artículo previo señalamos que el ascenso y caída del nacionalismo el 2006 se explica porque en una sociedad con alta fragmentación política, la candidatura de Ollanta logró cohesionar transitoriamente a un sinnúmero de grupos, redes y movimientos de numerosas sociedades locales. Sin embargo, una vez que la posibilidad de éxito en las presidenciales se diluyó, la identificación se quebró y los cálculos personales y de grupo se impusieron en las elecciones regionales (Panfichi, 2007).

Extrayendo las lecciones de esta experiencia pero también reconociendo que el nacionalismo no es un partido con presencia en todo el país, "Gana Perú" decidió no presentar candidatos propios a las elecciones regionales y provinciales de 2010, que en esta oportunidad se desarrollaron primero que las presidenciales. La decisión de no presentarse tenía ventajas. De un lado se evita competir con movimientos locales y verse expuestos a patrocinar candidatos perdedores preservando la imagen de nacionalismo para la elección presidencial del año siguiente. Pero de otro lado se buscó identificar líderes y movimientos locales con apelación electoral en sus respectivas jurisdicciones. No está demás indicar que la proliferación de movimientos y partidos locales se ve facilitada por la Ley de Partidos Políticos Nº 28.094 de octubre del 2003, que establece pocos requisitos para la creación y el reconocimiento legal de organizaciones políticas regionales y locales[2].

Una vez identificados estos actores, el nacionalismo desarrolló una estrategia de construcción de alianzas electorales que le permitiera canalizar los votos locales y regionales de estos actores hacia las candidaturas presidenciales a cambio de lugares o puestos en las listas de candidatos al Parlamento. La ausencia de organización partidaria propia en las provincias y regiones fue reemplazada por la selección o invitación de candidatos por el entorno cercano de Ollanta Humala. Este no fue un proceso fácil, la experiencia previa con los tránsfugas del Congreso elegido en 2006 que negociaban y se pasaban sin rubor de uno a otro grupo parlamentario, y las ambiciones desmedidas de líderes que no ven más allá de su localidad, convirtió esto en una tarea laboriosa.

Finalmente se logró constituir "Gana Perú" como una red de alianzas políticas. En algunos casos el núcleo de Humala, denominado partido nacionalista, firmó acuerdos programáticos, especialmente con los movimientos o partidos con una orientación ideológica fuerte, pero muchos fueron acuerdos pragmáticos con personalidades y movimientos personalistas o incluso familiares. El caso del fujimorismo es una variante de este esquema. La Alianza Electoral "Fuerza 2011" tiene en la familia Fujimori el núcleo central alrededor del cual se agrupan diversas vertientes del fujimorismo. Esta vez los invitados a las listas son empresarios emergentes, miembros activos de las cámaras de comercio, o ex funcionarios de los gobiernos de Alberto Fujimori (1990-2000). Al respecto Melissa Navarro plantea la hipótesis que organizaciones personalistas como el fujimorismo pueden institucionalizarse, al traspasar la "herencia carismática" del padre a la hija y producir un discurso cohesionador frente a la venganza y persecución por parte de sus adversarios (Navarro, 2011).

---

[2] Los requerimientos del número de firmas de apoyo y del número de comités partidarios necesarios para registrar legalmente son menores para los movimientos regionales que para los partidos políticos. Además los movimientos u organizaciones regionales y locales no son obligados a cumplir los requerimientos de democracia interna o transparencia de sus fondos. Finalmente, los movimientos regionales no pierden su inscripción como sí sucede con los partidos cuando estos no tienen más del 5 por ciento de los votos válidos.

A la luz de los resultados electorales esta política de alianzas funcionó pero también ha evidenciado vulnerabilidades. "Gana Perú" logró 47 escaños en el Congreso sobre un total de 130, es decir el 24,7 por ciento. Lo siguen "Fuerza 2011" de Keiko Fujimori con 37 escaños, "Perú Posible" de Alejandro Toledo con 21, y "Alianza por el Gran Cambio" de Pablo Kuczynski con 12. Humala como señalamos anteriormente obtuvo la presidencia en segunda vuelta con el 51,5 por ciento de los votos, mayormente de las regiones del interior del país y con el voto en contra de Lima. Con esto es la primera vez desde que se instauró el sufragio universal en 1979 que gana la presidencia el candidato que perdió en la ciudad de Lima. Este hecho constituye un cambio histórico y muestra en el plano electoral, la creciente importancia política de las sociedades regionales.

Sin embargo debido a la forma en que se seleccionan los candidatos al Congreso, la bancada legislativa del nacionalismo terminó siendo un grupo novato, heterogéneo y desigual de gente sin experiencia, militancia o lealtad política, y que muchas veces se moviliza por objetivos personales o familiares. Lo mismo con algunos ministros y altos funcionarios del nuevo gobierno, incluidas las autoridades regionales que por sus distintos orígenes carecen de coherencia y formación. De allí los continuos conflictos internos, las públicas discrepancias, y las acusaciones de malos manejos que dificultan la labor de cualquier gobierno y le impide contar con bases de apoyo estable.

2. Crecimiento, desigualdad, conflictos sociales

Uno de los desafíos que enfrenta el gobierno de Humala es mantener un modelo económico basado en el dinamismo de las industrias extractivas, principalmente mineras, que han triplicado el PBI[3] del país en solo diez años y al mismo tiempo revertir los altos niveles de exclusión, desigualdad y conflictividad que el modelo produce. Este es el mandato que surge de una victoria electoral estrecha y muy disputada.

En efecto, el modelo vigente se empieza a construir durante el primer gobierno de Alberto Fujimori (1999-2000) aunque ha dado sus mejores resultados económicos en la última década. La premisa central es que el crecimiento

---

[3] El PBI en dólares de 2010 es dos veces el PBI de 2005 y 3 veces el PBI de 2000.

y el desarrollo se deben fundamentalmente a la promoción agresiva de la inversión (principalmente extranjera) en la extracción de recursos naturales no renovables como minerales, hidrocarburos, bosques y pesca. El modelo ha contado hasta el momento con una fuerte coincidencia de intereses entre las empresas multinacionales dedicadas a estas actividades y el Estado, que ha garantizado que estas tengan a su disposición las normas, los incentivos, y el orden público necesario para su expansión y funcionamiento. El gobierno saliente y los sectores beneficiados por este modelo postulan que esta forma de relacionar la economía con la política institucional del Estado es la única manera de alcanzar el desarrollo, generar empleo y acabar con la pobreza.

Un aspecto adicional que vale la pena resaltar por sus implicancias políticas fue el acompañamiento de estas actividades, durante el gobierno pasado, por un discurso desarrollado por el ex presidente Alan García (2006-2011) a través de su serie de artículos sobre "El Perro del Hortelano". En ellos, García argumenta en favor de la explotación en gran escala de recursos naturales no renovables ubicados en los Andes y la Amazonia, desconociendo regulaciones y derechos ambientales y sociales, y calificando como "atrasados, ignorantes y manipulables" a quienes reclaman. Personas que según García "no saben lo que tienen… ni saben administrarlo… ni crear riqueza". Es decir, individuos que se comportan como "perros del hortelano", que no comen ni dejan comer. Palabras polémicas e innecesariamente agresivas que reflejan la perspectiva del gobierno saliente y que han alimentado la irritación y la desconfianza de los ciudadanos afectados (mayormente indígenas y campesinos) con el Estado y el gobierno central[4].

Más allá de los discursos, la realidad es que el crecimiento económico está acompañado de altos niveles de desigualdad social, lo que explica en parte la amplia aceptación de la propuesta de Humala que combina crecimiento con inclusión. El modelo seguido ha probado que el crecimiento sostenido del PBI produce mayor riqueza y reduce la pobreza[5], pero la desigualdad persiste

---

[4] "El Síndrome del Perro del Hortelano" fue publicado por el diario *El Comercio* el 28 de octubre de 2007, "Receta para Acabar con el Perro del Hortelano" fue publicado en el mismo medio el 25 de noviembre de 2007 y "El Perro del Hortelano Contra el Pobre" fue publicado en el mismo medio el 2 de marzo del 2008.

[5] De acuerdo con el Instituto Nacional de Estadística e Informática, en los últimos 5 años la pobreza ha bajado más de 17 puntos porcentuales, pasando de 48,7% en 2005 a 31,3% en 2010.

o se incrementa. En efecto, con una tasa de crecimiento de casi el 9 por ciento en 2010 no sorprende que la pobreza haya alcanzado el 31,3 por ciento. Cifra que sin embargo esconde contrastes muy marcados. Los pobres constituyen el 13 por ciento en Lima Metropolitana, mientras en la sierra rural son el 61,2 por ciento. Cajamarca por ejemplo es la región minera que aporta el 11,6 por ciento de la producción minera, es además el primer productor de oro del país pero tiene el 56 por ciento de su población en condición de pobre o extremadamente pobre.

Cálculos recientes del coeficiente de Gini sobre desigualdad que corrigen los estimados oficiales (Yamada y Castro, 2006) muestran que este es uno de los más altos del mundo alcanzando el 0,60%[6]. Lo sorprendente es que un respetado estudio publicado en 1975 (Webb y Figueroa) muestra exactamente el mismo indicador de 0,60. Es decir, la desigualdad no ha disminuido en los últimos cuarenta años a pesar de que el crecimiento económico ha sido excepcional.

El crecimiento económico ha venido acompañado del incremento sostenido de los conflictos sociales en todo el territorio nacional. Solo durante el segundo gobierno de Alan García (2006-2011) los conflictos han pasado de 84 en julio 2006 a 214 en julio 2011[7]. Buena parte de estos conflictos se generan por la exploración y explotación de recursos naturales (minerales, hidrocarburos, agua, madera) en áreas habitadas por pueblos y comunidades campesinas e indígenas. La mayor parte de estos territorios han estado por décadas fuera o con débil participación en el mercado y allí se concentra la población más pobre y excluida del país. También la de menor peso electoral y la que tiene mayores problemas de acceso al sistema político.

Sin embargo en muchos casos estas comunidades tienen derechos colectivos reconocidos en el pasado, ya sea desde la Colonia o por los populismos republicanos, pero que desde 1990 se han cuestionado o discutido con la implementación de políticas económicas liberales. La idea que defiende el Es-

---

[6] Existe consenso entre técnicos y académicos que el coeficiente de Gini oficial del Instituto Nacional de Estadística e Informática (INEI) subreporta la desigualdad ya que no registra el ingreso ni los activos del segmento más rico del país. Este segmento no responde a la encuesta de hogares en donde se recoge la información básica del coeficiente. Por ello, otros cálculos corrigen esta deficiencia usando las cuentas nacionales, datos de pobreza e ingreso del PBI per cápita.

[7] Datos tomados de los reportes mensuales de conflictos sociales elaborados por la Defensoría del Pueblo y disponibles aquí: http://www.defensoria.gob.pe/conflictos-sociales-reportes.php

tado aquí es que los recursos naturales pertenecen a todos los peruanos y no son sólo a quienes habitan la localidad donde estos se encuentran. Alan García enfatizaba que el Estado tiene derechos y no está obligado a consultar con nadie. Los pueblos y comunidades, por su lado, defienden sus derechos pero también desarrollan altas expectativas redistributivas no satisfechas y que resultan irritantes cuando las muestras de riqueza se concentran en los sectores medios emergentes y en los sectores altos de Lima y de las capitales de región.

Frente a la ausencia o debilidad del sistema político por recoger y tramitar las demandas redistributivas o de respeto de derechos adquiridos, la salida recurrente de los grupos demandantes ha sido el conflicto para hacerse escuchar. Los conflictos se desarrollan en casi todas las regiones y localidades del país y se expresan a través de acciones colectivas contenciosas (huelgas, toma de tierras, bloqueo de ríos y carreteras, protesta callejera, destrucción de locales, toma de rehenes, etc.). La contención y el uso de la fuerza forman parte de una estrategia de presión y búsqueda de negociación con el Estado o empresas privadas. El discurso del Perro del Hortelano mencionado anteriormente confirmó para muchos el desdén y falta de respeto de las autoridades políticas para con ellos, incrementándose la desconfianza y radicalidad de la protesta.

Ollanta Humala, sin embargo, apenas iniciado su gobierno ha tratado de crear nuevas condiciones y confianzas para reducir la conflictividad y tratar de canalizar las demandas dentro de la institucionalidad política. Ha anunciado la intención de desarrollar una política que garantice la explotación racional y equilibrada de los recursos naturales en condiciones de respeto a las poblaciones y trabajadores. En esa dirección apunta el reconocimiento del Estado de la obligatoriedad de la consulta previa a los pueblos y comunidades indígenas, una medida importante cuando el monto de inversión minera comprometido para los siguientes años es de 43.000 millones de dólares. También el impuesto a la sobreganancia minera que el gobierno en julio del 2011 ha acordado con las principales empresas con el fin de financiar parte de sus programas sociales de inclusión.

Al respecto el gobierno ha anunciado la puesta en marcha de agresivos programas sociales como Pensión 65, Cuna Más, Beca 18 y la ampliación del Programa de transferencia directa Juntos[8]. Todos ellos, dicen las nuevas au-

---

[8] Juntos es un programa de transferencia directa condicionada que se inició durante el gobierno de Toledo y cuya cobertura Humala ha prometido ampliar en los próximos años para alcanzar a los

toridades, se harán siguiendo los principios de focalización y gradualidad, y para asegurar su éxito se centralizarán en un nuevo Ministerio de Desarrollo e Inclusión Social. La pregunta aquí es si el manejo ortodoxo de la política económica, combinado con el reconocimiento de derechos y agresivos programas de compensación social, será suficiente para cumplir con la promesa de mantener el ritmo de crecimiento y generar mayor inclusión. A la luz de los últimos acontecimientos generados por las protestas contra el proyecto minero Conga, en Cajamarca, y que a solo cinco meses de iniciado el gobierno ya ha significado el cambio del primer ministro Salomón Lerner Ghitis y seis ministros de Estado, esto aún está por verse.

Un partido de gobierno sin cuadros propios no cuenta con gobiernos locales leales u operadores partidarios en las comunidades y pueblos que sirven como fuentes de información y puentes para canalizar los conflictos. Más aún cuando los representantes elegidos tanto en el Congreso como en los gobiernos regionales y locales tienen agendas propias y sus lealtades son débiles y condicionales.

3. Nuevas formas de representación política

Como señalamos anteriormente, en una democracia sin partidos ni Estado que canalicen las demandas de los ciudadanos, son otros los espacios donde estas se discuten o negocian, y donde se construyen liderazgos, algunos de los cuales devienen en formas de representación política. La mayoría de estas formas pero no todas se han hecho visibles a través de los procesos electorales nacionales, regionales y locales de 2010 y 2011. De ellas destaca

---

800 distritos más pobres del país. De acuerdo con los especialistas actualmente el programa Juntos alcanza apenas al 17% de los pobres del país, por lo que es urgente no sólo ampliarlo sino mejorar su gestión para evitar las filtraciones.

Cuna Más es un programa que ofrece guarderías públicas para niños de 0 a 3 años, donde recibirán gratuitamente pañales, leche y atención especializada.

Pensión 65 es un programa que ofrece una pensión básica de 250 soles a los mayores de 65 años que no cuenten con ningún plan de jubilación.

Beca 18 es un programa que financiará los estudios superiores (en universidades públicas o privadas) de los mejores estudiantes de colegios públicos.

El ministro de Economía Miguel Castilla ha indicado que los 4 programas significarán un gasto de 1.000 millones de soles para el año 2012.

la emergencia de partidos regionales organizados de modo personalista pero con presencia interregional e incluso nacional. Se trata de intentos de construir alternativas políticas personalistas o familiares que ya llevan varios años en curso, enfrentando desde las regiones las dificultades de participar de un sistema político desarticulado y caótico. De allí que su institucionalidad se activa sobre todo en períodos electorales. Ellos no son novatos, algunos tienen experiencia partidaria previa, y son políticos o empresarios exitosos que buscan transferir su éxito a la política. Entre ellos el caso más exitoso es "Alianza para el Progreso" (APP) pero no es el único. Allí está "Nueva Amazonia" en la región San Martín, "Chim Pum Callao" en el Callao, "Fuerza Loretana" en Loreto, "Tradición y Futuro" en Arequipa y "Trabajando para todos" en Huancavelica.

"Alianza para el Progreso" (APP) fue fundada por el empresario César Acuña, propietario de varias universidades provinciales (César Vallejo con sedes en Trujillo y Lima y el Señor de Sipan en Lambayeque; de una televisora regional (UCV satelital); e incluso de un club de fútbol de primera profesional llamado César Vallejo. César Acuña, que no ha ocultado sus aspiraciones futuras como candidato a la presidencia, fundó su partido en la costa norte del país, ganando 14 alcaldías provinciales en las elecciones de 2010, incluyendo su reelección como alcalde provincial de Trujillo. En ese mismo proceso electoral APP también obtuvo la presidencia de dos gobiernos regionales, el de Lambayeque (con Humberto Acuña, hermano del fundador) y el de Ayacucho. De esta manera el partido ha expandido su influencia hacia algunas provincias andinas y amazónicas. En las elecciones presidenciales de 2011 APP también participó pero lo hizo como parte del conglomerado "Alianza por el Gran Cambio" que promovía la candidatura de Pedro Pablo Kuczynski. En esa condición César Acuña logró colocar como congresista a su propio hijo, Richard Acuña.

El partido que impulsa César Acuña no es de tipo doctrinario sino personalista o familiar, en el mejor de los casos. Tampoco podríamos decir que cuenta con una organización partidaria bien estructurada, sino con la instrumentalización política de sus varias plataformas de negocio como son las universidades que posee, el canal de televisión y la popularidad de un equipo de fútbol en la primera división. Si duda la creciente importancia de la política regional debido al proceso de descentralización y las transferencias de competencias y recursos del gobierno central a los gobierno subnacionales constituyen incentivos importantes. Acuña además ha expandido su partido, aprovechando que cuenta con la inscripción legal en el registro electoral nacional, y ofreciéndola como una suerte de franquicia política para grupos locales y provinciales.

Refiriéndose al creciente involucramiento de empresarios locales en la política, Eduardo Ballón (Ballón, 2010) propone la hipótesis de que una clase política regional ha empezado lentamente a consolidarse. Si esta hipótesis fuera cierta, un actor clave para la estabilidad de las regiones se estaría formando después de décadas en que grandes y sucesivos procesos de transformación de las sociedades regionales han impedido la constitución de elites dominantes. Procesos como la reforma agraria y las migraciones de los años setenta, la crisis económica y el conflicto armado de los ochenta y noventa, que dejaron miles de muertos y la sociedad civil desestructurada, el ajuste neoliberal de la economía y la sociedad de los noventa, y la gran inversión extractivas y los conflictos ambientales de los últimos años

Lo más interesante y novedoso, sin embargo, es la emergencia de nuevas formas de representación política desde las prácticas contenciosas de la conflictividad social y desde la identidad sociocultural. A la primera hemos denominado la representación contenciosa y a la segunda, que en realidad comparte con la anterior algunas características similares pero también una opción diferente por transitar por la vía electoral, la hemos denominado representación por espejo (Panfichi, 2011).

La representación contenciosa es un fenómeno sociológico propio de tiempos en que las grandes inversiones en recursos naturales avanzan y penetran en espacios hasta hace poco fuera del mercado y/o protegidos por una suerte de ciudadanía corporativa, aprovechando la ausencia o incluso en complicidad con el Estado y lo partidos. El Estado no llega, no hay servicios básicos, ni justicia ni protección frente a los abusos o si llega lo hace de la mano con las corporaciones desconociendo o cuestionando derechos colectivos o de vida ancestral. De allí que las comunidades y los pueblos del interior del país sienten enorme desconfianza con las autoridades políticas nacionales. Desconfianza histórica pero alimentada por décadas de olvido, incumplimiento de promesas y mala administración de los recursos. En estas condiciones, las sociedades locales optan por las estrategias de relacionarse con el Estado que mejor les funciona y es allí donde se ubican los actores que producen los conflictos como formas de negociación política.

Pero ¿qué es la representación contenciosa? Creemos que los conflictos sociales son la expresión contenciosa de una emergente y fragmentada representación de demandas e intereses locales, por parte de actores con poco acceso o confianza en el Estado y los partidos nacionales. Esta representación o mejor dicho autorrepresentación no nace con un acto de legitimidad electoral, sino de la capacidad de ciertos líderes "representativos" de la sociedad local, de recoger y expresar en forma contenciosa sus reivindicaciones largamente postergadas. La representación contenciosa utiliza los conflictos para expresar y negociar demandas con las autoridades, las empresas y el Estado nacional.

En este sentido la representación contenciosa es fundamentalmente una representación sociológica distinta a la representación política que nace de la autorización electoral democrática. Esta última, según Joseph Schumpeter, Bernard Manin y otros, tiene como elemento definitorio la existencia de un método competitivo de selección o autorización de los líderes para que tomen decisiones en el nombre y por el bien de todos. Por lo tanto se basa en la confianza que con mayor o menor optimismo se deposita en las promesas de un candidato. No obstante, siempre está presente el escepticismo o la sospecha que las promesas no se cumplirán (Rosanvallon, 2007). Sospecha que en sociedades como la peruana está profundamente arraigada y explica en parte los altos índices de desafección con la democracia.

En este tipo de representación predomina la noción de "representatividad", en los términos de Sartori. Es decir, de un hecho existencial de semejanza o similitud que trasciende toda "elección" voluntaria y por consiguiente a la propia conciencia. Una persona es representativa en este sentido en la medida que personifica una matriz sociocultural, y plantea demandas reivindicativas para su propio grupo. En este tipo de representación no se necesita que la autorización electoral garantice la confianza entre representante y representados, sino que esta confianza exista como un hecho existencial compartido y que a partir de él se construya la "autorrepresentación"[9]. La autorrepresentación es

---

[9] Sartori nos recuerda que la representación nace históricamente en el seno de una pertenencia. Los miembros de las corporaciones medievales se sentían representados no porque eligiesen a sus mandatarios, sino porque mandatarios y mandados "se pertenecían". Es decir, el sentido de representar en estas condiciones está vinculado con tener las mismas características de alguien o de algo.

una autoobjetivación de intereses inmediatos que ocurre en una sociedad local cohesionada y movilizada por experiencias de exclusión y nociones de "territorio", "nosotros los pobres", "respeto", y "decisión propia". Se trata de una suerte de localización de la legitimidad representativa.

La construcción social de estas nociones está relacionada con experiencias concretas de discriminación y olvido que ha sufrido y sufre la población pobre e indígena del Perú. También con la consolidación de la dicotomía contenciosa entre Lima y el resto del país presente casi siempre en las protestas. Al respecto, un estudio sobre los mapas mentales presente en comunidades pobres muestra que la construcción del "nosotros" se centra en la condición de "pobreza y necesidad" que afecta, en mayor o menor medida, a los habitantes de las comunidades estudiadas. Este "nosotros" –carente y vulnerable– conoce el sufrimiento y trabaja para salir adelante. Sin embargo, este esfuerzo es muchas veces incomprendido por "los otros" que "no nos quieren" (comunidades o barrios vecinos, autoridades regionales y nacionales, ONG's, partidos nacionales), aunque sí existe orgullo sobre sus propias organizaciones y capacidad de reclamo (Armaburu et al., 2004). En el localismo político predomina la idea que "entre nosotros nos entendemos", que no queremos ni confiamos en otros que son diferentes, y que no hay otra forma de relacionarse con ellos que no sea vía la protesta y el conflicto. También la dificultad de sentirse representado por alguien que esté fuera de la matriz sociocultural de pertenencia.

En la acción y en el discurso contencioso hay una elaboración política y es un error pensar en ellas como acciones reactivas de una muchedumbre desbocada o como producto de una conspiración extremista financiada desde el exterior. Por el contrario, el nivel de elaboración política se expresa en la capacidad de identificar a los adversarios, planear estrategias de confrontación como formas de obligarlos a negociar, y articular ideas fuerza que legitiman la acción contenciosa; no obstante, no se pregunta quiénes son los potenciales aliados más allá de lo local, y cómo tejer compromisos y conexiones con ellos. Son pocos los casos donde es posible identificar la presencia de proyectos políticos que tienen "una imagen de sociedad a ser construida, que reclaman determinados valores para justificarla, y que privilegian ciertos estrategias para concretizarlo" (Paulo Netto, 1999).

La representación contenciosa no propone una revolución, ni reivindica separatismos o autonomías, sino que reclama en forma bronca respeto, redistribución y más y mejor Estado. Se puede decir, en ese sentido, que son espacios de construcción y legitimación de liderazgos políticos locales. Algunos de estos liderazgos una vez consolidados, es decir más allá de las coyunturas críticas, participan de los procesos electorales regionales o locales buscando relegitimarse esta vez democráticamente. Es el caso del actual presidente regional de Cajamarca, Gregorio Santos, quien construye su trayectoria política como miembro de las rondas campesinas y del sindicato de profesores y en esa condición dirige las luchas sociales contra el impacto de la minería en la región.

Pero no siempre todos pueden pasar de la representación contenciosa a la representación electoral. Walter Aduviri de Puno, Alberto Pizango de Aidesep en la Amazonia, y Wilfredo Saavedra en Cajamarca intentaron hacerlo sin éxito. Todos ellos desde Frentes de Defensa u organizaciones territoriales que se formaron o activaron para este fin, dirigieron grandes protestas y acciones de desobediencia que dieron lugar a crisis políticas, incluyendo cambios de ministros en el gobierno central. Sin embargo el apoyo de las calles movilizadas no se pudo trasladar a las ánforas.

Otra variante que se ha hecho visible es la denominada representación espejo indígena. Esta comparte con la representación contenciosa el tener la noción de representatividad como elemento básico, es decir apelar a una misma pertenencia sociocultural y a una misma trayectoria de vida como criterios de representación. Sin embargo, a diferencia de la representación contenciosa la representación espejo ha sido la vía para que líderes de gremios campesinos de provincias pobres lleguen al Parlamento. Son los casos de Hilaria Supa y María Sumire, mujeres quechuas y activistas campesinas de las provincias altas del Cusco, de Eduardo Nayap indígena amazónico del grupo étnico Awajun, y de Walter Aduviri ex dirigente aymara de Puno. Todas ellas parlamentarias que se pueden considerar espejo de su sociedad de origen.

Como señala Mercedes Gálvez en una investigación de tesis aún en proceso, estas activistas obtuvieron los votos necesarios para ingresar al Parlamento en sus propias provincias de residencia y activismo. Hicieron campaña en sus idiomas nativos, enfatizaron su identidad de mujer indígena luchadora, su experiencia como dirigente de la Federación de Campesinos o de comunidad, y visibilizaron una agenda de reconocimiento de derechos indígenas. Es interesante observar cómo en las provincias más pobres e indígenas la población muestra la voluntad política, identifican y votan en bloque por candidatos que ellos sienten socioculturalmente cercanos. Esta representación espejo, al apelar a comunidades con rasgos y fronteras socio- culturales específicas con fines electorales y de representación, parece más adecuada a la representación parlamentaria.

A manera de colofón

Una democracia sin partidos y con un Estado débil genera diversos espacios o plataformas desde las cuales se proponen distintos tipos de representación política. Algunos analistas pueden evaluar positivamente esta situación en nombre de una mayor democratización de la representación y en cierta manera esto es cierto. Sin embargo, cuando no hay estructuras partidarias o mecanismos institucionales de articulación con la población, crecen las figuras individuales y el caudillismo en todos los niveles del quehacer político. Y con ellos crece la importancia de los entornos familiares, las redes de amigos, y los asesores públicos y privados. El resultado es casi inevitable: pugnas y conflictos internos entre grupos y clanes, poca coherencia en la gestión gubernamental, transfuguismo o deslealtad política, y altas posibilidades de corrupción.

De otro lado, en situaciones de conflicto como los que enfrenta el gobierno de Ollanta Humala al buscar reconciliar un modelo de desarrollo basado en la explotación en gran escala de recursos naturales con medidas efectivas de redistribución, protección del medio ambiente, e inclusión social, las nuevas formas de representación también se revelan frágiles. Incluso como lo muestran los conflictos socioambientales, muchas veces colisionan las autoridades elegidas democráticamente (alcaldes o presidentes de gobierno regionales) con líderes de frentes populares que invocan la legitimación de la turba o muchedumbre para vetar acciones y leyes. De esta manera las formas de representación emergente pueden colisionar entre sí apelando a formas distintas de legitimación, pero también, como hemos visto en el último proceso electoral, pueden tratar de articularse pasando de la representatividad sociológica a la representación electoral.

Bibliografia

Aramburu, C. y otros (2004): "La visión del estado en los sectores populares", *Economúa y Sociedad* N° 53, CIES, Lima.

Ballón, E. (2010): Poder Regional; Revista Poder edición N° 22; Lima. Diciembre.

Navarro, M. (2011): La organización partidaria fujimorista a 20 años de su origen. Tesis de Licenciatura en Ciencia Política, Facultad de Ciencias Sociales; Pontificia Universidad Católica del Perú.

Netto, P. (1999): "A construcao do projecto ético-politico do Servicio Social frente a crise contemporánea", em Capacitacao em Servicio Social e Politica Social, CFESS/ABEPSWS/CEAD/UNB, Sao Paulo.

Panfichi, A. (2007): "Auge y caída del nacionalismo de Ollanta Humala"; en Las Elecciones Presidenciales y giro político en América Latina, Isidoro Cheresky (ed.), Ediciones eManantial, Buenos Aires.

———— (2011): "Contentious representation in contemporary Peru"; en Fractured Politics. Peruvian Democracy Past and Present; John Crabtree, University of London Press, UK.

Rosanvallon, P. (2007). La contrademocracia. La política en la era de la desconfianza. Mantantial: Buenos Aires.

Yamada, G. y J. F. Castro (2006): Poverty, inequality, and social policies in Peru. As poor as it gets. Documento de discusión, CIUP, Lima, Julio.

Webb, R. y A. Figueroa (1975): Distribución del ingreso en el Perú"; Lima; IEP.

A propósito del ejercicio de la representación política en el nivel local en Colombia: teoría vs. realidad[1]

Rodrigo Losada[2]

Este trabajo busca explorar el ejercicio observable de la representación política en el nivel local colombiano, a fin de confrontar las realidades observadas con los planteamientos sobre la representación formulados por los autores clásicos y por algunos contemporáneos. Como resultado, se detecta que el nexo de la teoría clásica con la realidad es lejano y que algunas de las teorías contemporáneas se acercan mejor a ella. Se concluye que conviene ajustar las teorías clásicas de la representación política a las nuevas realidades sociopolíticas y culturales.

El texto que sigue se divide en cuatro secciones: Primera, "La representación política en el nivel local, una realidad lejana"; segunda, "La estrechez de la representación política en los clásicos"; tercera, "Una visión más realista de la representación política"; y cuarta, "Conclusión".

---

[1] La primera versión de este artículo fue presentada en la reunión anual del Grupo de Trabajo sobre Ciudadanía, organizaciones populares y representación política, patrocinado por el Consejo Latinoamericano de Ciencias Sociales (CLACSO), la cual tuvo lugar en Quito, los días 22, 23 y 24 de 2011. Agradezco los comentarios sobre la misma.

[2] Rodrigo Losada es Ph.D. en ciencia política (Georgetown University, 1977) y actualmente se desempeña como profesor investigador en la Escuela de Política y Relaciones Internacionales de la Universidad Sergio Arboleda, Bogotá. Su correo electrónico es rodrigo.losada@correo.usa.edu.co

1. La representación política en el nivel local, una realidad lejana

Se pretende a continuación hacer una radiografía de las formas, frecuencia e intensidad, con las que los habitantes de cuatro pequeños municipios colombianos, escogidos *grosso modo* al azar, podrían experimentar la representación política en la actualidad. En primer lugar se examinan las formas tradicionales de representación, o sea, aquellas que tienen lugar mediante la participación en elecciones libres, competitivas, periódicas y limpias para elegir autoridades. Luego se pasa a documentar otras formas de representación.

Pero antes de todo, conviene presentar los cuatro municipios visitados por quien escribe en el primer semestre del año 2011.

A nivel local y en términos político-administrativos, Colombia se subdivide en 1.103 municipios. Dos de los cuatro municipios recién aludidos se encuentran en la zona montañosa del país, llamada El Interior; los otros dos, en cálidos valles del amplio litoral atlántico, región denominada La Costa. Los dos municipios del Interior, Baraya y Villavieja, a 300 kms aproximadamente al sur-occidente de Bogotá, se ubican en el departamento de Huila, uno de los 32 departamentos en los cuales se agrupan todos los municipios; los dos de La Costa, Becerril y Chiriguaná, pertenecen al departamento de César, y se encuentran a unos 600 kms al norte de la mencionada capital[3].

Los cuatro municipios yacen en zonas cálidas, están dotados de vías de acceso pavimentadas y dedican buena parte de su territorio a la ganadería extensiva. En Becerril, además, se explota carbón a cielo abierto por parte de tres multinacionales. En Chiriguaná se cosecha arroz y sorgo. El suelo de Baraya y Villavieja es poco fértil, pero se cultivan en pequeña escala algunos frutales. La población de los cuatro municipios estudiados varía entre 7.000 y 21.000 habitantes[4]. Conviene señalar que el 24,4% de la población colombiana vive en municipios con menos de 30.000 habitantes, similares a los es-

---

[3] En el mes de junio de 2011 se dedicó un día de visita a cada uno de los municipios. En cada municipio se realizaron entre seis y ocho entrevistas personales, a funcionarios públicos y a personas del común.

[4] Datos provenientes del Departamento Administrativo Nacional de Estadística (DANE), *Proyecciones de población. Estimación de población municipal 1985-2020, año 2011.*

cudriñados aquí. En términos de un indicador básico de nivel educativo, los cuatro municipios tienen tasas de analfabetismo que van entre un 9,6% y un 16,6%, sobre la población de seis años o más. Finalmente, la mayor parte de los hogares de estos municipios cuenta con acceso a la televisión.

En Colombia, el ciudadano común y corriente, y por ende el habitante de los municipios estudiados, elige sus representantes cada cuatro años, pero en fechas parcialmente distintas. Por ejemplo, en marzo de 2010 se eligieron los integrantes del Senado de la República y de la Cámara de Representantes. Entre mayo y junio del mismo año, mediante un procedimiento de dos vueltas se eligió presidente. Pero las autoridades tanto regionales, gobernador y miembros de las Asambleas de Diputados, como locales, alcalde y miembros del Concejo Municipal, se eligen un año después, en octubre del 2011.

Téngase presente que, para los comicios de las corporaciones antedichas, las circunscripciones o distritos electorales son plurinominales, y que Colombia hoy vive un profundo cambio en el sistema de partidos, transitando de un sistema dominado por dos etiquetas partidarias, la conservadora y la liberal, hacia un claro sistema pluripartidista. De hecho, exceptuados los dos tradicionales, la mayor parte de los partidos tiene menos de veinte años de existencia, durante los cuales más de la mitad de los actuales congresistas ha transitado una vez o más de un partido al otro. No sorprende entonces que el habitante de la ciudad lo mismo que el de los municipios pequeños difícilmente considere a alguno de los miembros del Congreso de la República, de la Asamblea de Diputados de su departamento, o del Concejo Municipal, como "su" representante[5]. Más aún, pocos conocen el nombre de alguno de los elegidos al Congreso o a la Asamblea, aun cuando en los municipios pequeños la gente suele identificar el nombre de al menos uno de sus concejales. No así en las grandes ciudades.

En términos de participación electoral, Baraya, Becerril y Chiriguaná, registraron en la elección de alcaldes de 2007 porcentajes de participación electoral cercanos al 60,0%, pero como caso excepcional, Villavieja llegó al 77%[6]. Importa anotar que el nivel de la participación electoral en el país ha

---

[5] El Concejo Municipal tanto de Baraya, como de Villavieja, está constituido por nueve concejales, el de Becerril por 11 y el de Chiriguaná por 13.

[6] Fuente: Colombia, Registraduría Nacional del Estado Civil, elecciones de 2007, en http://www.registraduria.gov.co/Informacion/elec_2011_histo.htm

sido tradicionalmente bajo, cercano al 50% sobre la población en edad de votar, siendo un poco más alto en los comicios presidenciales y de alcaldes que en las elecciones para corporaciones públicas y gobernadores.

Con una abstención electoral tan alta, con unas circunscripciones electorales que por su carácter pluripersonal diluyen no sólo el sentimiento de representación sino la misma rendición de cuentas, y con unos partidos políticos los cuales a nivel local son poco menos que inexistentes, los escenarios para experimentar lo que significa dar un mandato de gobierno y/o exigir cuentas por la fiel ejecución del mismo se vuelven anodinos para la mayor parte de la población.

Se mencionaron los partidos colombianos. Desde el punto de vista organizativo, estos se han caracterizado por ser propiamente federaciones o confederaciones de partidos regionales y locales, partidos que generalmente sólo se activan en época electoral. Téngase en cuenta que, a todo lo largo de la historia republicana del país, los partidos no han sido objeto de legislación alguna hasta el año de 1985[7]; y aun así, se continuó aceptando, por ejemplo, la inscripción ilimitada de listas a nombre de cada partido. De hecho, hasta el año 2003 cuando se impuso por ley la lista única, la casi totalidad de los miembros de las corporaciones públicas de cada partido eran elegidos por listas distintas. Así, pues, los dirigentes regionales y locales se han acostumbrado a actuar como entes autónomos que lanzan sus respectivas candidaturas sin consultar con las autoridades del partido, presentan a los electores los programas que se les ocurren, adelantan la estrategia de campaña que juzgan mejor para su éxito personal y se financian como a bien tienen (aparte de un aporte económico que les otorga el Estado). Hoy funcionan en Colombia cerca de 22 partidos políticos.

En los municipios visitados, los partidos políticos son organizaciones casi invisibles. Sólo en Becerril se encontró una casa con el letrero Partido Liberal Colombiano, pero nadie abrió la puerta: los vecinos comentaron que sólo se abre en época electoral. Según los pobladores de estos municipios, entre una época electoral y la siguiente los partidos a nivel local no suelen desarrollar actividad alguna. Y en época electoral, son los candidatos de cada partido los que acometen la actividad proselitista, no el partido como tal.

---

[7] Ley 58 de 1985.

Habituados a semejante cultura política, cuando en el Congreso se tramitó la reforma política de 2003 con la propuesta de una lista única por parte de cada partido, propuesta finalmente aceptada, la mayor parte de los congresistas logró que se dejara a la libre decisión de cada partido presentarse a elecciones sea con una lista única "cerrada", también conocida como bloqueada, sea con una lista "abierta". Como resultado, la casi totalidad de los partidos hoy existentes en Colombia recurren a la lista abierta, como fórmula para decidir quiénes de sus candidatos, en libre contienda entre sí, entran a la corporación pública a nombre del partido. Semejante comportamiento, con su multiplicidad de voces desentonadas, difumina sustancialmente el papel de representación política que pudiera desempeñar el partido como organización política

Cabe considerar a continuación otras formas de representación generalmente no reconocidas como políticas. En los municipios visitados se constató que, en cada uno de ellos, entre la población residente tanto en la cabeza del municipio (denominada en Colombia, "cabecera"), como sobre todo en las áreas rurales circundantes de aquella (el "resto del municipio"), existen varias decenas de Juntas de Acción Comunal (JAC), las cuales se constituyen por iniciativa de los residentes de un barrio urbano o de un sector relativamente pequeño del campo[8]. Consolidadas en Colombia desde su fundación en 1958, las JAC se ocupan de contribuir, generalmente con mano de obra, a la construcción de escuelas, puentes, caminos, alcantarillados y otros servicios requeridos por la comunidad. El gobierno municipal aporta los materiales y otros elementos que requiera la obra. Muchos de los dirigentes de las JAC se vuelven expertos en presionar a los concejales de su respectivo municipio para que exijan la inclusión en el presupuesto municipal de las partidas del caso, o en urgir a los funcionarios de la alcaldía el desembolso del presupuesto aprobado. Aparte de las JAC, en los municipios que cuentan con un tamaño poblacional similar al de los aquí estudiados, existe sólo una que otra organización permanente de la sociedad civil involucrada en la tarea de promover los intereses de la comunidad

Pero en los municipios, pequeños o grandes, ocasionalmente surgen algunas personas, quienes por su propia iniciativa, promueven dichos intereses,

---

[8] Se constató que en Becerril existían, inscritas ante la Secretaría de Gobierno del Departamento, 74 Juntas de Acción Comunal, y en Chiriguaná 76: asimismo, ante la Secretaría de Gobierno de Huila figuran inscritas 50 juntas en Baraya y en Villavieja, 20.

ya sea un comerciante o un profesional, una religiosa o un dirigente obrero, un latifundista o un pequeño empresario. Esta labor casi nunca es reconocida como un ejercicio de representación de intereses ciudadanos. Como ejemplo de este fenómeno, cabe mencionar que en Baraya se encontró una emisora comunal, la cual se alcanza a escuchar en algunos municipios vecinos, y actúa como agente no sólo informador sino de presión ante las autoridades y como movilizador de la población, para solucionar problemas de la comunidad, por ejemplo, la recuperación de una vía obstruida por un derrumbe ocasionado por las fuertes lluvias.

Otros ejemplos de organizaciones, en ocasiones efímeras, que promueven los intereses de sectores que experimentan dificultades son la actuación del Sindicato Nacional de Trabajadores de la Industria Minera y Energética (Sintramienergética) el cual, en junio de 2009, salió en defensa de los trabajadores suspendidos por las tres empresas mineras del municipio de Becerril[9]; la organización de un bloqueo de carreteras por parte de habitantes del mismo municipio, en septiembre de 2009, exigiendo a las empresas mineras contratar un mayor número de ellos[10]; y en abril de 2011, un grupo de Chiriguaná dejó a la vista pública un ataúd con letreros de protesta ciudadana contra la administración municipal[11].

De las entrevistas realizadas se concluyó que los dirigentes de la JAC y de algunas organizaciones de la sociedad civil suelen desempeñarse con más eficacia como representantes de sus pequeñas comunidades que los concejales, porque estos con frecuencia tienden a prestar atención a las agrupaciones ciudadanas sólo en función de los votos que ellas les puedan representar en un futuro, y además se ven obligados a dividir su atención y sus recursos políticos entre varios, y aun antagónicos, grupos de la localidad los cuales buscan su intermediación. En contraposición, el dirigente "comunal" (es decir, de las JAC) o el de otras organizaciones de la sociedad civil, defiende los intereses de su respectiva comunidad o colectividad como propios porque ella o él hace parte de la misma, es capaz de promoverlos en forma coordinada y simultánea en varios frentes y se encuentra expuesto a constantes presiones para que actúe provenientes de la comunidad o colectividad a la que pertenece.

---

[9] Véase http://www.rebanadasderealidad.com.ar/sintramienergetica-09-02.htm

[10] Véase http://colombia.indymedia.org/news/2009/09/106171.php

[11] Véase http://rptnoticias.blogspot.com/2011/04/con-ataud-protestan-en-chiriguana.html

2. La estrechez de la representación política en los clásicos

Los autores clásicos sobre la representación política, desde Hobbes (1651) hasta Mill (1861, 1958), pasando por Montesquieu (1748, 2007), Burke (1774, 1942), Sieyès (1990), y los Federalistas (1961: 61-5), la concibieron a partir de los principios de la igualdad entre los seres humanos y de la soberanía popular, como un instrumento necesario para tomar decisiones en sociedades populosas donde ya no resulta viable reunir a todos los ciudadanos en un ágora, ni estos cuentan con mayor tiempo para dedicarlo a la cosa pública. Recuérdese que, entonces, por ejemplo a mediados del siglo XVIII, Francia llegaba a los 24 millones de habitantes e Inglaterra a cerca de 8 millones[12].

Por otro lado, en aras de respetar el principio de la igualdad no se encontró fórmula mejor que dividir el territorio nacional en distritos electorales y elegir los representantes a la Asamblea o Parlamento en función del número de personas residentes en cada distrito. Desde entonces, los desarrollos teóricos sobre la representación política quedaron atados a una visión territorial o espacial de la misma, al igual que los diseños de fórmulas o sistemas electorales.

El tipo territorial de representación ha demostrado ser útil, más aún imprescindible en la actualidad, tanto que se impuso en todas las democracias del mundo mediante distritos electorales ya unipersonales ya pluripersonales. Si bien, el distrito territorial facilita la representación de intereses compartidos por todos o por una parte considerable de los habitantes del mismo, no resulta tan apto para atender a las necesidades de representación de sectores sociales que cortan transversalmente los distritos o que son desvalidos, muy especializados o minoritarios. Sirvan como ejemplo los sectores discriminados por su raza, su origen étnico, los discapacitados, los inmigrantes, los que carecen de seguridad social o los homosexuales. De ahí que algunos autores contemporáneos hayan empezado a hablar de "formas no-electorales de representación política" (Urbinati y Warren 2008: 387). En concreto, a título de ejemplo, algunos de ellos (los recién mencionados) aluden a la defensa de los intereses de colectivos sociales realizada por organizaciones de la sociedad civil, nacional o internacional[13], y por ciudadanos que participan en juntas o comités que velan por la correcta implementación de políticas

---

[12] El dato sobre Francia proviene de See (2004) y el de Inglaterra de Jefferies (2005).

[13] Véase, como ejemplo, Strolovitch (2006).

públicas.[14] El caso documentado en esta ponencia sobre las JAC ilustra bien la representación no-electoral por organizaciones de la sociedad civil.

A los ejemplos anteriores se puede añadir, por lo menos, otros tres, los cuales con frecuencia se pasan por alto: Primero, el caso del funcionario público encargado de atender un determinado sector social quien toma tan a pecho su labor que se convierte en auténtico representante de ese sector ante otros organismos públicos y aun privados. Se puede citar a este propósito la actuación de los personeros municipales de cada uno de los cuatro municipios visitados. Le corresponde al personero velar por "la guarda y promoción de los derechos humanos, la protección del interés público y la vigilancia de la conducta oficial de quienes desempeñan funciones públicas"[15]. En desarrollo de esta función y según se pudo constatar, las mujeres que son víctimas de violencia familiar, los campesinos que han sufrido alguna estafa y el que se haya sentido maltratado por un funcionario público encuentran en el personero un primer apoyo y unas orientaciones concretas sobre cómo proceder para lograr que sus derechos sean respetados. Segundo: en más de una ocasión, se ha visto a un medio de comunicación masiva convertirse en vocero de una causa colectiva desamparada; de hecho, atrás se ejemplificó este fenómeno con la emisora de Baraya. Tercero: mediante sus sentencias proactivas a raíz de casos individuales, los magistrados de las altas cortes asumen la defensa de grupos enteros de población a los cuales los casos individuales pertenecen.

3. Una visión más realista de la representación política

La teoría clásica de la representación política no ha podido acoger las nuevas formas de representación política recién documentadas porque sólo entiende la representación en términos territoriales, y porque interpreta los roles del principal o poderdante que busca ser representado, y del agente o representante que hace las veces de aquel, con una visión excesivamente estrecha. El principal da un mandato al agente, este lo ejecuta y rinde cuentas por su ejecución. Pero ya desde la década de los 60s del siglo pasado, una autora como

---

[14] Véase, por ejemplo, Stephan (2004) y Bradbury con Kellough (2008)..
[15] Art. 118 de la Constitución Política de Colombia.

la estadounidense Hanna F. Pitkin (1967: 209) entendió la necesidad de ampliar el concepto tradicional. Según esta investigadora, la representación "significa actuar a favor de los representados de una manera responsiva frente a ellos"[16]. Se está dando aquí una traducción al término inglés *responsive*, que puede sonar extraña, pero que recientemente ha sido admitida por la Real Academia Española. En los avances que esta institución ofrece por internet de su vigésima tercera edición del Diccionario de la Lengua Española, figura la palabra "Responsivo, responsiva", con tres acepciones, dos de ellas muy locales, propias de México, y la otra, con el sentido de "Perteneciente o relativo a la respuesta"[17].

Actuar, pues, de manera responsiva equivaldría a actuar en forma que responda con sensibilidad y compromiso a los mejores intereses del representado. Lo interesante de esta forma de entender la representación es que desconecta el acto de representación del mandato previo (o autorización previa) otorgado por el principal, lo cual parece haber sido inconcebible antes de la Pitkin, pero abre nuevos y valiosos horizontes a la teoría de la representación. En particular, deja abierta la posibilidad, reconocida por Jane Mansbridge (2003: 522-5) bajo la expresión "representación sustituta" (*surrogate representation*), de que una persona pueda representar a otra u otras, sin que estas se lo pidan, sino por su propia iniciativa. Tal es el caso, entre otros muchos, de algunos defensores de los derechos humanos, quienes espontáneamente han decidido desempeñar ese papel. A juicio de Mansbridge, la rendición de cuentas de quien adelanta una representación sustituta puede tener lugar en virtud de los elogios o críticas que la sociedad hace de su conducta, o mediante los juicios de la propia conciencia de esa persona.

Regresando a los planteamientos de la Pitkin, ella propone tres criterios como propios de la representación democrática, a saber, autorización, que sea responsiva (*responsiveness*) y rendición de cuentas (*accountability*). Nótese cómo, en lugar de mandato, esta autora habla de autorización, la cual puede ser expresa o tácita. Se le están abriendo así nuevos horizontes al imprescindible fenómeno de la representación política.

---

[16] Traducción no autorizada.

[17] Véase http://buscon.rae.es/draeI/SrvltConsulta?TIPO_BUS=3&LEMA=responsivo texto recuperado el 14-VI-2011. Según la frase original de la Pitkin, la representación "means acting in the interest of the represented, in a manner responsive to them".

4. Conclusión

La literatura académica sobre cómo se vive en la práctica la representación política a nivel local en América Latina parece escasa, porque la búsqueda realizada hasta el momento no ha encontrado resultados. Algo, por supuesto, debe haberse producido y sería útil conocerlo para apreciar mejor hasta dónde los casos aquí documentados corresponden a una realidad más amplia, quizá latinoamericana o más allá.

Para este artículo, se escogieron unos municipios rurales porque en ellos el desencuentro entre la teoría estándar sobre la representación y las realidades vividas por la gente aparentemente es más fuerte. Pero esto sólo se podrá aclarar cuando la presente investigación se extienda a contextos urbanos, tal como se pretende.

Dos conclusiones merecen destacarse. Primera, las formas no-electorales de representación política se encuentran en mora de ser investigadas a fondo y en perspectiva comparada, de modo particular entre países de América Latina. Su potencial de representación parece considerable y amerita escudriñarse cómo se lo podría incrementar.

Segunda: la teoría sobre la representación política, denominada aquí clásica o estándar, requiere asimilar prontamente la investigación empírica y los planteamientos teóricos que se vienen formulando en los últimos diez o quince años sobre las formas no-electorales de representación, formas que, no sin razón, en varias de sus modalidades tienden a traslaparse con prácticas hoy en día consideradas como de participación política.

Bibliografía

Bradbury, Mark D. – Kellough. Edward. "Representative bureaucracy: 2008 Exploring the potential for active representation in local government", *Journal of public administration research: J-Part*. 18: 697-714,

Burkie, Edmund. *Textos politicos*. 1942 México, D.F.: Fondo de cultura económica.

Federalist, The. Edited, with introduction and notes by Jacob E. Cooke. 1961 Clevelend: The World Publishing Co.

Hobbes, Thomas. *Leviathan, or the matter, form & power of a common-wealth, 1651 ecclesiasticall and civill*. Londres: Andrew Crooke.

Jefferies, Julie. "The UK population: Past, present and future", en *Focus on 2005 people and migration*. Chapter One. Pdf.

Keck, Margaret E. – Sikkink, Kathryn. *Activists beyond borders: Advocacy 1998 networks in international politics*. Ithaca, NY: Cornell University Press.

Mansbridge, Jane. "Rethinking representation", 2003 *American political Science Review* 97: 515-28.

Mill, John Stuart. *Considerations on representative government*. 1958 (1861) New York: The Bobbs-Merrill Co.

Montesquieu, Charles-Louis de Secondat, baron de. *Del espíritu de las leyes*. 2007(1748) Madrid: Tecnos.

Pitkin, Hanna F. *The concept of representation*. 1967 Berkeley: University of Californa Press.

See, Henry. "Economic and social conditions in France during the eighteenth 2004 century". Batoche Books.

Sieyès, Emmanuel Joseph. *Escritos y discursos de la revolución*. 1990 Madrid: Centro de estudios constitucionales.

Stephan, Mark. "Citizens as representatives: Bridging the democratic theory 2004 divides", *Politics and policy* 32: 118-35.

Strolovitch, Dara Z. "Do interest groups represent the disadvantaged? 2006 Advocacy at the intersection of race, class, and gender", *Journal of Politics* 68: 894-910.

Urbinati, Nadia – Warren, Mark E. "The concept of representation in contemporary democratic theory", *Annual Review of Political Science* 11: 387-412.

Populismo, rentismo y socialismo del siglo XXI: el caso venezolano[1]

Margarita López Maya[*]
Dinolis Alexandra Panzarelli[**]

La victoria electoral de Hugo Chávez Frías y sus fuerzas "bolivarianas" en diciembre de 1998 significó un momento de inflexión en el proceso sociopolítico venezolano. La sociedad, padeciendo una crisis integral sin solución que demoraba ya dos décadas, había visto perderse muchos logros modernizadores alcanzados a lo largo del siglo XX. Los partidos hegemónicos, otrora populistas, habían terminado abrazando políticas y discursos neoliberales. El presidente Rafael Caldera había prometido revertir la situación al asumir por segunda vez el poder en 1993. También ofreció hacer una reforma constitucional. Sin embargo, nada de eso ocurrió. Estos procesos crearon condiciones materiales y anímicas para que los votantes se pronunciaran por un cambio radical de elites y proyecto político. Chávez y su movimiento obtendrían el triunfo electoral al expresar políticamente lo que pareció en ese momento ser las aspiraciones de la mayoría: construir una democracia

---

[1] Este artículo reproduce con ajustes y actualizaciones el texto aparecido en *Recso_02 Revista de Ciencias Sociales de la Universidad Católica del Uruguay,* Vol. 2, año 2, 2011, pp. 39-62.

[*] Historiadora y doctora en Ciencias Sociales. Investigadora y docente titular del CENDES de la Universidad Central de Venezuela. Directora de la *Revista Venezolana de Economía y Ciencias Sociales* entre 1999 y 2004 y miembro del Comité Directivo de Clacso (2005-2008). Entre otras publicaciones: *Del Viernes Negro al Referendo Revocatorio* (1983-2004) (Caracas, Grupo Alfa, 2005 y 2006) y *Democracia Participativa en Venezuela. Origen, percepciones y desafíos* (Caracas, Centro Gumilla, 2011)

[**] Politóloga de la Universidad Central de Venezuela (2003). Ha trabajado en NNUU y en la OEA. Tiene una especialización en Gerencia Pública de la UNIMET (2005) y una maestría en Politics de New York University (2009). Recibió una beca Fulbright en 2007. Actualmente, trabaja como consultora política para la embajada de Canadá en Venezuela.

participativa, rechazar las políticas neoliberales y expulsar del poder a los partidos corruptos e insensibles. Diez años después el "Presidente comandante", ha transformado el proyecto inicial en lo que él llama un "socialismo del siglo XXI", de francas tendencias autoritarias. Habiendo concurrido a quince contiendas electorales, de las cuales ha ganado catorce, Chávez permanece firmemente anclado en el poder convirtiéndose en una de las figuras más emblemáticas del populismo latinoamericano.

En este análisis, consideramos el populismo fundamentalmente como una forma universal de la política, que aparece para empujar aspiraciones de inclusión social y cuyo eje definitorio es un discurso dicotómico de gran valor movilizador, que construye sujetos políticos antagónicos e irreconciliables: el pueblo (los pobres y/o los que no tienen poder) y la oligarquía (el bloque de poder) (De la Torre, 2000: 13). Lo reconocemos como una forma de democracia directa que privilegia el vínculo identitario entre líder y bases y rechaza las formas mediadas de la democracia. Si bien es en esencia democrático, tiende a prescindir de instituciones de representación, concentrándose en la movilización tras el líder como el instrumento político por antonomasia, lo que termina produciendo profundos déficits de democracia en la sociedad donde se establece (Peruzzotti, 2009).

1. Las condiciones que propiciaron la ruptura populista

La victoria de Chávez en 1998 significó la reemergencia en Venezuela del populismo, una arraigada tradición que en el siglo XX tuvo, tanto versiones radicales como la del Trienio Adeco entre 1945 y 1948, como más moderadas, como la de Carlos Andrés Pérez entre 1974 y 1979 durante el régimen democrático instaurado a partir de 1958 (Ellner, 1997; Gómez Calcaño y Arenas, 2006).

La persistencia en Venezuela de esta forma de hacer política ha tenido en la economía petrolera un factor de peso a su favor, aunque el petróleo se sobrepuso a factores históricos más profundos. En la República oligárquica decimonónica de Venezuela, el caudillo carismático jugó un rol central en el control del orden social después de la ruptura del lazo colonial (Lombardi, 1982). Ya en el siglo XX, el "Petroestado" que se conforma desde los años veinte, se particulariza por recibir importantes ingresos fiscales que provienen del mercado mundial y no de la tributación de agentes económicos internos. Esto le permite a quienes llegan al poder una significativa libertad de acción –o arbitrariedad– con relación a demandas y presiones de la sociedad civil. El Petroestado se caracteriza también por privilegiar motivaciones políticas sobre cualquier otra racionalidad social, lo que lo hace altamente susceptible a ineficiencia y corrupción administrativa (Karl, 1995).

El negocio petrolero también propició en Venezuela un fuerte y particular nacionalismo tanto en elites militares, políticas o burocráticas como en la población. Este nacionalismo está basado en la idea de que todos los venezolanos somos propietarios de este recurso natural correspondiéndole al Estado, en su carácter de representante de la Nación, administrarlo y defenderlo tanto de intereses externos que buscan hacerse del bien como de internos que quieren apropiárselo para beneficio propio (Coronil, 2002). Quienes llegan al poder en Venezuela suelen legitimarse con discursos nacionalistas donde la igualdad y la justicia social juegan un rol central, igual que la desconfianza hacia potencias y corporaciones extranjeras. La cultura política socializada en el siglo XX le asignó al Estado nación la tarea de impulsar en nombre del pueblo la modernidad y el progreso a través de la administración de la renta petrolera (Coronil y Skurski, 1991).

La crisis económica y la llegada del paradigma neoliberal

Los distintos gobiernos democráticos de 1958 en adelante construyeron un discurso oficial donde la democracia implicaba tanto derechos civiles y políticos como un modelo económico que incluiría a todos en los beneficios del desarrollo (Crisp *et al.*, 1996). Sin embargo, en los años ochenta, la economía entró en declive y para resolverlo los gobiernos viraron hacia prácticas neoliberales que elevaron la pobreza y la miseria, ampliándose la desigualdad en la distribución del ingreso. Comenzó entonces un sostenido cuestionamiento al Estado y a los partidos. En el evento conocido como "Viernes Negro" de febrero de 1983, el gobierno de Luis Herrera Campins (1979-1984) se vio obligado por el desajuste económico a cerrar las actividades cambiarias y proceder a una devaluación del bolívar. Fue un primer momento simbólico de concientización de los venezolanos sobre una crisis de la economía petrolera cuya responsabilidad fue atribuida principalmente a los partidos Acción Democrática (AD) y el Comité de Organización Política Electoral Independiente COPEI, ejes del sistema político.

La continuación de la crisis económica y la aplicación de políticas de ajuste de carácter neoliberal para conjurarla en los años noventa condujeron a que la sociedad se fuera escindiendo en dos polos sociales –ricos cada vez más ricos y pobres cada vez más pobres– mientras las capas medias se achicaban y los pobres crecían en número. Las elites fueron crecientemente cuestionadas, los partidos rechazados y se multiplicaron las denuncias de corrupción. Partidos, sindicatos y gremios del bipartidismo van dejando de servir como eficientes correas de mediación y distribución de favores al desestructurarse las redes clientelares producto de la reducción del gasto fiscal (Roberts, 2001). La desinstitucionalización hace visible una creciente, pugnaz y a ratos violenta protesta popular liderada por estudiantes, sindicatos de empleados públicos independizados de los partidos, desempleados, jubilados e informales. Según el Programa Venezolano de Educación-Acción en Derechos Humanos (PROVEA, 1989-1999), entre los nueve años que van de octubre de 1989 a septiembre de 1998 hubo un promedio anual de 720 protestas, es decir dos diarias. Para 1998, el año cuando Chávez gana las elecciones presidenciales, las cifras de pobreza y pobreza extrema son cercanas al triple de lo que eran en 1983. Si para 1979 el ingreso del 5% más rico de la población era 41,58 veces superior al ingreso del 5% más pobre, esa misma relación en 1997 era de 53,11%. Es fácil colegir de estos datos el escenario de malestar y resentimiento que envenenaba la atmósfera, que favorecería una ruptura con el orden político vigente.

El Caracazo: se divorcian los pobres y capas medias del bipartidismo[2]

La crisis económica, al no encontrar resolución, llevó a una descomposición de la estructura social y ésta, como señalamos anteriormente, al aumento de confrontaciones entre sociedad y Estado. Muchos actores, a falta de canales institucionales de mediación, escenificarían el conflicto en las protestas de

---

[2] Los apoyos documentales y bibliográficos de esta parte pueden revisarse en los capítulos 2 y 3 de López Maya, 2005.

calle (López Maya, 2003). El 27 de febrero de 1989 tendrá lugar el segundo momento emblemático de conciencia colectiva sobre la crisis profunda que se desarrollaba. El estallido popular conocido como "El Caracazo" abarcó a casi todas las ciudades principales y secundarias del país prolongándose en la capital por una semana. Muchas ciudades fueron paralizadas por multitudes que trancaron calles y avenidas y saquearon miles de establecimientos comerciales. El Caracazo cedió sólo después de un intento por controlar la situación, tardío, improvisado e irresponsable, por parte del gobierno de Carlos Andrés Pérez implicando una violenta represión a la población pobre y desarmada por parte del ejército con un saldo de centenares de muertos.

El Caracazo fue una experiencia inédita para la democracia venezolana. Determinó un divorcio irreversible entre los pobres y el presidente Pérez, líder carismático de las filas de Acción Democrática (AD) que, en su primer gobierno (1974-1979), había presidido sobre un auge de los precios petroleros sin precedentes que lo llevó a impulsar un proyecto político que llamó la "Gran Venezuela". El Caracazo se produjo dieciséis días después de la inauguración de su segundo gobierno, luego del anuncio de un programa de ajustes económicos neoliberales ortodoxo y del tipo *shock*. Con este anuncio, los sectores populares se vieron defraudados por el Presidente, cuyas promesas e insinuaciones electorales generaron expectativas de retorno a los años dorados. Es altamente simbólico que, ese día lunes, comenzaba el aumento del pasaje del transporte colectivo como consecuencia del aumento de la gasolina que, según el nuevo discurso oficial, debía ser pagado por la población a precios más cercanos a los internacionales. El petróleo dejaba de ser un bien de todos.

Pérez nunca pudo sobreponerse a su impopularidad después de la represión que ordenó, ni su gobierno ni la democracia pudieron reponerse en su legitimidad. Como derivado del Caracazo, tres años más tarde un grupo del ejército, liderado por militares de rango medio, entre ellos Hugo Chávez, dio un golpe de Estado contra el Presidente. Aunque fallido, el golpe sumió al gobierno en una crisis política de la cual nunca se recuperó. En mayo de 1993, Pérez fue destituido de su cargo por el Congreso Nacional luego de que la Corte Suprema de Justicia dictaminara que había méritos para seguirle un juicio por malversación de fondos de la partida secreta.

La crisis política y el segundo gobierno de Caldera

A la salida de Pérez, el Congreso designó como Presidente interino al historiador Ramón J. Velásquez, a quien le cupo la difícil tarea de conducir el Estado a las elecciones de diciembre de 1993 en medio de una profunda inestabilidad institucional[3]. Durante la campaña electoral emergieron entre los favoritos dos candidatos propuestos por fuera del bipartidismo venezolano: el ex presidente Caldera y el sindicalista Andrés Velásquez. Este último era candidato de La Causa R (LCR), un pequeño partido de izquierda de imagen antiinstitucional, que venía haciéndose atractivo a un desencantado electorado. Los resultados electorales fueron apretados y hubo dudas sobre su pulcritud. En todo caso, AD y COPEI perdieron por primera vez desde 1958. Rafael Caldera, fundador de COPEI y protagonista de los pactos constitutivos de la democracia venezolana, ahora sin el apoyo de su partido, resultó ganador. El ex presidente representó en ese momento una salida política intermedia, entre una ruptura radical –entonces simbolizada por LCR– y una respuesta tradicional, representada por los candidatos de AD y COPEI. El atractivo de Caldera estuvo centrado en su discurso que ofreció elaborar una propuesta económica alternativa al neoliberalismo, con justicia social, así como una reforma constitucional, que incorporaría las demandas de descentralización, formas de democracia directa y personalización del voto, aspiraciones debatidas por la sociedad civil y política venezolana desde los años ochenta (Gómez Calcaño y López Maya, 1990).

Caldera no cumplió las promesas. Si bien inicialmente pareció conjurarse la crisis política y se serenó el frente militar, el gobierno se vio enfrentado a una profunda crisis bancaria-financiera, a la cual respondió aliándose en el Congreso con el partido AD e impulsando un segundo paquete neoliberal de ajustes económicos. Esta alianza impidió que se aprobara la reforma constitucional ofrecida, pues había sido siempre AD el obstáculo principal al cambio en las relaciones de poder.

Durante este gobierno continuó el declive institucional, visible en la creciente ineficiencia de las instituciones y los servicios públicos. Como Pérez, Caldera siguió desarrollando políticas sociales focalizadas de concepción

---

[3] Las ideas a continuación pueden verse más desarrolladas y con sus referencias en el capítulo 11 de López Maya, 2005.

neoliberal. También continuó y profundizó la política petrolera neoliberal de Pérez, que cedía a la alta gerencia de Petróleos de Venezuela (PDVSA) el control sobre la política petrolera. Esto determinó que PDVSA se orientara hacia una política de internacionalización de la compañía, que disminuyó su aporte a las finanzas públicas agravando el déficit fiscal de esos años. La llamada política de "Apertura Petrolera" aumentó también los volúmenes de producción en detrimento de los precios del barril petrolero en el mercado internacional. Era ésta una política opuesta a la OPEP, de la cual Venezuela era socio fundador. Se propendió a una eventual reprivatización del negocio petrolero, lo que era contrario al discurso nacionalista del régimen democrático. Cuando en 1998 los precios del barril petrolero se desplomaron en el mercado mundial arrastrando hacia abajo –como siempre– a la economía venezolana y disparando de nuevo al alza la pobreza, desigualdad y el desempleo, la población, en especial la pobre, pero también las capas medias, estaba lista para volcarse hacia un *outsider*.

Una encuesta publicada en 1995 por Latinobarómetro dio pistas de lo que buscaban los venezolanos. Si bien 60% de de los encuestados creían que la democracia era el mejor sistema de gobierno, expresaban tener poca o ninguna confianza en el sistema legal (70%), en el Congreso (78%) o en los partidos políticos (84%). Sólo un quinto de la población urbana creía que los resultados electorales eran limpios y cerca de la mitad opinaba que daba lo mismo por quién se votaba. Por otra parte, al preguntárseles si un gobierno "de mano de hierro" podía o no ser bueno para un país, 78% de los venezolanos contestaron que podía ser bueno (en Welsh, 1995).

2. La seducción populista: fisonomía, orígenes y referencias simbólicas de Chávez[4]

Desde que Chávez iniciara su carrera política con el fallido golpe de Estado de 1992, muchos elementos se han conjugado para darle un aura irresistible para la mayoría de la población pobre o que ha experimentado el empobrecimiento en años recientes. Por una parte, su fisonomía y orígenes

---

[4] Este apartado recoge aspectos del análisis desarrollado en el capítulo 10 de López Maya (2005) con algunas actualizaciones.

familiares: "Alto, de contextura fuerte, pero no gruesa, tiene el tipo del venezolano que en los últimos cien años no ha recibido nuevas mezclas raciales. Pelo negro ensortijado, ojos achinados, boca gruesa, nariz perfilada" (Zago, 1992: 14). Chávez nació en un pequeño pueblo del estado Barinas, a distancia de las partes del país más dinámicas en el proceso de modernización. Este estado forma parte de los altos llanos occidentales agregándole al personaje el aura de "llanero" que evoca en la cultura popular imágenes de un carácter heroico e indómito, pero también indisciplinado e irreverente, cuyo origen se remonta a la gesta independentista.

Chávez, por otra parte, ha construido un discurso político en el cual símbolos e imágenes, elaborados a partir de referencias históricas, militares, religiosas y culturales reinterpretadas juegan un papel de primer orden. En todo acto político realizado por él o su partido es posible encontrar el uso de símbolos de la nacionalidad para desarrollar y fortalecer su posición. En los orígenes mismos de su primer movimiento político, el Movimiento Bolivariano Revolucionario 200 (MBR 200), su ideología fue identificada como "el árbol de las tres raíces" siendo cada raíz la representación del pensamiento de Simón Bolívar, Simón Rodríguez y Ezequiel Zamora. Rodríguez fue maestro de Bolívar y Zamora un caudillo de la Guerra Federal a quien Chávez y los otros fundadores del movimiento le han atribuido un "carácter reivindicativo y profundamente democrático" (Zago, 1998: 37). El MBR 200 incorporó doblemente en su nombre el símbolo más trascendente de la nacionalidad venezolana al llamarse "bolivariano" y al colocar el número 200 para representar el segundo centenario del natalicio del Libertador. Las primeras organizaciones de base se denominaron "círculos bolivarianos" y en 1999 se transformó el nombre de la república en "República Bolivariana de Venezuela". El nacionalismo constituye el corazón inicial y más fuerte de la simbología chavista, aunque ha venido siendo complementado en los últimos años –debido al giro hacia un modelo socialista– con una creciente relevancia del imaginario de la izquierda política latinoamericana. Ejemplos de ello son las continuas referencias antiimperialistas contra EE.UU. y el realce de figuras emblemáticas de la izquierda como Che Guevara, Fidel Castro y Salvador Allende.

La polarización política es un ingrediente clave. Era poco común en la historia reciente del país la existencia de discursos presidenciales con el grado de pugnacidad que caracteriza buena parte de las intervenciones del Presidente. Desde su primera campaña electoral se ha confrontado utilizando un lenguaje directo, agresivo, en muchas oportunidades descalificador y hasta procaz contra partidos políticos, personalidades, factores tradicionales de poder e instituciones. Contra las elites políticas previas no ha habido ahorro de calificativos despectivos y amenazas, desde ofrecer "freírles las cabezas" hasta llamarlos "imbéciles", "escuálidos", "traidores" o "pitiyanquis". A los dueños de los medios de comunicación privados más importantes del país los calificó por un tiempo de "cuatro jinetes del Apocalipsis". A un periodista que reseñó, de manera objetable según él, su derrota en el referendo de la reforma constitucional de 2007, lo tildó de periodista "de mierda". Con la jerarquía de la Iglesia Católica, en varias ocasiones la confrontación ha sido frontal llegando Chávez a calificar a algunos obispos de estar poseídos por el demonio. Su enfrentamiento con intelectuales y periodistas nacionales y extranjeros ha sido extenso. Al historiador Elías Pino Iturrieta, miembro de la Academia Nacional de la Historia, lo catalogó de analfabeto. Al ex presidente Bush de los EE.UU. lo asocia con el diablo y lo llama "Mr. Danger". En una oportunidad en Montevideo le endilgó ante las cámaras para deleite de periodistas: "You are a donkey, Mr. Bush!".

Estrechamente asociado con la polarización, Chávez también ha empleado profusamente un lenguaje militar y bélico. La lucha política de él y sus seguidores son batallas épicas contra enemigos poderosos y llenos de maldad llamando a "ponerse las botas" y vistiendo en distintas coyunturas el uniforme militar. Desde temprano, lo militar ha jugado un rol central en su simbología ya que el movimiento se origina en los cuarteles, si bien siempre se presenta como una alianza cívico-militar. En años recientes, el imaginario militar comenzó a prevalecer sobre lo civil. Ahora Chávez se hace llamar "Comandante Presidente", título con que los cubanos distinguen a Fidel Castro, de quien Chávez es ferviente admirador. En 2004, Chávez creó las unidades de batalla electoral para organizar sus bases en el referendo revocatorio presidencial en agosto de ese año. El comando de campaña para su reelección en 2006 se organizó por batallones, pelotones y escuadras. En 2007, al fundar el Partido Socialista Unido de Venezuela (PSUV), le dio el nombre de "batallones socialistas" a las unidades organizativas del nuevo partido que están conformadas por "patrullas". El imaginario militar fortalece el carácter polarizado en el cual se coloca la transformación que propugna enfatizando el carácter trascendente y heroico que tienen las luchas contra los oponentes políticos, quienes son identificados como enemigos.

Junto con estos ingredientes, el discurso de Chávez también se vale de un amplio repertorio de símbolos religiosos que contribuyen a moldear una visión totalitaria y salvacionista de su proyecto político y liderazgo. El verbo presidencial construye una visión omnicomprensiva del mundo, que tiene respuestas para todo, teniendo como misión última la creación de una "sociedad de hombres nuevos" (Zúquete, 2008).

Este discurso ha tenido la clara intención de enfrentar y excluir una estructura de poder y una elite (interna y externa) consideradas por él y su movimiento como imperialista, oligárquica y corrupta. Como contraparte, Chávez elabora un eficaz discurso incluyente de los sectores populares. Este discurso se centra en la idea del "pueblo" como el protagonista de la historia y el agente de las transformaciones: "sólo el pueblo salva al pueblo, y yo seré el instrumento de ustedes [...] pero si hay que derramar sangre, Cristo dio el ejemplo" (*El Universal*, 30 de julio de 1997). En ocasiones, Chávez es apenas "una brizna de paja en el viento", un elemento prescindible. Utiliza constantemente expresiones dirigidas a elevar la autoestima del pueblo vinculándolo con gestas decimonónicas, en especial las de Independencia y las de la Guerra Federal; se refiere al "bravo pueblo" o al "pueblo noble y valiente" siendo éstos algunos de los tantos elogiosos calificativos que reiteradamente utiliza.

Estos mismos elementos, en mayor o menor grado, provocan el rechazo, desprecio y en múltiples ocasiones indignación entre sus adversarios. El discurso descalificador y excluyente es el más despreciado. Los apelativos primero de "oligarcas", "negativos" y "puntofijistas", luego de "golpistas", "pitiyanquis" y "contrarrevolucionarios" meten en un mismo saco a posiciones y trayectorias públicas que pueden ser muy diversas. Con ello homologa a sus oponentes y alimenta sostenidamente la polarización, que le ha proporcionado en estos diez años constantes triunfos electorales. Otros elementos discursivos, sin tener intenciones agresoras, tampoco son bien vistos por quienes lo adversan. Las referencias al pueblo como centro del proceso son leídas por sectores medios y altos como evidencias de un populismo demagógico. Su informalidad es identificada con improvisación. Alusiones beisbolísticas, por ejemplo, que son reiteradas en los programas semanales *Aló Presidente*, son vistas como poco serias e impropias de un estadista y el uso del humor una manifestación de chabacanería.

Como se ha sostenido con otros líderes populistas, de manera notable en el caso del colombiano Jorge Eliécer Gaitán, el lenguaje coloquial de Chávez, pleno de anécdotas y referencias familiares, democratiza la política, la humaniza acercándola al hombre común. Igualmente, la constante repetición de ese discurso, así como la presencia del Presidente casi diaria en los medios, ha llevado a sus seguidores a sentirse partícipes de las decisiones que afectan sus vidas recuperando así sentimientos de inclusión. La polarización entre chavistas y "escuálidos", por otra parte, ha servido para materializar, como lo hiciera Gaitán con los "convivialistas", un adversario que sus seguidores pueden identificar con claridad borrando incertidumbres de un mundo con diversos, distintos y distantes líderes y elites políticas (Braun, 1985).

3. Los vasos comunicantes entre Chávez y su pueblo

El presidente Chávez, cónsono con la concepción del liderazgo populista, ha tendido crecientemente a debilitar todas las formas de mediación política, optando por vías más cercanas a un enfoque de democracia directa. Tres de ellas nos parecen clave para explicar, tanto el enorme atractivo que ejerce sobre sus seguidores, como la fuerte legitimidad de que ha gozado entre la mayoría del país.

La campaña permanente

En los doce años que lleva Chávez como Presidente, quince han sido los procesos electorales que se han realizado, los cuales tienen poco que ver con el significado que éstos tienen en democracias representativas tradicionales. En todas las elecciones, tanto sean nacionales, regionales, locales o referendos, Chávez ha sido la figura principal bien porque se ha relegitimado en el cargo –como en el 2000 y en la reelección de 2006– o porque su liderazgo ha servido como "portaviones" para los miembros de su elite política, quienes poco pueden competir con él. En el caso de los referendos, en todos ha operado la lógica de votar a favor o en contra de Chávez. De esta forma, se ha operado una relegitimación permanente del líder donde los partidos han sido apenas una parte de la plataforma que moviliza a las bases. Para su reelección en 2006, por ejemplo, el comando de campaña estaba integrado por dirigentes del partido MVR y organizaciones sociales mientras los otros partidos de la alianza fungieron sólo como asesores (*El Nacional*, 29 de julio de 2006). Desde 2006, la tendencia a la personalización que la lógica plebiscitaria ha ido imponiendo se ha exacerbado. Luego de las elecciones regionales y locales de noviembre de 2008, el Presidente se dirigió a su partido: "He visto que algunos dicen que este triunfo se debió a tal o cual partido. Se equivocan, este triunfo es de Chávez y de nadie más" (Chávez 2008, s/p). En 2011, con la aparición de su enfermedad y desde que regresara la primera vez de La Habana, Cuba, donde es tratado del cáncer, Chávez suele terminar sus discursos con una "¡Viva Chávez!".

En general, todos los comicios han seguido la lógica plebiscitaria. En las elecciones regionales y locales que se han realizado, Chávez ha impuesto con alguna frecuencia candidatos de poco arraigo en las regiones o municipios convirtiendo la elección en un "plebiscito de confirmación" de él y su gobierno[5]. El recurso del *kino*, plantilla usada en las elecciones para diputados a la Asamblea Constituyente de 1999, fue un caso en cuestión[6]. El apoyo del líder dependía de seguir al pie de la letra lo indicado en ella. Esta situación llegó a ser en 2008 incluso más extrema imponiendo Chávez candidatos a gobernador y alcaldes sin arraigo en sus territorios. Si bien los resultados vistos en su conjunto fueron muy positivos para el chavismo, hubo excepciones notables. En ciudades como Caracas y Maracaibo, y en estados como Zulia, Miranda y Carabobo, esa lógica terminó no resultando exitosa para los candidatos oficialistas. Esta dinámica convierte a Chávez en un presidente en permanente campaña política en la cual los partidos y otras mediaciones juegan un papel secundario. El carácter plebiscitario de la Presidencia, moldeado por esta campaña permanente, ha venido ahondando la incapacidad de la sociedad para ejercer contraloría sobre el Estado, amenazando la continuidad de instituciones democráticas de Venezuela. Es ésta una tendencia que se está observando también en otros países de la región andina como Ecuador y Bolivia (Conaghan y de la Torre, 2008).

---

[5] Pierre Rosanvallon (2006) llama "plebiscito de confirmación" al que se da en elecciones legislativas bajo el régimen cesarista.

[6] Esta plantilla ilustrativa tomó su nombre de un popular juego de lotería en el país. En ésta se explicaba, en detalle, las columnas y posiciones que debían marcarse para "votar" por el presidente Chávez, pese a que en esas elecciones el Presidente no competía.

Chávez y el "Estado comunicador"

Han sido los medios de comunicación una vía privilegiada para la comunicación entre líder y masas, intrínsecamente vinculado con la estrategia plebiscitaria. Desde el inicio del primer gobierno de Chávez, bien porque no había una clara o coherente política comunicacional por parte del gobierno o bien porque Chávez así lo decidió, lo cierto es que ha sido él desde un principio el centro de la estrategia comunicacional (Morales y Pereira, 2003). A partir de 2004, cuando ya toma cuerpo una política estatal compleja, esa centralidad se reforzó girando todo el andamiaje en dos recursos principales: las cadenas presidenciales de televisión y radio y el programa dominical *Aló Presidente*. En los primeros diez años de gobierno, las cadenas presidenciales han alcanzado el equivalente a 1.038 horas de transmisión, es decir unos 43 días. El promedio para *Aló Presidente* hasta junio de 2008 fue de 4 horas y 21 minutos. Pero desde enero de 2006 el promedio subió a 6 horas y 22 minutos (Oropeza, 2009, 67). Como referencia comparativa, el presidente estadounidense Franklin D. Roosevelt, otro líder que gustaba de usar los medios y a quien le tocó estar al frente de su país durante la Segunda Guerra Mundial, utilizó unas 499 horas, 21 días en sus doce años de gobierno, es decir la mitad que Chávez en más años que él. Por otra parte, Venezolana de Televisión (VTV), el canal bandera del Estado, se usa casi exclusivamente para la comunicación directa entre líder y pueblo y para adoctrinar en los valores del llamado "socialismo". Tres de cada cuatro horas de programación son de propaganda oficial y para reproducir extractos de las cadenas y de *Aló Presidente* (67).

Después del golpe de Estado de 2002, el gobierno fue elaborando lo que algunos han denominado una estrategia de Estado-comunicador (Bisbal, 2009). Para ello, ha ido creando toda una estructura o plataforma comunicacional con la finalidad de enfrentar al "enemigo" (tanto interno como externo) y a la vez irradiar, a través de la cultura de masas, el proyecto y proceso político-ideológico que se desea instaurar. Para ello, cuenta, además de VTV, que ha modernizado y expandido su señal hasta tener cobertura en todo el territorio nacional, con Vive TV, Ávila TV, Televisora de la Asamblea Nacional y Telesur. Esta última fue concebida en 2005 como canal de varios estados latinoamericanos (Argentina, Cuba y Uruguay) pero ha terminado por ser otro canal del gobierno venezolano, pues gracias a los petrodólares, Venezuela lo financia casi íntegramente y lo usa a los propósitos de posicionar el liderazgo de Chávez en la región y difundir su análisis de los eventos internacionales. Además de estaciones de televisión, está el crecimiento de la red radial estatal, donde Radio Nacional de Venezuela (RNV) funge como el centro de un conglomerado de estaciones que transmiten *Aló Presidente* así como información y propaganda oficial que llega a toda la geografía urbana y rural del país. Desde 2004, RNV cuenta también con una señal de onda corta internacional. Adicionalmente está la Agencia Bolivariana de Noticias (ABN) que tiene corresponsalías en Brasil, Argentina, EE.UU., España y Colombia así como varios periódicos. Está en construcción un satélite que difundirá la programación de Telesur a todo el continente. Toda esta plataforma se ve reforzada por el impulso y financiamiento que el gobierno ha dado a numerosas radios comunitarias, muchas de las cuales apoyan las políticas del Presidente y se movilizan en coyunturas electorales (Bisbal, 2009; Fernandes, 2007).

Gracias a esta estrategia, el Presidente es una figura cotidiana en la vida de sus seguidores. Lo ven permanentemente, se sienten en contacto con él y se perciben participando de su gestión de gobierno. Su avasallante presencia a través del espacio audiovisual y radioeléctrico, amén de periódicos, vallas y grafitis, es una manera de ejercicio de democracia directa direccionada de arriba hacia abajo. A través de los medios, Chávez hace avanzar su agenda y al mismo tiempo estigmatiza y obstaculiza cualquier iniciativa que se le opone.

La construcción del adversario político y la lucha contra él se desenvuelve de manera importante en este espacio mediático. Si bien Chávez en sus inicios recibió apoyos de las principales corporaciones mediáticas del país, esta relación fue breve y pasó rápidamente a una lucha frontal. Hoy algunos dueños de los medios han devenido en protagonistas –a veces principales– de la oposición política al proyecto chavista. El presidente los estigmatiza y ellos lo estigmatizan a él; algunos medios privados han actuado dentro de la misma lógica polarizada debilitando expresiones más complejas y sutiles de ver al presidente, a su gestión gubernamental y al proyecto político bolivariano. La lucha de estos polos ha sido permanente obstáculo para el desarrollo de la política y de los políticos, lo que refuerza las tendencias de debilidad de cualquier esfuerzo por crear mediaciones. Entre ambos polos, se han vivido varios momentos de clímax, como los casos del *blackout* televisivo durante el golpe de Estado del 11 de abril de 2002 y el cierre de Radio Caracas Televisión el 27 de mayo de 2007.

Siendo esta vía tan estratégica, el gobierno de Chávez ha buscado de manera creciente reducir la influencia de estos medios privados de comunicación. Ya en diciembre de 2000, ante el paro cívico convocado por las fuerzas de la oposición respaldado por los medios privados, Chávez respondió amenazando con hacer aprobar en el Congreso una ley de contenidos para regularlos (*El Nacional*, 24 de diciembre de 2001). En 2005, con la política del Nuevo Orden Comunicacional, la estrategia se ha complejizado abarcando también un conjunto de instrumentos legales (la Ley de Responsabilidad Social en los Medios de Comunicación y la de Telecomunicaciones, entre otras) que dotan al gobierno de recursos a los que puede acudir en caso de necesitar debilitar medios que considera contrarios a sus intereses. Estas normativas, si bien tienen aportes importantes para regular este "cuarto poder", también mantienen ambigüedades que pueden ser objeto de interpretaciones de acuerdo con la ocasión. Con la pérdida de autonomía de los poderes públicos, en particular del Judicial, las interpretaciones sirven para controlar o castigar a dueños de medios o periodistas que el presidente considere adversos a él. El gobierno acude también a otros recursos intimidatorios. Se señalan entre estos: sanciones tributarias, confiscación de equipos, retiro de publicidad del Estado, uso abusivo de las cadenas que representan cuantiosas pérdidas para los medios privados, etc. (Bisbal, 2009).

Un caso emblemático en el uso de instrumentos legales para ejercer retaliación política fue lo ocurrido con Radio Caracas Televisión (RCTV), un canal que participó en las acciones que condujeron al golpe de Estado de 2002. En diciembre de 2006, relegitimado por la reelección, el presidente, vestido con uniforme militar anunció desde un cuartel que cerraría el canal. Pocos meses después, usando su facultad legal de otorgar o negar concesiones, canceló la de RCTV. Usando el mismo recurso en 2009 sacó del aire a casi cuarenta estaciones de radio[7].

---

[7] El Estado venezolano es dueño del espectro radioeléctrico y como tal otorga concesiones al sector privado. La concesión de RCTV expiraba en mayo de 2007 y el Estado se negó a renovarla. En 2009, también usando la justificación de que habían expirado 39 estaciones de radio, y la persona a la cual se le había otorgado la concesión había muerto, el Estado sacó del aire 39 estaciones más de radio. Véase http://www.ifex.org/venezuela/2009/08/04/broadcasters_ordered_closed/es/).

Las redes populares para la organización, participación, distribución de recursos y movilización electoral

La construcción de un vasto tejido organizativo político y social, impulsado desde el gobierno y centrado en la figura de Chávez, es una tercera estrategia central en la comunicación del presidente con sus bases. Una estrategia organizativa para la movilización eficaz y frecuente ha sido una preocupación central para este régimen político que, en su discurso, rechaza las formas de representación convencionales del modelo liberal. Podemos diferenciar por lo menos tres etapas en la evolución de sus prácticas.

Una primera, antes de llegar al poder, de formación del movimiento bolivariano como un vasto movimiento nacional popular, contenido y orientado por un partido: el MBR 200. Aparte de su composición cívico-militar y ciertos rituales particulares (como el juramento bolivariano al ingresar) el MBR 200 fue similar a los demás partidos de masas de Venezuela. Sin embargo, nunca pudo contener a todos los simpatizantes del líder, que procedían de los más diversos caminos sociales e ideológicos. De modo que, además del MBR 200, el bolivarianismo contó desde antes de 1998 con diversas organizaciones populares, grupos de simpatizantes, partidos de izquierda y personalidades, que compartían ideas y particularmente el liderazgo emergente de Chávez. Para aglutinarlos en la campaña presidencial, ese año nació el Movimiento Quinta República (MVR), pensado inicialmente como una estructura electoral paralela al partido, fuertemente centralizada y controlada por Chávez. Al ganar el MVR, esa elección y los siguientes comicios hasta 2006, éste terminó por sustituir al MBR 200 debilitando el concepto del partido como empresa colectiva y fortaleciendo las tendencias personalizadas, centralizadas y pragmáticas orientadas por la lógica electoral.

Una segunda etapa abarcaría el primer gobierno de Chávez entre 1999 y 2007. En ella se buscó que el MVR cuajara como instrumento político del movimiento, pero los esfuerzos hechos fueron intermitentes y su éxito escaso. Más exitosas fueron organizaciones sociopolíticas creadas fuera del MVR, ligadas directamente a la defensa del presidente y con propósitos electorales como los Círculos Bolivarianos, las Unidades de Batalla Electoral y los Batallones Electorales. Estas organizaciones reforzaron el verticalismo y el personalismo político en torno a Chávez. En otra dimensión, se impulsaron organizaciones sociales en los barrios populares urbanos y en el campo dirigidas a gestionar con el Estado servicios públicos en las comunidades. Mesas Técnicas de Agua, Comités de Tierra Urbana o Rural, Comités de Salud, Madres del Barrio y otras constituyeron la base de un tejido social novedoso con distintos grados de autonomía y con el fin de concretar en la práctica el derecho constitucional a la participación en la gestión de políticas públicas. Estas comunidades organizadas experimentaban para encontrar modalidades más eficientes al propósito de inclusión, autodesarrollo y solución a gravísimos problemas en el acceso a los servicios públicos, impulsando una importante dinámica "de abajo hacia arriba", que generó el entusiasmo popular y explica la legitimidad que el presidente adquirió entre los sectores de ingresos bajos durante estos años. Esta dinámica convivió con dinámicas que llevaban una direccionalidad "de arriba hacia abajo" impulsadas también por el presidente y funcionarios públicos, particularmente militares que controlaban algunas de las misiones sociales. Las tensiones motivaron durante un tiempo un importante proceso de movilización y politización.

Una tercera etapa se transita actualmente, en el segundo gobierno de Chávez, con el desplazamiento de la democracia participativa por el modelo llamado "socialista". Bajo esta nueva propuesta, se produce el llamado del presidente a la disolución de todos los partidos de la alianza política, incluida el MVR, para conformar el Partido Socialista Unido de Venezuela (PSUV) como partido único de la revolución. Igualmente, se procede a la creación de los Consejos Comunales (CC) como núcleos primarios de un nuevo modelo de sociedad, núcleos a los cuales han de articularse todas las formas participativas previas. Los CC, según su ley de 2006, están pensados para gestionar servicios públicos y son dependientes de la Presidencia de la República de quien reciben los recursos. Ambas formas de organización –la partidaria y la participativa– tienen en su vértice al presidente Chávez y en lo fundamental están dirigidas desde arriba debilitando las prácticas democratizadoras, aunque persisten en ellas tensiones y contradicciones que provienen de las movilización desde abajo. Ambas se sostienen con los recursos públicos con lo que han fortalecido el clientelismo político como estrategia de vinculación con el líder. En enero de 2009, iniciándose la campaña del referendo para la enmienda constitucional, la ministra del Poder Popular para la Participación, en claro reconocimiento del estatus de los CC como brazos del gobierno y del PSUV, les ordenó cesar las obras que estuvieran haciendo para dedicarse de lleno a buscar los votos para el triunfo de la propuesta de Chávez que permitiría la reelección en todos los cargos (*El Nacional*, 8 de enero de 2009).

Así, estas modalidades organizativas, que en principio parecieron tener como propósito empoderar a una sociedad civil popular emergente, crecientemente van acoplándose a servir de correa de transmisión de los recursos públicos a las comunidades organizadas para que gestionen servicios públicos y a movilizar a las bases chavistas en tiempos electorales. En la Ley Orgánica de los Consejos Comunales aprobada por la Asamblea Nacional en 2009 se les dio por finalidad la "construcción de un modelo de sociedad socialista", asignándoles tareas como crear organizaciones socioproductivas para impulsar la propiedad social y coordinar con las Milicias Bolivarianas acciones "en lo referente a la defensa integral de la Nación" (LOCC, 2009, Art.23). Esto reforzó su carácter estatal.

4. Composición social del chavismo

Una manera de identificar la composición social de las bases del chavismo la proporcionan los resultados electorales. En éstos se constata la correspondencia entre la polarización social y política en Venezuela. Los sectores sociales medios y altos tienden a votar mayoritariamente por cualquier opción contraria a Chávez, mientras que los sectores más populares votan por él. También se manifiesta una polarización entre el campo y la ciudad. Aunque Venezuela es una sociedad altamente urbana, el voto de las ciudades pequeñas, pueblos y caseríos tiende a volcarse más a favor de Chávez, mientras que en las grandes ciudades esa tendencia no es tan pronunciada. En el cuadro siguiente se ilustran algunos ejemplos de estas tendencias comparando los resultados porcentuales favorables a Chávez en el referendo revocatorio de 2004, en las elecciones de 2006 y en la enmienda constitucional de 2009. Esta polaridad electoral ha sido una característica sostenida desde 1998.

Cuadro 1
Ejemplos de polarización electoral
Porcentaje de votos para Chávez en el referendo revocatorio 2004,
elecciones 2006 y referendo para enmienda constitucional 2009

	El NO en referendo 2004	Elecciones 2006 voto por Chávez	El SI en enmienda constitucional2009
NACIONAL	59,1	62,9	54,9
Zona Metropolitana Caracas	48,7	54,8	45,2
Municipio Libertador	56,0	62,6	52,0
Parroquia Antímano	76,7	81,9	72,3
Parroquia San Pedro	28,0	32,3	25,4
Municipio Baruta	20,6	24,2	18,6
Parroquia El Cafetal	9,3	10,9	8,1
Municipio Chacao	20,0	23,3	17,4
Municipio El Hatillo	17,9	20,3	16,9
Centro Club La Lagunita	5,7	7,8	4,5
Municipio Sucre	47,1	53,1	43,8
Parroquia La Dolorita	73,1	78,4	68,5
Parroquia Leoncio Martínez	21,8	26,4	20,1
Estado Zulia	53,1	51,4	47,3
Municipio Maracaibo (Maracaibo)	47,9	46,9	40,6
Parroquia Idelfonso Vásquez	67,4	57,8	53,2
Parroquia Olegario Villalobos	26,3	26,9	21,9
Estado Carabobo	56,8	61,7	52,4
Municipio Valencia (Valencia)	47,6	52,4	45,08
Parroquia Sta. Rosa	62,0	65,5	55,7
Parroquia San José	14,1	17,6	13,2
Estado Lara	64,8	66,5	55,5
Municipio Irribarren (Barquisimeto)	60,9	64,8	51,4
Parroquia Unión	72,5	74,7	61,5
Parroquia Sta. Rosa	40,5	45,4	34,9

Fuente: http://www.cne.gov.ve/

El cuadro muestra una selección ilustrativa del comportamiento de electores de distintas ciudades y diferentes niveles de ingreso. En Caracas se ve cómo los tres municipios pequeños, pero de mayores niveles de ingreso (Baruta, Chacao y El Hatillo) votan sostenidamente en contra de Chávez, mientras que los municipios grandes (Libertador y Sucre), por congregar la mayoría de los barrios populares de la ciudad, consistentemente favorecen a Chávez con su voto. Dentro de los distintos municipios caraqueños se tomaron parroquias con distintas composiciones sociales mostrándose con nitidez la tendencia mencionada. Por ejemplo, la parroquia Antímano del municipio Libertador es una de las más pobres de la ciudad y vota sólidamente por Chávez. En contraste, la de San Pedro, mayoritariamente de clases medias, se pronuncia electoralmente por la oposición. Un ejemplo extremo es el centro Club La Lagunita, sector residencial de sectores altos, donde la oposición captura más del 90% de los votos.

El cuadro también presenta los datos correspondientes a tres estados del país que son asientos de tres de las ciudades más importantes y pobladas. Allí se aprecia que la votación a favor de Chávez en todo el estado es superior porcentualmente a la obtenida en la capital del estado. En zonas rurales y más rezagadas, Chávez tiene mayor pegada electoral. También para cada una de las ciudades se comparan los resultados electorales de la parroquia más rica con los de la más pobre. Consistentemente Chávez pierde en las ricas y gana en las pobres.

La composición social de dirigentes y quienes a lo largo de estos años conforman las elites del chavismo es diversa y, aunque no existen demasiados estudios sobre ello, algunos datos nos permiten dibujar algunas características. En un estudio sobre la composición de la Asamblea Nacional de 2000, por ejemplo, se observó que la mayoría de los diputados procedentes de la alianza chavista (MVR y MAS) reconocían su nuevo ingreso como suficiente o más que suficiente (84,5% y 66,7% respectivamente) mientras los parlamentarios del partido Proyecto Venezuela lo consideraban mayoritariamente insuficiente (75%). El 50% de los parlamentarios adecos también lo consideraban insuficiente (Martínez Barahona, 2002: 230-31). Es un dato que parecería indicar que el nivel de ingresos que devengaban los chavistas entonces era el más alto que habían tenido, lo que señalaba su más baja extracción social con relación a otras elites. Si se atiende al nivel educativo, en el Parlamento de 2000 el 72,4% de los congresistas del MVR eran profesionales (con grado universitario o posgrado), lo que era muy similar al nivel educativo de los diputados de AD, los cuales 75% declaraban tener grado universitario o posgrado. Parecería que estamos en presencia de una elite profesional aunque procedente de las clases medias de ingresos más bajos.

Estos datos guardan afinidad con las elites militares, la otra importante fuente de la que se nutren las elites chavistas. Son los militares también de clases medias bajas o incluso de extracción humilde pero con niveles de educación profesionales. Los casos de Chávez, Francisco Arias Cárdenas o Jorge García Carneiro son ilustrativos de este origen. El general García Carneiro, quien fue ministro de la Defensa en el primer gobierno de Chávez y es actualmente gobernador del estado Vargas, nació y vivió en un barrio popular de la parroquia El Valle de Caracas (Harnecker, 2003). Chávez proviene de una familia pobre de seis hermanos cuyos padres eran maestros de escuela en un pueblo del remoto estado Barinas (Marcano y Barrera, 2004). Arias Cárdenas proviene de una familia humilde andina de doce hijos, cuyo padre se ganaba la vida como chofer de transporte público (Zago, 1992). Ingresó primero al seminario y luego a la carrera militar como medio para sobrevivir y educarse. Estos militares recibieron educación hasta el nivel universitario en las Fuerzas Armadas.

Por otra parte, distintos estudios coinciden en que muchos de los políticos o funcionarios públicos civiles que debutan por primera vez con el chavismo en cuerpos deliberantes y en la administración pública, cuando son de mediana edad, suelen tener una importante formación, experiencia y compromiso político con valores contrahegemónicos que datan de muchos años antes de la llegada al poder de Chávez. Algunos provienen de partidos tradicionales como AD y COPEI, pero la mayoría pertenecieron a partidos de la izquierda venezolana o se formaron en el activismo social desarrollado en el país desde los años sesenta. Por ejemplo, cuadros del partido La Causa R, partido que se originó en 1970 de una división del PCV y que en 1997 se dividió conformándose el partido Patria Para Todos (PPT), han proporcionado figuras claves de los dos gobiernos de Chávez. Destacan, entre otros relevantes, Alí Rodríguez, Aristóbulo Istúriz, María Cristina Iglesias, Julio Montes, Bernardo Álvarez y Francisco Sesto. Todos ellos son profesionales universitarios, vienen del activismo social y político de al menos dos o tres décadas atrás y han ocupado diversos altos cargos en el alto gobierno. Todos han sido ministros en algún momento[8]. Muchos activistas sociales entre los cuarenta o cincuenta años, que trabajan en las distintas formas de participación comunitaria implementadas por el gobierno de Chávez, iniciaron su oficio formándose en la doctrina social de la Iglesia Católica; de allí pasaron a militar en partidos de izquierda o en organizaciones dentro del movimiento popular urbano. Otros, provienen de organizaciones populares vinculadas con la lucha armada de los sesenta, que luego se abocaron a luchas urbanas como parte del movimiento popular (López Maya, 2011).

Reflexiones finales

El espectacular ascenso al poder en Venezuela de Hugo Chávez a fines del siglo XX respondió a un conjunto de procesos de crisis en la vida social venezolana que se fueron incubando por dos décadas. Estos procesos favorecieron una ruptura populista como instrumento para el cambio y la transformación social en beneficio de excluidos e insatisfechos con el orden establecido. Chávez tuvo, no sólo un escenario sociopolítico y económico altamente favorable. También reunía atributos personales que lo hacían muy atractivo a las masas.

A partir de 1999, ya en ejercicio del gobierno, la estabilización de la nueva relación de fuerzas que el bolivarianismo representaba se tornó una tarea compleja. Las múltiples demandas insatisfechas que Chávez articuló como significante vacío necesitaban concretarse. Chávez cumplió algunas de las expectativas más caras, no sólo de los pobres sino también de sectores de capas medias e intelectuales. La Asamblea Constituyente, que elaboró la Constitución de la República Bolivariana de Venezuela en 1999, institucionalizó las aspiraciones de mecanismos de democracia directa tanto en la esfera política –con los referendos, asambleas ciudadanas, revocatoria de mandato,

---

[8] Un caso destacado es Alí Rodríguez Araque, comandante por el PCV de la lucha armada de los años sesenta, luego miembro del Partido de la Revolución Venezolana (PRV, cuyo líder fue Douglas Bravo). Se graduó en la Universidad Central de Venezuela de abogado, entró a LCR en los años ochenta, se fue en 1997 y junto con Istúriz, Iglesias, Alberto Muller Rojas, Sesto y otros fundó el partido Patria Para Todos (PPT). Es hoy directivo del PSUV. Ha sido ministro de Hidrocarburos, Finanzas, Canciller, presidente de PDVSA, embajador de Venezuela en Cuba y ministro de Energía Eléctrica.

entre otros– como en la gestión de servicios públicos llenando aspiraciones de capas medias y pobres. Dio el voto a los militares, reafirmó la centralidad del Estado, la universalidad de los derechos sociales, la obligación del Estado a garantizarlos y la propiedad de éste sobre el petróleo, todo ello en clara oposición a los paradigmas neoliberales. En sus primeros años, el gobierno pareció iniciar el camino hacia un Estado que, conforme a los debates y luchas de las décadas previas, propendía a una democracia sustantiva sin sacrificar las instituciones de la democracia liberal.

Pese a qué Chávez cumplía demandas postergadas, los cambios institucionales propugnados chocaron con poderosos intereses constituidos. Empresarios, medios de comunicación privados, gerencia petrolera, líderes sindicales y jerarquía de la Iglesia Católica, entre otros, resistieron violentamente los cambios en las relaciones de poder entre 2001 y 2004. El enfrentamiento político alcanzó un clímax con el golpe de Estado, el paro petrolero y las "guarimbas"[9]. La sobrevivencia del presidente y su gobierno a estos ataques, apoyados por la Fuerza Armada y la movilización de sus seguidores, donde los partidos políticos tuvieron poco peso, afianzó el populismo como forma de hacer política profundizando el discurso dicotómico, la centralidad del liderazgo personal del presidente Chávez y debilitando al extremo los ya bastante disminuidos valores que los sectores populares profesaban por las instituciones representativas. Fue en ese contexto conflictivo, polarizado y violento donde terminó por predominar las tendencias más personalistas y autoritarias del proyecto expresado en la CRBV.

Desde 2004 con el referendo revocatorio, establecer vínculos directos del líder con su pueblo se constituye en orientación explícita del Estado como en el caso del Nuevo Orden Comunicacional lanzado como política del gobierno en 2005 o los consejos comunales institucionalizados en la ley de 2006. Los partidos se achican en importancia frente a organizaciones sociales impulsadas desde la Presidencia que sirven para gestionar servicios públicos, defender al Presidente y/o movilizar las bases chavistas en tiempos

---

[9] Las "guarimbas" fueron acciones de protesta, que protagonizaron los ciudadanos, haciendo simultáneamente bloqueos en avenidas, calles e incluso algunas arterias viales principales de las ciudades. Algunas guarimbas desembocaron en violencia, con fogatas, pedradas y balaceras. Al llegar la policía, los autores de la protesta se esfumaban refugiándose en sus casas o algún lugar seguro ("guarimbas" palabra de origen probablemente caribe que se usa como "casa" en un juego infantil venezolano). Se buscaba crear el caos y la intervención de la Fuerza Armada para deponer a Chávez.

electorales. Se debilitan los procesos de descentralización político administrativo a favor de una recentralización del Estado. El presidente concentra recursos, atribuciones y poderes, legisla por decreto y se va perdiendo la autonomía de los otros poderes públicos. En nombre del "proceso revolucionario" dirigido a crear un "socialismo del siglo XXI" se van debilitando las instituciones de mediación liberales como la Asamblea Nacional desarrollándose mecanismos como el "parlamentarismo de calle", una modalidad participativa utilizada ocasionalmente desde el 2006 que convoca al pueblo a las plazas, no tanto para deliberar sino para difundir y posteriormente defender algunas leyes y normas. La deliberación y toma de decisiones es cada vez más un proceso decisorio exclusivo del presidente.

La reelección de Chávez en 2006 para un segundo mandato de seis años, con un caudal de votos sin precedentes en Venezuela desde 1958, ni en números absolutos ni en porcentajes, pareció corroborar la aceptación de los venezolanos del régimen político que Chávez y el chavismo están construyendo. El "socialismo del siglo XXI", planteado como un modelo alternativo al capitalismo y a la democracia representativa, aunque inicialmente vago en su definición, se ha ido aclarando. En la propuesta de reforma constitucional presentada por el presidente para su aprobación en referendo popular en 2007, si bien fue rechazada por la mayoría, muchos de sus contenidos han sido aprobados a través de leyes y reglamentos después de que se aprobó en febrero de 2009 la enmienda constitucional, que permite la reelección indefinida del Presidente y de todos los cargos electos. El modelo socialista de Chávez consolida las tendencias centralizadoras y autoritarias que se fortalecieron en la lucha hegemónica y guarda similitudes con experiencias socialistas del siglo XX como las de la Unión Soviética y Cuba.

Volviendo a una afirmación que hicimos al inicio, en Venezuela, la autonomía relativa del Estado con relación a la sociedad civil, gracias al ingreso fiscal petrolero, ha permitido a quienes llegan al poder, sobre todo en coyunturas de bonanza petrolera como la que ha vivido el gobierno de Chávez entre 2004 y 2008, poner en práctica proyectos particulares sin necesidad de engorrosos procesos de negociación de intereses. El proyecto que emergió en 1999 con el triunfo de Chávez y la aprobación de la constitución, al darse en un contexto de bajos ingresos fiscales petroleros, necesitó del debate y la construcción de consensos. La Constitución bolivariana dio expresión legal a un conjunto de demandas y aspiraciones elaboradas por disímiles actores desde los años ochenta tanto a través de la protesta de calle como en el trabajo dentro de espacios institucionales como la COPRE. El proyecto del socialismo del siglo XXI del segundo gobierno de Chávez no puede decir lo mismo. Más bien se ha venido imponiendo, gracias a una combinación de significativos recursos fiscales petroleros, interpretaciones manipuladas de las leyes, y el inmenso prestigio y la confianza que las mayorías pobres mantienen respecto del presidente como resultado de su primera gestión y el contexto de conflicto en el cual se vio inserto. Encuestas han venido señalando de manera reiterada que la propuesta "socialista" en aspectos clave como el debilitamiento de la propiedad privada o la implantación de instituciones del modelo cubano no cuentan con el favor popular (Datanálisis, 2009, Salamanca, 2011). No obstante, las satisfacciones de tipo simbólico que el discurso revanchista y de inclusión social han generado, los esfuerzos hechos por las masas para sostener a Chávez en los difíciles años de la confrontación violenta, la distribución de los pingües ingresos fiscales petroleros de estos años de bonanza a través de políticas sociales como las misiones y la debilidad política de las fuerzas de oposición le han permitido a Chávez imponer una transformación de la sociedad venezolana orientada por un patrón cortado a su medida.

Está por verse, sin embargo, si ese régimen es viable en medio de la inestabilidad del mercado petrolero que se está desarrollando. En 2009 y 2010, el descenso del ingreso fiscal petrolero se vio inmediatamente expresado en el aumento de la protesta popular de calle, motivada por reivindicaciones socioeconómicas no cumplidas por parte del gobierno de parte de empleados públicos y sectores pobres, así como en una disminución de la popularidad del Presidente (véase Provea, 2009 y 2010 e IVAD en *Tal Cual*, 26 de enero de 2010). Si bien el ingreso fiscal se recuperó en 2011, la inflación y la violencia social incontrolables mantuvieron en ascenso la protesta popular, y pareció insuficiente para cubrir el gasto público que este "socialismo rentista" requiere. En este contexto, la figura todopoderosa y omnipresente del presidente podría continuar debilitándose, con consecuencias impredecibles para la sociedad venezolana. De hecho, también en 2011 las tendencias a la inestabilidad e incertidumbre se acentuaron por un hecho sorpresivo, cuyo impacto político se mantiene al cierre de este trabajo aún difícil de evaluar: la enfermedad de cáncer que padece el presidente, cuyo tratamiento se hace en La Habana, como una manera de mantener en secreto la magnitud de su gravedad.

En Venezuela, como en otros países, se ha utilizado el adjetivo "populista" para descalificar todo fenómeno, donde el proceso de transformaciones sea impulsado por sectores sociales excluidos movilizados directamente por un jefe carismático con un discurso polarizado. Esa perspectiva no permite apreciar sus méritos, como instrumento útil en un momento determinado –como señala Laclau– para construir las bases de un nuevo imaginario social de gran potencial movilizador capaz de romper una estructura de poder anquilosado y excluyente, que obstaculiza el avance democrático de una sociedad (Laclau). La tentación del líder populista, sin embargo, es conservar el poder alcanzado, concentrándolo al costo de destruir todo tejido institucional que permita un orden político de diálogo y construcción de consensos. El caso venezolano muestra con creces cómo, una vez resuelto el conflicto a favor del bolivarianismo, el líder utilizó su fortaleza para modificar el proyecto con el cual había adquirido su legitimidad primera. El Petroestado ha facilitado la destrucción de contrapesos institucionales y el avance de un proyecto ya no de profundización democrática sino de tendencias autoritarias.

Bibliografía

Bisbal, Marcelino. *Hegemonía y control comunicacional*. Caracas: Editorial Alfa-UCAB, 2009.

————. "Las comunicaciones del régimen" en *El Nacional*, 26 de noviembre de 2006.

Braun, Herbert. *The Assassination of Gaitan. Public life and Urban Violence in Colombia*. Madison: University of Wisconsin Press, 1985.

Chávez Frías, Hugo. "Discurso en la sede del PSUV", 15 de diciembre de 2008. Caracas, acceso el 16 de diciembre.

Chaparro Amaya, Adolfo. "Un falso dilema para los gobiernos de América Latina: entre democracia y populismo", en Galindo, Carolina, Ana María Sallenave y Adolfo Chaparro (eds.) *Estado, democracia y populismo en América Latina*. Buenos Aires: Universidad del Rosario-CLACSO, 2008. pp. 294-309.

Coronil, Fernando. *El Estado mágico. Naturaleza, dinero y modernidad en Venezuela*. Caracas: Nueva Sociedad, 2002.

Coronil, Fernando y Julie Skurski. "Dismembering and Remembering the Nation: The Semantics of Political Violence in Venezuela", en *Comparative Studies in Society and History*, vol. 33, N° 2, abril 1991, pp. 288-335.

Conaghan, Catherine y Carlos de la Torre. "The Permanent Campaign of Rafael Correa: Making Ecuador´s Plebiscitary Presidency", en *The International Journal of Press/Politics*, vol. 13, N° 3, 2008, pp. 267-84.

Crisp, Brian F., Daniel H. Levine y Juan C. Rey. "The Legitimacy Problem" en McCoy, Jennifer, Andrés Serbib, William C. Smith y Andrés Stambouli. *Venezuelan Democracy under Stress*. New Brunswick: Transaction Publishers, 1996, pp. 139-70.

Datanálisis. *Encuesta Nacional Ómnibus*, 23 de setiembre al 8 de octubre de 2009. Caracas.

De la Torre, Carlos. "The Resurgence of Radical Populism in Latin America" en *Constellations*, vol.14, N° 3, 2007, pp. 384-97.

————. *Populist Seduction in Latin America*. Ohio University Research in Latin American Studies, Latin American Series, N° 50, 2000.

Ellner, Steve. "El apogeo del populismo radical en Venezuela y sus consecuencias", en *Revista Venezolana de Economía y Ciencias Sociales* vol.1, enero-marzo 1997, pp. 77-100.

————. "Hugo Chávez y Alberto Fujimori: análisis comparativo de dos variantes de populismo", en *Revista Venezolana de Economía y Ciencias Sociales* vol.1, 2004, pp.13-38.

Fernandes, Sujatha. "Radio Bemba in an Age of Electronic Media", ponencia presentada en *Conference Globalization and the Rise of the Left in Latin America*, Princeton University, 6 al 8 de diciembre de 2007.

Gómez Calcaño, Luis y Nelly Arenas. *Populismo autoritario: Venezuela 1999-2005*. Caracas: CDCH-CENDES, 2006.

Gómez Calcaño, Luis y López Maya, Margarita. *El tejido de Penélope. La reforma del Estado en Venezuela*. Caracas, CENDES-APUCV-IPP. 1990

Harnecker, Marta. *Militares junto al pueblo*. Caracas: Vadell Hermanos, 2003.

Karl, Terry Lynn. "The Venezuelan Petro-state and the crisis of 'its' Democracy", en McCoy, Jennifer, Andrés Serbín, William Smith y Andrés Stambouli *Venezuelan Democracy under Stress*. New Brunswick: University of Miami, 1991, pp. 33-55.

Laclau, Ernesto. *La razón populista*. México: Fondo de Cultura Económica, 2005.

LOCC. Ley Orgánica de los Consejos Comunales. Caracas, GO 39.335. Diciembre 2009.

Lombardi, John. *Venezuela. The Search for Order, The Dream of Progress*. New York: Oxford University Press, 1982.

López Maya, Margarita. *Del viernes negro al referendo revocatorio*. Caracas: Editorial Alfa, [2005], 2006.

————. "Movilización, institucionalidad y legitimidad en Venezuela", en *Revista Venezolana de Economía y Ciencias Sociales*, vol.9, N° 1, 2003, pp. 211-27.

————. *Democracia participativa en Venezuela*. Origen, percepciones y desafíos. Caracas, Centro Gumilla, Temas de Formación Sociopolítica, N° 50, 2011.

MARCANO, CRISTINA y BARRERA TYSZKA, ALBERTO. *Hugo Chávez sin uniforme. Caracas, Ed. Debate, 2004*.

MARTÍNEZ BARAHONA, ELENA. "¿Ante un nuevo parlamento en la V República bolivariana?", en Rollón, Marisa (ed.) *Venezuela: rupturas y continuidades del sistema político (1999-2001)*. Salamanca: Ediciones Universidad de Salamanca, 2002.

MORALES, MARELIS y JAVIER PEREIRA. "La política informativa del gobierno de Chávez", en *Comunicación*, vol.121, 2003.

OROPEZA, ÁNGEL (2009): "Comunicación como política de gobierno vs. comunicación como política de revolución", en Bisbal, Marcelino (ed.) *Hegemonía y control comunicacional*. Caracas: Editorial Alfa-UCAB, 2009.

PERUZZOTTI, ENRIQUE. "Populismo y representación democrática", en De la Torre, Carlos y Enrique Peruzzotti (eds.) *El retorno del pueblo. Populismo y nuevas democracias en América Latina*. Quito: FLACSO, 2009, pp. 97-123.

————. "Constitucionalismo, populismo y sociedad civil. Lecciones del caso argentino", en *Revista Mexicana de Sociología*, vol.61, N° 4, 1999, pp.162-71.

PROVEA. *Informe anual sobre la situación de los derechos humanos en Venezuela*. Caracas, Provea, años señalados.

ROBERTS, KENNETH. "La descomposición del sistema de partidos en Venezuela vista desde un análisis comparativo", en *Revista Venezolana de Economía y Ciencias Sociales*, vol.7, N° 2, 2001, pp. 183-200.

ROSANVALLON, PIERRE. *La democracia inconclusa*. Colombia: Taurus, 2006.

Salamanca, Luis. "La insatisfacción predomina", *SIC*, N° 738, Año LXXIV, septiembre –octubre de 2011, pp. 351-363.

WELSH, FRIEDRICH. "The Political Impact of Public Opinion Studies in Venezuela", ponencia presentada en el *XIX LASA*, Washington DC, 1995.

ZAGO, ANGELA. *La rebelión de los ángeles*. Caracas: Fuentes Editores, 1992.

ZÚQUETE, JOSÉ PEDRO. "Missionary Politics of Hugo Chavez", en *Latin American Politics and Society*", primavera 2008, pp. 91-121.

Prensa consultada

El Nacional, 24 de diciembre de 2001.
El Nacional, 29 de julio de 2006.
El Nacional, 8 de enero de 2009.
El Universal, 30 de Julio de 1997.
Tal Cual, 26 de enero de 2010.

Sitios consultados

http://www.cne.gov.ve/ , accedido el 19 y 25 de agosto de 2009.

Bolivia: populismo, nacionalismo e indigenismo

Fernando Mayorga[1]

Desde el arribo de Evo Morales a la presidencia en enero de 2006 opté por no utilizar el término "populismo" para caracterizar su liderazgo, ni el movimiento político que lidera, tampoco el estilo de gobierno del MAS. No solamente debido a la polisemia del concepto, también porque su uso indiscriminado en la retórica política de la oposición boliviana convirtió esta palabra en un adjetivo que no permite develar el proceso ni el fenómeno político en cuestión, más bien lo enmascara. Por ello, cuando en 2006 me pidieron un artículo para la revista *Nueva Sociedad*, publicado en noviembre-diciembre de ese año, deseché la sugerencia de reflexionar sobre el "populismo evista". Mis ideas sobre el proyecto masista las resumí en el título: "El gobierno de Evo Morales: entre nacionalismo e indigenismo", porque esos elementos discursivos se perfilaban como los componentes centrales del proceso político y de la reforma estatal en curso. Y en la actualidad marcan el populismo boliviano que promueve un modelo estadocéntrico y convoca un sujeto popular que no es el "pueblo" del siglo XX pero termina siendo representado en y por el Estado.

Es decir, las transformaciones políticas han llegado a un punto de articulación discursiva y de institucionalización estatal que es posible y necesario reflexionar con cierta certeza en torno del populismo boliviano del siglo XXI considerando algunos rasgos típicos del fenómeno populista: 1) el tipo de carisma del líder político, 2) el lazo entre el líder carismático y sus seguidores, 3) el sujeto popular interpelado por el discurso político y 4) el papel del Estado en el proyecto revolucionario. De manera sucinta consideramos el

---

[1] Sociólogo por la Universidad Nacional Autónoma de México (UNAM) y Doctor en Ciencia Política por la Facultad Latinoamericana de Ciencias Sociales (FLACSO). Oficia de catedrático en la Carrera de Sociología y es Director general del Centro de Estudios Superiores Universitarios (CESU) en la Universidad Mayor de San Simón (UMSS) de Cochabamba.

carisma de Evo Morales como un carisma situacional donde resaltan aspectos identitarios por su condición de campesino-indígena. La relación entre el líder carismático y sus seguidores está mediada de manera decisiva por un entramado organizativo sindical y una cultura comunitaria que caracterizan a los movimientos sociales y que son más importantes que el partido político para la generación y reproducción de la capacidad de convocatoria de Evo Morales. El "pueblo", esa alianza de clases convocada como antípoda de la oligarquía, es sustituido por un sujeto "plurinacional", un conjunto de identidades étnicas y clasistas reconocidas en la Constitución Política del Estado que expresan el predominio de una orientación indigenista en el Estado Plurinacional. Pese a estas peculiaridades, el proyecto político del MAS promueve un modelo estatal con una matriz "estadocéntrica" (Cfr. Cavarozzi, 1996; Garretón, 1995). El Estado aparece, en esa trama discursiva, como la única entidad que representa los intereses del sujeto "plurinacional" y porque le otorga un rol central en la solución de los rezagos y desigualdades económicas, políticas, territoriales y socioculturales.

Precisamente, nuestra perspectiva considera que existen rupturas y continuidades entre la revolución del 52 bajo el mando del MNR y la "revolución democrática y cultural" conducida por el MAS desde 2005. Una línea de continuidad es la persistencia del nacionalismo revolucionario en su vertiente estatal (lo "nacional-estatal") con el retorno del protagonismo estatal en la economía y en la concentración del poder político decisional en una sola fuerza política. En cambio, una línea de ruptura se percibe en su vertiente popular (lo "nacional-popular") con la sustitución del sujeto "pueblo" por un sujeto "plurinacional" convocado por el discurso masista que cuestiona el nacionalismo integracionista y homogeneizante impulsado desde la revolución del 52. Otro aspecto relevante es el liderazgo inconstrastable de Evo Morales en el partido de gobierno, mientras que el MNR vivió una pugna entre varios líderes que determinó la fractura del partido. Esta sucinta comparación con el proceso populista de los años cincuenta del siglo pasado sirve de referente para explicar las peculiaridades del populismo en el siglo XXI.

El carisma situacional de Evo

Evo soy yo. Así rezaban unas gigantografías de propaganda gubernamental desplegada en varias ciudades durante los primeros meses de 2006. Un lema curioso porque el orden del discurso aparecía invertido, no seguía la secuencia previsible y convencional del mensaje político, esto es: *Yo soy Evo/Nosotros somos Evo*. Tal vez porque un líder puede ser "nosotros", puesto que todos somos el espejo donde él se refleja. Pero ninguno/a de nosotros/as (algunas fotografías tenían rostro de mujer) puede ser Evo porque se diluiría la excepcionalidad de su figura: sólo él fue y es el primer presidente indígena o el primer indígena presidente. Y no solamente para los bolivianos. Evo es una imagen "glocal": local y global, porque la interpelación indígena se construye sobre la fractura histórica provocada por la conquista y colonización española y se enlaza con la crisis del Estado nacional y los debates internacionales sobre ciudadanía multicultural. En el último cuarto de siglo, mientras en Latinoamérica y en la región andina se producía la emergencia del movimiento campesino e indígena, las reivindicaciones indígenas pasaron a formar parte del discurso global en ámbitos contrapuestos: por un lado, en las entidades multilaterales y organismos internacionales formales como la Organización Internacional del Trabajo OIT y las Naciones Unidas y, por otro, en los eventos del movimiento antiglobalización y altermundista congregado en el Foro Social Mundial (Mayorga y Córdova, 2008). Evo Morales, en su condición de dirigente cocalero era una figura relevante en estos espacios informales, no obstante su imagen contestataria y su condición étnica adquirieron otra connotación cuando irrumpió en los ámbitos institucionales de la política internacional como presidente, como "hombre de Estado". Es decir, a diferencia de otros líderes latinoamericanos, Evo Morales se sitúa en ambos mundos con personalidad propia, verosimilitud y cierta ventaja porque, en la globalización, Evo representa la *otredad*, en cambio, en la política local es *auto*representación de lo campesino e indígena.

El liderazgo carismático de Evo Morales reposa fuertemente en su identidad indígena, no en la capacidad argumentativa de su retórica política sino en los elementos suasivos de su discurso: su imagen, sus gestos, su manera de ser, identidad étnica. (Cfr. Eco, 2005; Lo Cascio Vincenzo, 1991). Sin embargo, en la medida que fue y es dirigente sindical del sector cocalero, Evo Morales tiene una mirada nacional-popular que le permite evitar las tentaciones del reduccionismo etnicista. En los años 80 aprendió que el sindicato es un punto nodal de conexión con el Estado porque el sindicato es la mediación más importante desde los orígenes del proletariado y campesinado. Además, el sindicalismo cocalero actúa sin referentes regionales porque tiene un vínculo directo con el gobierno central, inclusive cuando el Estado boliviano estaba sometido a la influencia norteamericana. Por eso la mirada de los cocaleros es nacional y el corporativismo sindical no impide que sus demandas sectoriales sean articuladas a una visión general, a un proyecto político, porque se nutre de la tradición sindical boliviana que no sabe de fronteras entre lo social y lo político.

Con estos criterios esbozamos un análisis del liderazgo de Evo Morales resaltando el carácter situacional de su carisma, los recursos de poder que definen su accionar y los rasgos de su discurso político.

Carisma de situación

Existen varios tipos de liderazgo político. Uno de los más sugerentes es el liderazgo de corte carismático, el cual se refiere a ciertas cualidades extraordinarias que tiene una persona, independientemente de que sean hipotéticas, atribuidas o reales (Lindholm Charles, 1990). La legitimidad de la autoridad del líder carismático remite a razones que la racionalidad no explica porque contiene una fuerte carga emocional y pone en juego aspectos simbólicos e identitarios. En el caso de Evo Morales los elementos suasivos de su identidad política son centrales para esbozar su liderazgo: es indio, es campesino, no es convencional, aunque este no puede entenderse al margen de los rasgos, sobre todo de carácter organizativo, de la sociedad civil boliviana.

El liderazgo carismático –como hecho político– debe ser entendido como proceso. Así como aparece en momentos de crisis, se desvanece cuando las condiciones se transforman o cuando el propio ejercicio del liderazgo modifica sus motivaciones originales, es decir, no depende solamente de los atributos del líder ni de la disponibilidad de sus seguidores, sino de la concreción –o no– de las expectativas en juego. En el transcurso del tiempo, el liderazgo carismático tiende a articularse con otras formas de legitimidad que se define como rutinización o institucionalización; o bien se disuelve cuando se han cumplido las metas previstas o se ha desvanecido su necesidad social. Como señala Weber, la "autoridad carismática es específicamente inestable" y eso exige una demostración continua de las cualidades del líder mediante la demostración fáctica de su capacidad para satisfacer las demandas materiales y simbólicas de sus seguidores. Hacer énfasis en su carácter inestable conduce a considerar el liderazgo carismático como un proceso donde se articulan de manera compleja: la personalidad del líder, las expectativas de sus seguidores, las circunstancias del contexto y las demandas en juego. Esta mirada permite dejar de lado la explicación mesiánica –de corte teleológico– que reduce el análisis de los líderes políticos a consideraciones meramente subjetivas. En tal sentido, se puede señalar que el de Evo Morales es un caso de "carisma situacional" porque el carisma depende de una "situación" –o de un contexto– que predispone a una colectividad a percibir cualidades especiales en –y a seguir fervorosamente a– una persona(Tucker en Dankwart, 1976).

El liderazgo carismático de Evo Morales es de carácter situacional porque las circunstancias de la crisis política desatada a inicios del año 2000 definieron su arribo al poder y su presencia en el gobierno transformó su perfil de dirigente sindical contestatario en portador de un proyecto de transformación política. Entre las circunstancias sobresale la crisis de los partidos tradicionales –el agotamiento de la "democracia pactada"– que se manifestó en la decisión ciudadana de otorgar amplia legitimidad a la autoridad presidencial con el inédito apoyo del 54% de los votos a Evo Morales en 2005, una mayoría absoluta reeditada en 2009. Junto con este viraje en el comportamiento electoral ciudadano se destaca la emergencia y fortalecimiento del movimiento campesino e indígena que, desde 2002, se transformó en un actor decisivo en la política nacional. La imbricación entre lo campesino y lo indígena en un solo actor organizado y en un proyecto compartido tiene que ver con la adopción de códigos étnicos en el seno de la CSUTCB y con la creación de organizaciones indígenas en los pueblos de tierras bajas y, después, en tierras altas, en un proceso que se catapultó desde principios de los años noventa. Es decir, se produjo una suerte de "etnización" de lo campesino y una autonomía organizativa de lo indígena respecto del sindicalismo campesino. Paralelamente se produjo un debate en torno de la participación directa en la disputa electoral mediante un "instrumento político" del sindicalismo campesino que no era otra cosa que una demanda de autorrepresentación, y por tanto, de postulación de candidatos propios. Esta dinámica organizativa es el sustrato del carisma situacional de Evo Morales y se manifiesta en una combinación de recursos de poder que se complementan y superponen: sindicatos, partido y aparato gubernamental.

Ahora bien, la conducción de la coalición entre el MAS y los movimientos sociales y la ampliación de la base de apoyo electoral al MAS con la incorporación de sectores medios de las ciudades dependió, en gran medida, de la estrategia discursiva de Evo Morales.

Discurso político

El estilo discursivo de Evo Morales se resume en una combinación de retórica radical y decisiones moderadas. A partir de esa combinación logró ordenar y dominar el espacio de discursividad política porque el uso de retórica radical redujo la posibilidad de la enunciación de críticas al gobierno desde la izquierda o desde el indigenismo excluyente –para mencionar un extremo– y las decisiones moderadas desbarataron los cuestionamientos de la derecha o de los neoliberales –para citar otro extremo–. Es decir, Evo Morales ocupó el "centro" y la expresión más nítida de este hecho fue la nacionalización "legal" de los hidrocarburos y el consecuente apoyo generalizado que tuvo esa medida. Postura que no se repitió en relación con la demanda de autonomías departamentales pese a que inicialmente apostó al SÍ en el referéndum y en más de una ocasión, en plena realización de la Asamblea Constituyente, planteó la necesidad de combinar las autonomías departamentales con las autonomías indígenas, una fórmula que finalmente se adoptó en la nueva Constitución Política.

En torno de este tema, su radicalismo discursivo alimentó la polarización política creando condiciones desfavorables para la concertación en torno de la propuesta oficialista de reforma constitucional; sin embargo, adoptó posiciones más cercanas a la negociación cuando el conflicto puso en riesgo el curso del "proceso de cambio". Igual que en el caso de la nacionalización, el discurso de Evo Morales avanzó hacia el "centro" en septiembre de 2008, porque en las negociaciones con los prefectos opositores modificó la postura gubernamental respecto del régimen de autonomías. A pesar de que en esa ocasión no se firmó un acuerdo entre el gobierno y las autoridades departamentales, estos cambios fueron la base del acuerdo congresal en octubre de

2008 que viabilizó la convocatoria al referéndum constitucional. A esto se suma otra decisión de Evo Morales que pone en evidencia su estilo discursivo puesto que desistió de una segunda reelección presidencial –desbaratando el último cuestionamiento de la oposición parlamentaria– para viabilizar la suscripción del acuerdo congresal que contenía varias modificaciones al proyecto de nueva Constitución Política, introducidas para proporcionarle un tono más moderado al proyecto del MAS. Además, el acuerdo se firmó bajo la presión de una gigantesca movilización que rodeaba la plaza Murillo y que exigió la intervención directa del presidente de la república para evitar que grupos radicales ingresen al Parlamento con afanes de evitar el acuerdo entre oficialismo y oposición. Era el colofón de una marcha que partió con Evo Morales a la cabeza en una imagen contradictoria: el presidente de la república comandando una marcha dirigida a presionar al Poder Legislativo. Situación que se explica con códigos distintos a la inercia institucional porque la presencia de Evo Morales era la única garantía para encauzar la marcha hacia la negociación con la oposición y la presión en un acto de festejo. Aconteció de esa manera siguiendo la intuición del líder que, como señaló en una banal entrevista: "El miedo que tengo es que la gente que nos apoya se levante" (Morales, 2008). Frase que explica el estilo de liderazgo situacional de Evo Morales.

El MAS: un movimiento político y una coalición flexible

El MAS es un partido peculiar que puede ser caracterizado como "movimiento político" o definido como "instrumento", tal como se establece en su sigla MAS-IPSP (Instrumento por la Soberanía de los Pueblos). A partir de su arribo al poder ha asumido nuevos rasgos, tanto organizativos como programáticos. Su característica más destacada en términos orgánicos es su lazo con los movimientos campesino e indígena. Una relación que tiene una larga historia y que empieza con la aprobación de una tesis política en un congreso nacional del sindicalismo campesino que definió la formación de un "instrumento político". Desde la primera gestión gubernamental iniciada en enero de 2006 esa relación ha cambiando porque, en tanto partido de gobierno, el MAS define los incentivos colectivos y distribuye los incentivos selectivos.

A pesar de que se enuncia el vocablo "gobierno de los movimientos sociales" para caracterizar la peculiaridad de ese lazo entre el MAS y los campesinos e indígenas, la base social organizada son los sindicatos, sobre todo de composición campesina. El sindicato es la base del apoyo al gobierno y el sustento del presidente, y en su funcionamiento entran en juego pautas de asambleismo en la relación entre dirigentes y afiliados. El liderazgo de Evo Morales es la cúspide de una extensa red de organizaciones sindicales campesinas, en menor medida de las organizaciones indígenas que se articulan bajo la modalidad de "centrales". Esta red organizativa también asumió nuevos y variados formatos de funcionamiento en el transcurso de las gestiones gubernamentales del MAS. Durante la Asamblea Constituyente (2006-2008) se organizó en el denominado Pacto de Unidad y, posteriormente, sobre todo en la fase de polarización ideológica, se formó la Coordinadora Nacional por el Cambio (CONALCAM), con aptitud para incorporar organizaciones sindicales de otros sectores. En el Pacto de Unidad y en CONAL-CAM participan cinco organizaciones sindicales campesinas e indígenas de carácter nacional: Confederación Sindical Única de Trabajadores Campesinos de Bolivia (CSUTCB), Federación Nacional de Mujeres Campesinas Bartolina Sisa (FNMCB), Confederación Nacional de Markas y Ayllus del Qollasuyo (CONAMAQ), Confederación Sindical de Colonizadores de Bolivia (CSCB), Confederación de Pueblos Indígenas de Bolivia (CIDOB).

Estas organizaciones no participan de manera permanente porque varían sus lazos con el MAS, sobre todo en el caso del movimiento indígena. Por eso caracterizamos esa relación como la formación de una "coalición flexible e inestable" porque algunos movimientos sociales (por ejemplo, los campesinos, sobre todo cocaleros, los colonizadores y las mujeres campesinas indígenas) constituyen una base de apoyo permanente al gobierno. Otras organizaciones son aliadas del MAS en determinadas coyunturas, como es el caso de las cooperativas mineras y los sindicatos fabriles. Otras organizaciones sindicales se suman a las directrices gubernamentales de acuerdo con la agenda política nacional, como aconteció con la Central Obrera Boliviana y el magisterio en ocasión de la pugna con fuerzas regionalistas de oposición, pero en otras circunstancias se oponen a las medidas gubernamentales. Una postura más compleja es asumida por las organizaciones indígenas, CONAMAQ y CIDOB, que actúan unas veces como aliados y en otras ocasiones como grupos de presión al gobierno (Fuertes Nelva, 2010).

Es decir, la participación de un movimiento social en la coalición oficialista es estable cuando sus demandas son canalizadas por el gobierno. En cambio, si se produce una disyunción entre demanda social y política gubernamental el vínculo se debilita o se produce una ruptura parcial. Veamos algunos ejemplos. En la fase que transcurre entre la aprobación del proyecto de Constitución Política en la Asamblea Constituyente y el referéndum "de salida" para su aprobación, a fines de 2009, la polarización política alcanzó ribetes de gravedad provocando, inclusive, enfrentamientos entre civiles. Ante este cuadro, el partido de gobierno impulsó la creación de CONALCAM y la fortaleció con la convocatoria a diversas organizaciones sindicales y sectores sociales esgrimiendo "la defensa del proceso de cambio" como un incentivo colectivo con capacidad para agrupar a una diversidad de movimientos bajo el liderazgo de Evo Morales. En la segunda gestión gubernamental, iniciada en enero de 2010, se despliega un intento de institucionalización de CONALCAM a partir de su postulación como la instancia encargada del "control social", reconocida en la Constitución Política como una institución de democracia participativa, denotando una modalidad de distribución de incentivos selectivos.

Esta intención se diluyó en el transcurso de 2011 debido al rechazo popular a una medida gubernamental que dispuso un alza en los precios de la gasolina y otros combustibles. Esa medida fue derogada ante el rechazo de la mayoría de las organizaciones sociales afines al gobierno que puso en evidencia los límites de la capacidad hegemónica del MAS, inclusive en el seno de la coalición oficialista.

El sujeto "plurinacional" de la revolución democrática y cultural

El populismo del 52 convocaba al "pueblo", un sujeto interpelado por el discurso del nacionalismo revolucionario que congregaba a obreros, campesinos y clases medias. El pueblo sublevado representaba a la nación en combate contra la antinación (el colonialismo, el imperialismo y sus agentes internos) cuyo destino se materializaba en el Estado como ente soberano y estructura de poder ajena a la dominación foránea (Mayorga, 1985).

Este sujeto revolucionario, el "pueblo" del 52, fue deconstruido por el discurso indigenista desde la década de los setenta del siglo pasado con la crítica al reduccionismo clasista del marxismo y del nacionalismo revolucionario que privilegiaban lo campesino y concebían la realidad indígena como un resabio histórico. El proyecto del 52 postulaba la construcción de la "bolivianidad", un "ser nacional" que se forjaría en el proceso de modernización y homegeneización cultural. El centralismo fue su manifestación institucional y el mestizaje su expresión cultural, así como la construcción del mercado interno y una base productiva industrial constituían el proyecto de modernización económica para lograr la soberanía estatal.

El "pueblo" del nacionalismo revolucionario ha sido desplazado por una noción que no rechaza la vertiente clasista campesina pero privilegia las identidades étnicas. Si el sujeto "pueblo" era una construcción ideológica, este nuevo sujeto político es una ficción jurídica definida en la CPE como: "naciones y pueblos indígena originario campesinos", un sujeto portador de derechos colectivos y que constituye el rasgo distintivo del nuevo Estado, el Estado Plurinacional.

Entre los elementos que definen al Estado Plurinacional sobresale el reconocimiento del pluralismo en diversas facetas: "pluralismo político, económico, jurídico, cultural y lingüístico", lo que supone, sin duda, una ampliación de la capacidad representativa del Estado. Sin embargo, pese a que no es mencionado en el Art. 1, el rasgo que define el carácter "plurinacional" del Estado y se constituye en el eje del diseño del sistema político es el pluralismo nacional que implica el reconocimiento de varios pueblos y naciones, precisamente las "naciones y pueblos indígena originario campesinos", un conglomerado que definimos en este texto como sujeto "plurinacional".

El reconocimiento de este sujeto se define en el Art. 2 constitucional: "Dada la existencia precolonial de las naciones y pueblos indígena originario campesinos y su dominio ancestral sobre sus territorios, se garantiza su libre determinación en el marco de la unidad del Estado, que consiste en su derecho a la autonomía, al autogobierno, a su cultura, al reconocimiento de sus instituciones y a la consolidación de sus entidades territoriales…". Otro artículo describe sus rasgos: "Es nación y pueblo indígena originario campesino toda la colectividad humana que comparta identidad cultural, idioma, tradición histórica, instituciones, territorialidad y cosmovisión, cuya existencia es anterior a la invasión colonial española" (Art. 30). Algunas interpretaciones se apoyan en el Art. 5, que reconoce 36 lenguas nativas como idiomas oficiales aparte del castellano, para mencionar la existencia de similar cantidad de "naciones y pueblos indígena originario campesinos".

Esa original denominación del sujeto "plurinacional" es resultado de la combinación de tres códigos: *naciones originarias*, que es utilizado por las organizaciones de los grupos étnicos de tierras altas; *pueblos indígenas*, nombre que utilizan los grupos étnicos de tierras bajas; y *campesinos*, que es la denominación de los trabajadores del campo –hombres y mujeres– organizados en sindicatos desde los años cincuenta del siglo pasado, como parte del proceso de la revolución nacionalista. Es decir, es una construcción jurídica y una realidad sociológica porque no existe actor social alguno que integre esos cinco ingredientes, por lo tanto, el "sujeto plurinacional" existe solamente en términos jurídicos y solamente puede ser representado por el Estado… Plurinacional. Un pueblo indígena en particular no puede reclamar sus derechos colectivos si están en contra de los intereses generales representados por el Estado. De esta manera, el Estado Plurinacional condensa, sintetiza y unifica esa diversidad étnica y la somete a sus designios porque, a la usanza del nacionalismo revolucionario: el pueblo y la nación –aunque sea en plural– se condensan en el Estado.

El Estado Plurinacional: un modelo "estadocéntrico"

Existen varios elementos que refuerzan la idea de persistencia del nacionalismo revolucionario pese a que en el Preámbulo de la nueva Constitución Política no se hace mención alguna a la revolución de 1952:

"El pueblo boliviano, de composición plural, desde la profundidad de la historia, inspirado en las luchas del pasado, en la sublevación indígena anticolonial, en la independencia, en las luchas populares de liberación, en las marchas indígenas, sociales y sindicales, en las guerras del agua [2000] y de octubre [2003], en las luchas por la tierra y territorio, y con la memoria de nuestros mártires, construimos un nuevo Estado" (Constitución Política del Estado: 2).

La centralidad estatal en el proyecto revolucionario del 52 fue definida por Carlos Montenegro de la siguiente manera: el pueblo se subleva en tanto nación y la nación se materializa en el Estado soberano e independiente frente al colonialismo y la antinación (*Cfr*. Montenegro Carlos, *Nacionalismo y coloniaje*, Los Amigos del Libro, La Paz, 1979). En la actualidad se reedita ese orden discursivo a pesar de la renovación de las elites políticas y las transformaciones políticas y socioculturales en curso. Por ejemplo, la dicotomía nación/antinación se manifiesta bajo otros códigos pero reproduce su lógica maniqueísta. Si antes la antinación se manifestaba en el imperialismo y la "rosca" minero-feudal que se contraponían al "pueblo", ahora la retórica gubernamental contrapone "nación e Imperio" para designar la relación con Estados Unidos, y "pueblo vs. oligarquía" para cuestionar las demandas autonomistas regionales definidas como "separatistas", es decir, antinacionales respecto del… Estado.

Las tareas del Estado Plurinacional son convencionales y no se diferencian del Estado nacional cuestionado por el discurso oficialista. Se refieren a soberanía y gestación de mercado interno, a inclusión y cohesión social, a integración territorial, aunque con nuevas modalidades.

La soberanía estatal sobre los recursos naturales se completa con la nacionalización de las empresas capitalizadas para generar excedentes destinados a la inversión pública en el sector productivo con énfasis en la industrialización de hierro, litio e hidrocarburos. Una orientación que contradice la perspectiva indigenista que evoca a la Pachamama como visión ecologista y que se subordina a la expansión de una lógica productiva basada en pequeños productores.

Otra motivación para expandir el rol del Estado en la economía es la aplicación de políticas distributivas mediante la transferencia de excedente económico a sectores populares marginados y excluidos cuya sostenibilidad exige un incremento de las ganancias del Estado a través del impulso a la inversión extranjera. Estas políticas distributivas benefician a millones de personas pobres y constituyen mecanismos de inclusión social que fortalecen la ciudadanía como sentido de pertenencia a la comunidad política en vastos sectores populares.

La integración social es concebida como interculturalidad a partir del reconocimiento de la diversidad étnico-cultural del sujeto "plurinacional", sin embargo, las políticas estatales en algunos temas, como la ley contra el racismo, promueve más el multiculturalismo centrífugo que la convivencia intercultural.

La necesidad de integración territorial es respondida con la ratificación del carácter unitario del Estado y la introducción de un régimen de descentralización mediante autonomía en el nivel subnacional. Sin embargo, la demanda de autonomía departamental cruceña fue considerada "separatista" y atentatoria contra la integridad de la patria y respondida con los aparatos coercitivos del Estado. Este último tema, relativo al rol de las FF.AA., también muestra la tendencia "estadocéntrica" del proyecto masista porque proporciona a las FF.AA. un protagonismo inédito en este ciclo democrático porque incluye tareas productivas y de control fronterizo.

En suma, analizando el liderazgo carismático de Evo Morales y su lazo con su base popular de apoyo político se perciben más rupturas que continuidades respecto del populismo del siglo pasado, vinculado con la revolución de 1952. No obstante, el discurso masista y el modelo estatal en ciernes muestran la persistencia de elementos convencionales del nacionalismo revolucionario a pesar de la apelación a un sujeto y a un Estado "plurinacionales" puesto que predomina un proyecto político y un modelo de desarrollo matizados por una concepción que se sustenta en una matriz "estadocéntrica".

Bibliografía

Cavarozzi Marcelo, *El capitalismo político tardío y su crisis en América Latina*, Homo Sapiens, Buenos Aires, 1996,

Eco Umberto, "El mensaje persuasivo", en Revista Telos. Madrid, 2005,

Lo Cascio, Vincenzo, *Gramática de la argumentación*, Alianza, Barcelona, 1991).

Garretón Manuel Antonio, *Hacia una nueva era política. Estudio sobre las democratizaciones*, FCE, Santiago de Chile, 1995).

Fuertes Nelva, "CONALCAM: una alianza para el cambio 2006-2009", Tesis de Licenciatura, carrera de Sociología, Universidad Mayor de San Simón, Cochabamba, 2010).

Lindholm Charles, Carisma. Análisis del fenómeno carismático y su relación con la conducta humana y los cambios sociales, Gedisa, Barcelona, 1990.

Mayorga Fernando y Eduardo Córdova, *El movimiento antiglobalización en Bolivia. Procesos globales e iniciativas locales en tiempos de crisis y cambio*, CESUUMSS/Unrisd/Plural, La Paz, 2008.

Mayorga Fernando, *El discurso del nacionalismo revolucionario*, CIDRE, Cochabamba, 1985.

Morales, Evo "Cosas" en *Revista Internacional*, junio de 2008.

Tucker Robert, "La teoría del liderismo carismático", en Rustow Dankwart editor) *Filósofos y estadistas. Estudios sobre el liderismo*, FCE, México, 1976.

Rafael Correa, un populista del siglo XXI

Carlos de la Torre *

El gobierno de Rafael Correa forma parte del giro político a la izquierda en la región (Castañeda, 2006; French, 2009; Panizza, 2005a; Weyland, 2009). Como otros gobiernos de izquierda y centro-izquierda el régimen de Correa abandonó las políticas neoliberales, el Estado recobró un papel rector en la economía y se incrementó el gasto social para disminuir las desigualdades sociales. Al igual que otros académicos utilizo la categoría populismo para analizar el liderazgo y el discurso del presidente Correa y para explicar sus relaciones ambiguas con los movimientos sociales y con la democracia (Laclau 2006; Panizza, 2008; Raby, 2006; Roberts, 2008). No empleo la categoría de populismo para deslegitimar y estigmatizar a este político sino para analizar su visión religiosa-secular-misionera de la política (Zúquete, 2007, 2008). Para Correa la política es una lucha ética entre el bien y la redención encarnados en su figura contra enemigos todopoderosos y omnipresentes como la partidocracia, el imperialismo, los poderes fácticos y el neoliberalismo.

Durante las últimas décadas se dio un renacer de estudios sobre el populismo[1]. El populismo ya no es conceptualizado como un fenómeno ligado a una fase histórica de la región sea esta la transición de la sociedad tradicional a la moderna o la etapa de industrialización por sustitución de importaciones. El populismo es visto como un fenómeno político y discursivo que

---

* Licenciado en Sociología por la University of Florida (1983), Magister en Sociología (1987) y Doctor en Sociología por la New School for Social Research (1993). Se desempeña como Coordinador de Estudios Internacionales y como profesor en el departamento de Sociología de University of Kentucky (UK)

[1] Para resúmenes recientes sobre los debates conceptuales véanse: de la Torre, 2000; Freidenberg 2007; Laclau 2005; Panizza 2005; Weyland 2001. En los últimos años hay un renacer de publicaciones sobre el populismo en Europa (Zuquette 2007, Mény and Surel 2002; Panizza 2005) y en especial sobre el populismo latinoamericano (Aibar 2007; Burbano de Lara 1998; de la Torre y Peruzzotti 2008; Demmers *et al.* 2001; Hermes et al. 2001; Mackinnon y Petrone 1998).

puede aparecer en diferentes coyunturas socioeconómicas. Es así que este fenómeno surgió junto a las políticas neoliberales de la década del noventa (Roberts, 1995; Weyland, 2001, 2003). En los últimos tiempos ha resurgido en su variante radical nacional y los académicos están debatiendo las continuidades y diferencias de los populismos de Chávez, Correa y Morales con experiencias anteriores (de la Torre y Peruzzotti, 2008; Raby 2006).

Conceptualizo al populismo como 1) un discurso maniqueo que presenta la lucha entre el pueblo y la oligarquía como un enfrentamiento moral y ético entre el bien y el mal. Debido a que estas categorías son profundamente ambiguas hay que estudiar quién está incluido en éstas y es necesario explorar el nivel de polarización social y política producidos por estos discursos. 2) Un líder es socialmente construido en el símbolo de la redención mientras que sus enemigos encarnan todos los problemas de la nación. El líder argumenta ser una persona común que ha surgido desde abajo hasta convertirse en una figura extraordinaria. Las ambigüedades del discurso moral contribuyen a manufacturar a sus enemigos como "portadores de una serie de características que los transforma en malignos, e inmorales… independientemente de las acciones que emprendan" (Edelman, 1998, 67). 3) El populismo se basa en la movilización desde arriba (Roberts, 2008). A la vez que se abren espacios para la participación popular y para que la gente común presente sus demandas, los intentos de movilización desde el poder pueden chocar con las organizaciones autónomas de la sociedad civil. 4) El populismo incorpora a sectores previamente excluidos de la política, pero no respeta las normas y los procedimientos de la democracia liberal. Rechaza las mediaciones de la democracia representativa y busca canales de comunicación directa entre el líder con su pueblo. A la vez que el populismo se presenta como subversivo ante el orden existente, busca la reconstrucción más o menos radical de un nuevo orden (Laclau, 2005: 177).

El populismo incorpora a personas excluidas y desilusionadas con la política por lo que puede ser visto como la fase redentora de la democracia (Canovan, 1999; Panizza, 2005). El populismo politiza y desnaturaliza las desigualdades sociales (Roberts, 2003). Emerge en contextos en los cuales la gente común siente que los políticos les han arrebatado el poder, cuando ven que las instituciones políticas no los representan y cuando la política se reduce al debate tecnocrático entre expertos (Mouffe, 2005; Canovan, 1999; Panizza, 2005a). Sin embargo, el populismo no tiene los mismos efectos en sistemas políticos institucionalizados que donde las instituciones representativas son frágiles. En los primeros pueden ser un síntoma de que los lazos entre electores y representantes no están funcionando bien y que deben corregirse (Mény y Surel, 2002a: 15). En sistemas políticos frágiles en los que se han dado crisis de representación política el populismo puede tener efectos adversos a la democracia. Si bien ha contribuido a terminar con sistemas donde las instituciones políticas decayeron, la búsqueda de mecanismos de ligazón directa entre el líder y sus seguidores y el asumir que el pueblo tiene una voluntad política única encarnada en el líder pueden ser peligrosos para el pluralismo y las libertades que deberían existir en una sociedad compleja (Abst y Rummens, 2007).

Este trabajo utiliza las características del populismo señaladas anteriormente para analizar el liderazgo de Rafael Correa y su impacto en la posible profundización de la democracia en Ecuador. El artículo tiene cuatro partes. La primera analiza el discurso populista de Correa. La segunda parte analiza la construcción del liderazgo carismático de Rafael Correa desde el poder estudiando sus estrategias de la campaña permanente y los enlaces ciudadanos en los que el presidente dialoga y rinde cuentas a la ciudadanía. La tercera parte investiga las relaciones conflictivas de este gobierno de izquierda con los movimientos sociales. La cuarta explora las diferentes visiones de democracia en el régimen de Correa y explora las ambigüedades de su discurso y liderazgo para la profundización de la democracia. En las conclusiones se compara brevemente el populismo de Correa con el de sus antecesores José María Velasco Ibarra y Abdalá Bucaram.

Rafael Correa: "Por la Patria Tierra Sagrada"

Durante la campaña electoral del 2006 que lo llevó al poder Rafael Correa utilizó la estrategia neopopulista de confrontar a la ciudadanía en contra la partidocracia. Este término se había popularizado en los medios y en el discurso político para presentar a los partidos como mafias corruptas que habían usurpado el poder a los ciudadanos (de la Torre y Conaghan, 2009). Las instituciones de la democracia como el Congreso habían perdido legitimidad pues destituyeron con artimañas legales a tres presidentes electos: Abdalá Bucaram, 1997; Jamil Mahuad, 2000; Lucio Gutiérrez, 2005. Los sentimientos de la clase media radicalizada de Quito se resumió en el grito en contra del presidente Lucio Gutiérrez y de los políticos: *¡que se vayan todos!*

La campaña de Correa recogió estos sentimientos antipartidistas y anti-neoliberales. No organizaron un partido político sino el movimiento PAIS (Patria Altiva i Soberana) que agrupó a intelectuales y académicos de izquierda, militantes de la vieja y nueva izquierda, y a caciques políticos que mueven el voto y no tienen ideología[2]. Correa ostentó su calidad de outsider que venía a limpiar al Congreso de la corrupción con su lema "ahí se viene el correazo". No presentó candidatos al Congreso y en la primera vuelta en octubre del 2006 alcanzó el segundo lugar con 26,8 por ciento de los votos y en noviembre del mismo año derrotó al multimillonario Álvaro Noboa ganando el 56,7 por ciento de los votos (Conaghan 2008).

Prometió una revolución ciudadana cuyos ejes fundamentales fueron terminar con la "larga noche neoliberal" y llamar a una asamblea constituyente que redacte un nuevo pacto social. En el programa de gobierno de Alianza País se anotó que la Asamblea ayudará a construir una "democracia activa, radical y deliberativa" y que propiciará "un modelo participativo a través del cual todos los ciudadanos y ciudadanas puedan ejercer el poder, formar parte de las decisiones públicas y controlar la actuación de sus representantes políticos"[3]. La Asamblea Constituyente no fue vista solamente como un mecanismo para hacer reformas políticas. Propusieron crear "un proyecto de vida común, un acuerdo social amplio" en que la "sociedad movilizada tendrá que participar no sólo en la elección de asambleístas" sino que "adueñarse de la Constitución y luego presionar para que se cumpla lo acordado"[4]. Se vio a la asamblea "como una oportunidad para construir ciudadanía, para que la gente participe... Lo que queremos es que este nuevo trato, este nuevo proyecto de vida en común, ese pacto social que se vea reflejado en una Carta Fundamental, sea nuestro, de la ciudadanía"[5].

Si bien el proyecto de revolución ciudadana podría haber llevado a la construcción de espacios deliberativos y a que Correa sea un ciudadano más, se apostó por seguir la tradición caudillista y populista ecuatoriana. No se construyó un partido político ideológico sino que una maquinaria electoral enca-

---

[2] Ejemplos de políticos que anteriormente trabajaron en varios partidos y que hicieron campaña por Correa son Nicolás Iza en Guayaquil y Trajano Andrade en Manabí.
[3] Plan de Gobierno de Alianza País 2007-2011, p. 19.
[4] Ibíd. 20
[5] "Alberto Acosta: será indispensable la movilización social". *Expreso*, Guayaquil, 04/12/06, http://www.expreso.ec/htlm/political.asp

bezada por Correa que fue erigido en la encarnación de la revolución ciudadana. Las estrategias discursivas del candidato de AP se movían entre proyectar la imagen de un líder fuerte que durante sus recorridos "golpeaba con el cinturón el techo del vehículo, mientras gritaba "a los diputados, ¡dale Correa!"[6]. Pero a su vez sus actos proselitistas se construyeron para dar la sensación a quienes participaron de ser parte de un proyecto político elaborado en común en contra del neoliberalismo y de los abusos y corrupción de la partidocracia. Fueron eventos que se parecían más a una verbena que a un acto proselitista. Para demostrar que todos pertenecían al mismo proyecto cantaron junto con Correa las canciones de la campaña y música protesta de los años 60 y 70. Correa innovó el discurso político proselitista. Luego de que manifestaba una idea simple y movilizadora sus palabras eran interrumpidas con música que fue coreada por el candidato y el público. Mientras descansaba su garganta y tomaba agua, Correa no perdía la oportunidad para sonreír a las damas, abrazar a los niños, bailar y divertirse. Luego paraba la música y el candidato continuaba con su disertación que a los pocos minutos era interrumpida con la música, los gritos y el baile. Su "performance" fue efectivo. Nadie se aburrió en sus eventos y todos se sumaron a la euforia, juventud y alegría del candidato.

Una vez en el poder el presidente no se embarcó en un proyecto de simples reformas sino en la refundación de la Patria. Rafael Correa, que se define como "un cristiano de izquierda en un mundo secular", está liderando la segunda independencia. El proceso de liberación y el despertar del pueblo se asientan en la gesta de los héroes patrios. Correa dice que la patria está viviendo "el segundo nacimiento libertario…para liderar el cambio de la historia"[7]. Al igual que otros líderes populistas destaca algunas figuras históricas como la esencia de la nación (Zúquete, 2007: 194). Éstas son los próceres de la primera independencia, el general Eloy Alfaro que lideró la lucha en contra de los conservadores y logró la separación de la Iglesia y el Estado y figuras de la resistencia indígena y popular. Esta reconstrucción de la historia sagrada de la nación por un lado reconoce los aportes de los sectores populares en la resistencia pero a su vez destaca la necesidad de próceres que lideren los cambios.

Su discurso presenta el momento actual como clave en la historia pues podría llevar a la segunda y definitiva liberación. Ya que el pueblo ha despertado

---

[6] "A punta de Correazos". *Hoy*, Quito 6 de octubre 2006, htpp://www.hoy.con.ec
[7] Rafael Correa, "Intervención Presidencial en el Centésimo Octogésimo Séptimo Aniversario de la Batalla del Pichincha, Quito 24 de mayo de 2009".

de la larga noche neoliberal "los próceres recuperan el don de la palabra, recobran el mando, la calidad fecunda de capitanes libertarios"[8]. Es así que Correa se ve a sí mismo como el prócer de la segunda independencia que no sólo tiene que derrotar a los titanes de la partidocracia y del neoliberalismo sino que también enfrenta a antiguos aliados que ahora son enemigos del proceso de cambio. Sus luchas por la patria y los pobres han sido sobrehumanas y demuestran su superioridad: "hemos derrotado a los representantes de los sectores más retardatarios de la oligarquía, de la banca corrupta, de la prensa comprometida con el pasado"[9]. Es por esto que "nos enfrentamos a una reacción virulenta que utiliza todos los mecanismos a su alcance"[10]. "Pocos gobiernos en la historia se han enfrentado a una oposición tan recia y visceral como la que hemos tenido que enfrentar nosotros… Vendrán días muy duros"[11].

Al explicar el significado de su triunfo electoral en abril del 2009, manifestó "El Ecuador votó por sí mismo"[12]. Él encarna a la Patria. Al igual que los próceres "aquí estamos dispuestos a jugarnos la vida por el cambio"[13]. Correa cita el Evangelio y dice: "tengan la seguridad que mi tesoro no es el poder, sino el servicio, servir a mi pueblo, sobre todo a los más pobres, servir a mi Patria"[14]. En su afán desinteresado de servicio el líder ha hecho sacrificios personales inmensos que afectan a su vida personal y familiar. Al asumir por segunda vez la presidencia pidió disculpas a su mujer y a sus hijos por no estar suficiente tiempo junto a ellos, "sé que estos años han sido injustamente duros para ustedes y no tengo derecho a hacer esto"[15].

---

[8] Discurso de posesión del presidente de la República, economista, Rafael Correa, Quito 10 de agosto 2009. Estas palabras con las que se describe como prócer y capitán libertario las dijo literalmente el 24 de mayo del 2009.

[9] Rafael Correa "Intervención Presidencial en el Centésimo Octogésimo Séptimo Aniversario de la Batalla del Pichincha, Quito 24 de mayo de 2009".

[10] Rafael Correa, "Intervención Presidencial en el Acto de Entrega de Armas en el Comando Provincial de Manabí", Portoviejo 12 de marzo 2009.

[11] Rafael Correa, "Informe a la Nación en el Inicio del Tercer Año de Revolución Ciudadana", Quito 19 de enero 2009, Plaza de la independencia.

[12] Discurso de posesión del presidente de la República, economista, Rafael Correa, Quito 10 de agosto 2009.

[13] Discurso de posesión del presidente de la República, economista, Rafael Correa, Quito 10 de agosto 2009.

[14] Rafael Correa, "Experiencia de un Cristiano de Izquierda en un Mundo secular", Oxford Union Society, 26 de octubre 2009.

[15] Discurso de posesión del presidente de la República, economista, Rafael Correa, Quito, 10 de agosto 2009.

La gesta revolucionaria de la Patria es parte del proceso continental por la liberación. Con frecuencia cita al Ché y a Sandino y termina todos sus discursos con la consigna guevarista: "¡Hasta la Victoria Siempre!". Ante una audiencia de policías dijo "¡Aquí nadie da un paso atrás! ¡Esta revolución ni se vende ni se rinde!". De esta manera legitima sus actos con nociones marxistas sobre la necesidad de un cambio profundo y radical. La política no se basa en reformas graduales, ni en consensos, sino en una revolución entendida como "cambio radical, profundo y rápido de las estructuras políticas, sociales y económicas"[16]. Ya que la revolución es por la segunda y definitiva independencia de la Patria "es irreversible, y nada ni nadie la podrá detener"[17].

Quienes se oponen a esta gesta heroica no pueden ser sino que los enemigos de la patria y de la historia. Luego de derrotar electoralmente a la partidocracia y de luchar permanentemente contra el poder fáctico de la prensa "mediocre y corrupta" ha tenido también que sufrir la arremetida de la izquierda infantil y de los movimientos indígena y ecologista. "Siempre dijimos que el mayor peligro para nuestro proyecto políticos, una vez derrotada sucesivamente en las urnas la derecha política, era el izquierdismo, ecologismo e indianismo infantil. ¡Qué lástima que nos equivocamos en aquello!"[18]. En esa misma intervención dijo "hermanos indígenas, no caigan en la trampa de dirigentes irresponsables".

Correa dice que el pueblo "no es un fantasma conceptual, no es una palabra manida, retórica, es una realidad palpable que exige lealtad cariño, entrega, sacrificio. El pueblo paga nuestras remuneraciones, la comida que llevamos a nuestros hogares, el pueblo es norte y sur, profundidad de vida, germen nutricio"[19]. Cuando narra quiénes son parte del pueblo a veces habla de una patria multicultural integrada por diferentes grupos étnicos que comparten haber sido marginalizados por todos los gobiernos anteriores al de la revolución ciudadana. Estos son los indígenas, los afroecuatorianos, los panaderos, las maestras, los estudiantes, los campesinos, los cholos, chazos y

---

[16] Rafael Correa, "Experiencia de un Cristiano de Izquierda en un Mundo Secular" Oxford Union Society, 26 de octubre 2009.

[17] Discurso de posesión del presidente de la República, economista, Rafael Correa, Quito, 10 de agosto 2009.

[18] Rafael Correa, "Informe a la Nación en el Inicio del Tercer Año de Revolución Ciudadana", Quito 19 de enero 2009, Plaza de la independencia.

[19] Rafael Correa, "Intervención Presidencial en el Acto de Entrega de Armas en el Comando Provincial de Manabí", Portoviejo, 12 de marzo 2009.

montubios, las trabajadoras remuneradas del hogar, las amas de casa, los artistas e intelectuales patriotas. "En definitiva son el motor de la historia: los seres humanos, que jamás volverán a ser víctimas de la maquinaria neoliberal y del capitalismo salvaje"[20].

El líder no tiene ambiciones personales. Su interés es la Patria y todo lo hacemos "sin ningún interés para nosotros, con las manos limpias, corazones ardientes, mentes lúcidas, por la Patria; y lo hacemos de forma técnica, en función de la equidad, en función de la justicia"[21]. El objetivo es alcanzar la segunda independencia, la verdadera democracia que "se escribe con equidad". Correa, que es un economista con Ph.D., ha agrupado a un selecto grupo de colaboradores técnicos. A través de la planificación, de la ciencia y de la tecnología estas "mentes lúcidas" conocen la ruta hacia una sociedad con mayor equidad. Es así que la política populista deviene en elitismo (Urbinati, 1998: 113). Una elite de tecnócratas, muchos de ellos científicos sociales, conoce el camino irrefutable para solucionar "la fundamental cuestión moral en América Latina [que] es la cuestión social"[22]. Es por esto que "vamos ahora hacia la verdadera democracia…vamos hacia una Patria más justa, más equitativa, más solidaria"[23].

Si bien el objetivo moral de lograr una mayor equidad es irrefutable, ¿hace falta una revolución para alcanzarla? Según Correa sí pues no sólo se está luchando por reformas sino por la segunda independencia y la liberación de la Patria. Su tono beligerante y de guerra ayuda a construir un escenario en que están en juego la esclavitud de la larga noche neoliberal y la redención del socialismo del siglo XXI. En esta nueva gesta libertaria el Prócer es además el guía que pone su conocimiento científico, que es el único verdadero, al servicio de la emancipación. Él es el único economista que conoce esta ciencia, sus rivales neoliberales son tachados de "contables". Si bien se busca la democracia entendida como equidad, las decisiones de cómo alcanzarla

---

[20] Discurso de posesión del presidente de la República, economista, Rafael Correa, Quito, 10 de agosto 2009.

[21] Rafael Correa, "Intervención Presidencial en el Acto de Entrega de Armas en el Comando Provincial de Manabí", Portoviejo 12 de marzo 2009.

[22] Rafael Correa, "Experiencia de un Cristiano de Izquierda en un Mundo Secular", Oxford Union Society, 26 de octubre 2009.

[23] Rafael Correa, "Intervención Presidencial en el Centésimo Octogésimo Séptimo Aniversario de la Batalla del Pichincha, Quito 24 de mayo de 2009".

están en manos de una elite de tecnócratas. El rol del pueblo es aclamar las decisiones de la elite en el poder en diferentes plebiscitos en los que se juega la salvación. La política se transforma en una lucha religiosa-secular. En el apocalipsis el Mesías será quien guíe al pueblo elegido al milenio que terminará con las injusticias del capitalismo salvaje y de sus siervos de la partidocracia y de la "prensa corrupta". En esta nueva gesta no hay espacio para las medias tintas. "Estamos iniciando el futuro de esta Patria altiva, digna y soberana"[24]. El dilema está claro, o se está con la historia y al servicio de la Patria o en contra de los intereses de la Patria, del pueblo y de la historia. El milenio por el que se lucha es el de la equidad, la igualdad, la meritocracia y de la verdadera democracia del socialismo del siglo XXI.

Correa: el Profesor y el Mesías

Antes de desempeñarse como ministro de Economía del gobierno interino de Alfredo Palacio (2005-2006) Correa fue profesor en la universidad privada más cara y prestigiosa de Quito. Fuera de sus aulas era un poco conocido por sus intervenciones en programas radiales en contra de la dolarización de la economía ecuatoriana y del neoliberalismo. Una vez que asumió la cartera de Economía fue el ministro más controvertido y el que acaparó la atención de los medios por sus ataques al Fondo Monetario Internacional. Durante la campaña presidencial del 2006 la gente común sobre todo en provincias lo recibió como a una celebridad de la farándula más que como a un político tradicional. Las mujeres buscaron tomarse fotos con el joven candidato de ojos verdes y de una gran sonrisa.

Desde el poder el presidente ha forjado su carisma a través de dos estrategias políticas: la campaña permanente y los enlaces de televisión que se transmiten todos los sábados del año. Estas estrategias permiten construir su figura como la encarnación de la revolución ciudadana y como la de un ser extraordinario que pese a las conspiraciones permanentes ha logrado triunfos casi míticos. El presidente constantemente gana elecciones en las que se juega la futura redención: "pueden decidir continuar con el cambio o volver

---

[24] Rafael Correa, "Informe a la Nación en el Inicio del Tercer Año de Revolución Ciudadana", Quito, 19 de enero 2009, Plaza de la independencia.

al pasado"[25]. Correa es el presidente ecuatoriano que más elecciones ha ganado en un corto lapso, superando a Velasco Ibarra que fue presidente en cinco ocasiones. Después de asumir el poder en enero del 2007 Correa ganó las elecciones por el sí en el referéndum para llamar a una asamblea constituyente en abril del 2007. Luego sus candidatos obtuvieron la mayoría absoluta en la asamblea en septiembre del 2007. Se aprobó la nueva Constitución en septiembre del 2008 y en abril del 2009 fue electo presidente por segunda vez y en una sola vuelta electoral y su movimiento obtuvo una mayoría en el parlamento que ahora se llama Asamblea.

En la lógica de la campaña permanente los procesos de gobernar y de hacer campaña se fusionana y pierden sus diferencias (Ornstein y Mann 2007). Correa explica que él es "el motivador" que debe subir la autoestima del pueblo ecuatoriano y que por eso está en campaña. Los expertos en manipulación mediática han asumido posiciones claves en su administración y cada acto de gobierno se basa en sondeos de opinión pública y en *focus groups* que ayudan a que los publicistas elaboren cuñas de televisión y otras estrategias mediáticas para vender su imagen, destrozar a sus opositores y crear la sensación de que se vive una revolución que despierta conspiraciones[26]. Su gobierno se transforma así en un plebiscito permanente sobre la persona del líder (Conaghan y de la Torre 2008). Cada elección además acrecienta el carisma de Correa que enfrenta y gana a los poderes fácticos nacionales y a los enemigos externos encarnados en el presidente Uribe de Colombia y en el imperialismo yanqui. Como lo señala Correa su gran logro es ganar elecciones y enfrentar a enemigos con nombres espeluznantes como "la partidocracia", "los poderes fácticos" y "el neoliberalismo".

Los medios de comunicación son centrales en estas estrategias que buscan ligar directamente al presidente con los ciudadanos sin la intermediación de los partidos y de las instituciones democráticas. El gobierno es el anunciante más grande en televisión. En el 2009 utilizó 721 horas de publicidad pagada[27]. Todas las semanas se da al menos una cadena de televisión en la que

---

[25] Rafael Correa, "Intervención Presidencial en el Acto de Entrega de Armas en el Comando Provincial de Manabí", Portoviejo, 12 de marzo 2009.

[26] El publicista Vinicio Alvarado amigo de la niñez de Correa que estuvo a cargo de su campaña electoral es el secretario general de la Administración y está a cargo del equipo que diseña la estrategia mediática del gobierno.

[27] *El Comercio*, 3 de enero de 2010.

se informan de las actividades del gobierno. La mayor parte del programa se centra en Correa que visita el país, inaugura y supervisa obras, da discursos y charlas en eventos internacionales[28]. En estas cadenas también se promueven las propuestas del gobierno y se ataca a los opositores y a figuras mediáticas. Las cadenas recurren al nacionalismo con el slogan "¡la patria ya es de todos!" que aparece junto a la canción patriótica "patria querida". Así se da continuidad a los lemas electorales que apelaban al nacionalismo y que pintaban a Correa como la encarnación de los valores patrios: "pasión por la patria" y "la patria vuelve".

La innovación mediática más importante del gobierno de Rafael Correa son los *enlaces ciudadanos* que se transmiten en la radio y televisión pública que también incluye a los medios expropiados a empresarios nacionales por su no pago de deudas al Estado[29]. Estos enlaces permiten que el presidente se convierta en una figura carismática que simbólicamente es el "centro de la nación" que irradia su poder hacia todos sus rincones (Geertz 1985). El poder se materializa en el verbo del presidente que insulta y cuestiona la mediocridad de sus rivales, incluidos los infantilistas de izquierda, que ya dejaron de colaborar en su gobierno. Exige más trabajo y mejores resultados a sus colaboradores. Halaga a su pueblo al que sirve trabajando sin descansar y al que explica didácticamente todas sus acciones y omisiones de la semana. Además y en términos más pragmáticos en los enlaces Correa marca la agenda noticiosa del domingo, día bajo en noticias políticas. Los periodistas escuchan atentamente sus palabras en que cuestiona a la "prensa corrupta", da directrices y órdenes a sus colaboradores, denuncia a sus enemigos políticos y explica las diferentes acciones que emprenderá su gobierno.

En los enlaces ciudadanos el presidente entabla una relación no mediada con los ciudadanos. El show televisivo y radial permite crear redes de apoyo pues el día anterior el presidente y su gabinete ampliado han dialogado con las autoridades locales de provincia y escuchado sus pedidos para obras y recursos. El enlace además ayuda a que semanalmente y por dos horas se

---

[28] En el 2008 176 de un total de 187 cadenas se centraron en el Presidente (Montúfar 2010: 8).

[29] El gobierno controla el medio impreso estatal *El Telégrafo* y el medio digital *El Ciudadano*. Las empresas de televisión directa *TC Televisión*, *Gama Visión* y el canal de televisión por cable *Cablevisón* que fueron expropiados a los banqueros Isaías. Además se conformó el canal público *Tevecuador* y el estado controla cuatro estaciones de radio. Los enlaces ciudadanos son retransmitidos por alrededor de 400 estaciones de radio locales y nacionales y por dos canales de televisión.

renueve el lazo carismático entre el presidente y sus electores que escuchan al menos parte del programa en las tiendas de los pueblos, en los autobuses, o en sus hogares. Los enlaces se transmiten desde lugares remotos a los que casi nunca llegó un presidente y se invita a los pobladores a que estén presentes y a que aparezcan en la televisión. Al visitar lugares apartados Correa refuerza su carisma pues al igual que los lobos y los reyes recorre su territorio buscando convertirse en el centro del orden social (Geertz 1985).

Durante los enlaces se repite el mismo ritual. El acto empieza con la canción "patria querida" que es coreada por los asistentes. El presidente se sienta en un podio alto desde donde diserta como si fuese el profesor que da cátedra a todos los ecuatorianos. Utiliza presentaciones de *power point* para ilustrar con cifras y datos técnicos sus políticas de gobierno. Las cátedras magistrales del presidente son interrumpidas por el aplauso de los asistentes, o por las preguntas de Correa al auditorio que son contestadas con el sí o el no. Rara vez hay un diálogo entre el mandatario y su pueblo, aunque a veces se da el micrófono a alguna personalidad del gobierno para que explique algún tema. De esta manera se escenifica claramente el poder: el presidente-catedrático de la nación está por encima de un público que lo aclama pero que no tiene la posibilidad de entablar un diálogo crítico con el primer mandatario.

Los enlaces que se iniciaron en enero del 2007 primero fueron radiales y desde el enlace N 60 cuando entra a funcionar Ecuador TV son televisivos y radiales. En la actualidad tienen tres secciones. La primera y más larga está dedicada a que el presidente narre sus actividades de la semana. La segunda titulada "la libertad de expresión ya es de todos", según Correa la más esperada por los periodistas, está dedicada a corregir lo que ha dicho la prensa y a descalificarla por "mediocre" y "corrupta". Durante la última parte se invita a que un par de actores sociales locales previamente seleccionados se sienten al lado del presidente, le alaben por sus logros y le hagan pedidos.

El presidente hace un recorrido minucioso sobre todos sus actos oficiales. Parecería que hace un acto de rendición de cuentas o un acto de constricción en que recorre todo lo que le pasó a él y a la Patria cada semana. Estas intervenciones demuestran que él es la Patria a la que sirve con verdadera fe y dedicación. Además no pierde la ocasión para hablar de la belleza de su Patria: "yo que he tenido oportunidad de viajar creo que es el país más lindo del mundo"[30]. En

---

[30] Enlace N° 139, 26 de septiembre de 2009.

otra ocasión manifestó que "hasta las ballenas vienen al Ecuador para hacer el amor"[31]. El presidente también habla de su vida privada, de sus sueños y de sus logros. Por ejemplo, luego de dar charlas magistrales en Oxford y el London School of Economics en octubre del 2009 explicó emocionado la importancia de estas instituciones académicas británicas. En otra ocasión narró su paseo familiar al volcán Pichincha donde vio a un zorro.

El presidente utiliza un lenguaje coloquial y los modismos lingüísticos de las clases populares guayaquileñas para demostrar que es igual al pueblo, que viene desde abajo y no es como los aniñados que desconocen a su pueblo. Pero a su vez el líder es una figura excepcional y es superior a las personas comunes que lo ven en vivo pues estudió con becas en las mejores universidades y consiguió un título de Ph.D. en los Estados Unidos. Utiliza el discurso técnico del economista que además maneja cifras e indicadores para presentar las iniciativas del gobierno. En un enlace por ejemplo explicó tres políticas de gobierno con lujo de detalles técnicos: la producción de medicinas genéricas, la ley de deportes, y el cobro de más impuestos y regalías a las petroleras extranjeras. Es así que el presidente de origen popular es a su vez un ser superior que maneja los códigos que pueden llevar al país a la modernidad y al desarrollo.

Para amenizar un programa que dura más de dos horas y en el que se presentan cifras y *power points* con organigramas de cómo reorganizar las dependencias del estado el presidente hace chistes, imita burlonamente a sus adversarios, gesticula, ríe y se enfada. También pasa grabaciones de eventos en el palacio de gobierno o de él visitando obras. Reclama en tono enérgico a sus subordinados cuando no han hecho bien su trabajo. Es así que las fallas son responsabilidades de otros y el líder refuerza su superioridad e infabilidad sobre la de los simples mortales que cometen errores. Invita a que lo acompañen diferentes funcionarios para que expliquen leyes y políticas de Estado. Cuando se refiere a lo que llama las barbaridades de sus adversarios deja el tono de voz del catedrático. El presidente se enrojece, sube el tono de voz, gesticula, se enfurece y descalifica a sus rivales como "mediocres". Durante el conflicto con el movimiento indígena por la ley de aguas se refirió al liderazgo de la CONAIE como "ponchos dorados", "la peluconería indígena" mientras que las cámara enfocaban a indígenas de su gobierno como Carlos

---

[31] Enlace Ciudadano N° 131, 1 de agosto de 2009.

Viteri y Pedro de la Cruz que se reían de sus palabras. Estos momentos de confrontación se sellan con consignas revolucionarias emitidas por el presidente como por ejemplo "¡no pasarán!".

Los enlaces también sirven como espacios para dar cátedra sobre los derechos ciudadanos. En el Enlace 137, por ejemplo, el presidente narró que un banco local le había cobrado tasas ilegales por servicios. Invitó a los presentes a que "aprendamos a reclamar" a las grandes empresas. Manifestó, "nosotros defendemos sueños no negocios". Para demostrar su vocación de izquierda dijo que no le gustan los banqueros y que nunca almorzó con ellos, pero que no tiene más remedio que reunirse con los burgueses. Sus discursos antioligárquicos y en contra de los "aniñados" y de los "pelucones" lo asemejan con la gente común y dignifican a los de abajo que se sienten representados e identificados en un presidente de origen popular pero superior a todos. Correa reconoce la valía de sectores de la población que son estigmatizados y discriminados como los jóvenes de las "pandillas los Latin King y los Ñecas", las prostitutas, la población privada de su libertad, los afroecuatorianos y las trabajadoras domésticas[32].

La sección estelar de su programa se titula "la libertad de expresión ya es de todos" en clara referencia a las consignas de su gobierno que giran en torno del slogan "la patria ya es de todos". En esta sección cuestiona la veracidad de los medios que según él son instrumentos de sus dueños para hacer negocios y pasa segmentos de la canción de Piero que dice "todos los días y todos los días los diarios publicaban porquerías" y un fragmento de la canción de Jorge Heredia que dice, "mienten, mienten, qué forma de mentir". Así transforma la política en una disputa sobre la credibilidad de su persona frente a la falta de credibilidad de los medios. De esta manera a la vez que esgrime explicaciones técnicas para argumentar que la revolución ciudadana se basa en la planificación estatal y en el trabajo de un grupo de tecnócratas ilustrados, utiliza argumentos que personalizan la política como la lucha ética entre quien puede presentar mejor su imagen sin que importen los contenidos. A diferencia de líderes telepopulistas que transformaron la política en una lucha sobre símbolos y no sobre propuestas (Peri, 2004), Correa mezcla el telepopulismo con la disputa sobre políticas públicas con argumentos técnicos. Su populismo combina los apelativos emocionales con propuestas

---

[32] Enlace Ciudadano 131, 1 de agosto de 2009.

bien estudiadas de políticas públicas. Así puede llegar a varios públicos y convencer con la razón y los sentimientos de la virtud de sus proyectos y sobre la falsedad y mala fe de sus opositores, sobre todo de los medios.

Ya que los diarios son enemigos del presidente, de la Patria y de la historia se merecen todo tipo de insultos. El sábado 12 de septiembre, por ejemplo, calificó al *Diario El Universo* de Guayaquil como "pasquín", "esa porquería", "corruptos", "mediocres", "farsantes" y "payasos"[33]. La beligerancia en contra de los medios llevó a la suspensión temporal del canal *Tele Amazonas* en diciembre del 2009 y a que las calles de Quito estén llenas de pintadas en contra del periodista Jorge Ortiz, a quien el presidente lo descalifica como "enano". Este periodista ha sido atacado e insultado por partidarios del presidente y perdió su empleo.

Estatismo, movimientos sociales y revolución ciudadana

El gobierno de Correa recogió varias de las demandas de los movimientos sociales entre las que destacan terminar con las políticas neoliberales; impulsar una política exterior independiente de los Estados Unidos que terminen con la concesión de la base militar de Manta y con los tratados de libre comercio; y que se llame a una nueva asamblea nacional constituyente. Además los movimientos sociales participaron y llevaron sus agendas a la asamblea constituyente. Es así que el movimiento ecologista logró que se otorguen derechos a la naturaleza, el movimiento obrero que se termine con la precarización y la tercerización laboral, los movimientos indígenas y afroecuatorianos lograron una profundización de los derechos colectivos y que se avance en la agenda de rediseñar el país como plurinacional, y el movimiento de mujeres logró una serie de derechos económicos y sociales. Lo que no se logró fue la legalización del aborto, el matrimonio gay y declarar al kichwua como idioma oficial. Estas demandas fueron contrarias a la ideología católica del presidente y además fueron descartadas pues podrían haber costado votos en el referéndum aprobatorio de la nueva Constitución.

Los movimientos sociales además han visto cómo se han incrementado sus oportunidades políticas en un gobierno con una agenda progresista. El

---

presidente que utiliza el kichwua ante audiencias indígenas y que invita a un lingüista indígena kichwua para que resuma los enlaces ciudadanos, manifestó "nuestro gobierno es y será el gobierno de los indígenas"[34]. Intelectuales del movimiento afroecuatoriano contribuyeron a la elaboración de políticas estatales de afirmación positiva. El gobierno además recogió las propuestas de movimientos ecologistas de dejar el petróleo bajo tierra en la reserva natural del Yasuní.

Sin embargo el gobierno ha entrado en confrontación con varios sectores organizados de la sociedad como son los maestros, los sindicatos públicos, el movimiento indígena sobre todo la CONAIE y sectores del ecologismo. Esta confrontación se explica por tres factores. El primero es que el gobierno nacional se ve como la representación del interés nacional que está más allá de los particularismos y de las agendas corporativas de los diferentes sectores de la sociedad civil. Como lo dijo Correa, "nuestra visión no puede ser otra que la nacional" (citado en Ospina, 2009: 4). El gobierno está embarcado en un proceso de formación del Estado-nación y se ve en la necesidad de crear un Estado que recupere los espacios delegados a la sociedad civil y confunde los espacios de autonomía de sectores organizados como legados del neoliberalismo. Es así que se transfirió el control de la educación intercultural bilingüe del movimiento indígena al Estado y que se han quitado fondos a las instituciones estatales que estaban controladas por los movimientos sociales como el consejo de la mujer y el consejo de nacionalidades y pueblos indígenas. También se ha pedido a todas las ONGs se registren y se sometan a la tutela estatal. Se ha tratado de desmantelar al sindicato de maestros y de "limitar el sindicalismo público, impedir la agremiación de los empleados y reducir al mínimo cualquier posibilidad de contratación colectiva" (Ospina, 2009: 5).

Estos intentos de crear un Estado que regule se basa en la noción de que el Estado es la "representación institucionalizada de la sociedad" y que su papel es "la planificación, organización sectorial y regional, adecuados modelos de gestión, racionalidad administrativa, rescate de las empresas públicas"[35].

---

[34] Rafael Correa, "Intervención Presidencial en el Centésimo Octogésimo Séptimo Aniversario de la Batalla del Pichincha, Quito, 24 de mayo de 2009".

[35] Discurso de posesión del presidente de la República, economista, Rafael Correa, Quito, 10 de agosto de 2009.

Para que el Estado represente los intereses nacionales el gobierno sostiene que debe ser rescatado de la injerencia de diferentes grupos corporativos como los gremios empresariales, los maestros, los empleados públicos y los liderazgos de los movimientos indígenas. Estos grupos al ser incorporados al Estado como funcionarios y como rectores de las políticas públicas para su sector viciaron y corrompieron según dice el gobierno el carácter universalista de las políticas estatales con criterios particularistas. Es por esto que ahora se prohíbe que los diferentes grupos sociales sean jueces y parte de las políticas públicas que los afectan. Las políticas públicas y los organismos de control deben estar en manos de quienes puedan representar el interés general del Estado y no el particularismo de las corporaciones. Ahora los organismos de control estarán en manos del Consejo de Participación Ciudadana y Control Social. Este organismo estará integrado por siete personas elegidas por un concurso público de oposición y méritos. Tiene como funciones promover la participación y designar a las autoridades de Control, al Procurador General de la Nación, superintendentes, Defensor del Pueblo, Defensor Público, Fiscal General del Estado, Contralor General, así como a los miembros del Consejo de la Judicatura, del Consejo Nacional Electoral y del Tribunal Contencioso Electoral (Pachano, 2010: 24).

Los afanes de estatizar la participación y de que el estado asuma el control de dependencias estatales que estaban en las manos de los movimientos sociales obviamente que han despertado la oposición de los líderes de movimientos a los que se les quitan espacios de poder estatal que ellos vieron como sus conquistas. Por ejemplo, el control del movimiento indígena de la educación intercultural bilingüe y del consejo de desarrollo para los pueblos y nacionalidades indígenas fueron vistos como conquistas de sus luchas.

Un segundo factor que explica los conflictos con los ecologistas y el movimiento indígena se debe a diferentes visiones sobre el desarrollo. Correa privilegia un modelo extractivista que comprende ampliar la explotación petrolera, y abrir el país a la minería a gran escala. Este modelo es cuestionado por los movimientos ecologistas e indígena, que también están en contra de la minería a gran escala y buscan una moratoria en la explotación petrolera (Acosta, 2009). Estos movimientos han generado una "retórica ambientalista reacia a sostener un modelo de desarrollo –aun cuando sea postneoliberal y redistributivo– centrado en formas convencionales de explotación de los recursos naturales" (Ramírez, 2010: 16).

Los movimientos indígenas y ecologistas también resienten la forma en la cual se discutieron las leyes de minería y de aguas sin realmente consultar o buscar la participación de las comunidades indígenas. Lo que está en juego es quién controla los recursos naturales y quién obtendrá una ganancia (Martínez Novo 2009: 12). Según el presidente el gobierno impulsa "una minería responsable y no podemos ser mendigos sentados en un saco de oro". Acusa a los ecologistas de ser financiados por ONGs extranjeras y pide a su pueblo que "no se dejen engañar que confíen en su gobierno"[36].

La tercera razón que explica los conflictos del régimen con el movimiento indígena se explica por el afán del gobierno de crear clientelas propias y por el interés de liderazgos indígenas jóvenes que quieren surgir de aliarse con el movimiento PAIS el único y más fuerte movimiento político. Muchos líderes intermedios del movimiento indígena se están pasando a éste para asegurar una carrera política y conseguir los fondos para hacer política clientelar en sus comunidades. El gobierno además ha utilizado a organizaciones indígenas más pequeñas como la FENOCIN, ligada al Partido Socialista, para dividir, fragmentar y cooptar a la organización más grande que es la CONAIE. Las políticas públicas del gobierno como son los Bonos de la Dignidad que otorga $35 dólares al mes a las familias más pobres, los bonos de vivienda, los programas como Socio Páramo y Socio Bosque además promueven la imagen del gobierno y del presidente Correa como quien distribuye recursos a los más necesitados. Estas políticas que son bien recibidas por la gente común y corriente debilita a las organizaciones y muchos líderes están optando por integrarse al movimiento PAIS.

Las diferentes visiones sobre la democracia en la revolución ciudadana

Diferentes proyectos de democratización coexisten en la administración de Rafael Correa. El presidente que nunca fue militante de la izquierda ortodoxa comparte la distinción de ésta entre democracia formal y democracia real. En Oxford diferenció "la democracia formal de derechos políticos, básicamente el derecho al voto" de una "verdadera democracia real, es decir, el

---

[36] Enlace Ciudadano 139, 26 de septiembre de 2009.

derecho a la educación, a la salud, a la vivienda"[37]. Debido a que el presidente no valora los principios de la democracia liberal burguesa como el pluralismo, los derechos civiles, la división de poderes, pudo decir sin tapujos en La Habana que Cuba es un ejemplo de verdadera democracia y de derechos humanos[38].

Para alcanzar una sociedad más equitativa Correa ha incrementado el gasto social del 5,3% del PIB en el 2006 al 7,4% en el 2008 (Ramírez y Minteguiga 2007: 96). Este pasó de 1700 millones de dólares en el 2006 a 2700 millones en el 2009 (Montúfar 2010: 10). El salario mínimo se incrementó de $170 a $240 al mes y se eliminó el trabajo subcontratado y precarizado. Se han mantenido los subsidios a la gasolina, gas y de electricidad para los más pobres. Es difícil que este nivel de gasto público se pueda mantener si caen los precios del petróleo y es una pregunta abierta si las políticas sociales de esta administración siguen criterios populistas en busca de votos o si son hechas como políticas estatales con criterios universalistas (Weyland 2009). En todo caso y pese al incremento señalado en el gasto social la pobreza no se ha reducido en los niveles que podría esperarse. La pobreza bajó antes de que Correa asuma el poder del 49,1% en el 203 al 37,4% en el 2006. Durante la administración de Correa bajó al 53,8% en el 2009. El coeficiente de Gini se matuvo casi estable y fue 0,54 en el 2006 y 0,52 en el 2009[39].

Algunos miembros del gobierno de Correa han argumentado que la democracia participativa es una alternativa a la democracia representativa. Como se anotó anteriormente el plan de gobierno de AP buscaba una democracia participativa radical. "El gobierno habla constantemente de la democracia participativa y sólo hay que ojear la Constitución de 2008 para encontrar la palabra omnipresente en el texto de los más de 400 artículos de la componen"(Ospina 2009: 8). Según el politólogo Simón Pachano (2010: 26), se está sustituyendo la democracia representativa por la democracia participativa y ésta se la entiende desde una estatización de la participación a través del Consejo de Participación. Muchas veces la participación se reduce a escuchar la socialización de proyectos elaborados por la Secretaría de Planificación.

---

[37] "Experiencia de un Cristiano de Izquierda en un Mundo Secular", Oxford Union Society, 26 de octubre de 2009.

[38] Digital Granma internacional, 9 de enero 2009, http://www.granma.cubaweb.cu/2009/01/09/nacional/artic10.html.

[39] Datos no publicados de FLACSO-Ecuador.

En este caso la participación puede degenerar en la aclamación de propuestas enviadas desde arriba.

Las visiones de democracia participativa chocaron con el liderazgo carismático del presidente durante la asamblea constituyente del 2008-09. Durante la presidencia de Alberto Acosta la asamblea fue un espacio deliberativo donde las organizaciones de la sociedad civil presentaron sus propuestas. El objetivo fue que la Constitución incorpore las demandas de la sociedad civil y no sea el instrumento del partido en el gobierno. Correa descalificó al presidente de la asamblea como ineficiente y excesivamente democrático. Se impacientó con los debates sobre temas delicados para conseguir votos como el aborto y el buró político de su partido destituyó al presidente de la asamblea pues este indicó que tenían que prolongar el período de elaboración de la constitución en la asamblea. Fernando Cordero, que remplazó a Acosta, entregó la nueva Constitución en el plazo acordado pero con el costo de limitar los debates y excluir las voces de la oposición.

La revolución ciudadana que se lleva a cabo con votos y no con balas se asienta en nociones sustantivas de la democracia como la igualdad y la participación directa de la comunidad. Este proyecto de democratización no respeta los valores procedimentales de la democracia que son instrumentalizados en función del proyecto político de Alianza PAIS de acumular hegemonía para transformar la correlación de fuerzas políticas. El gobierno por ejemplo destituyó con artimañas legales a 57 parlamentarios y luego la Asamblea Constituyente declaró que el Congreso estaba en receso indefinido. Estas acciones fueron autoritarias tanto en la forma cómo se las hizo como en sus consecuencias. Al igual que sus predecesores populistas el presidente no siempre se siente atado a la Constitución. Muchos de los artículos transitorios sobre minería, aguas y seguridad alimenticia han violado el espíritu de la Constitución del 2008.

Ya que la democracia es vista como equidad, justicia social y la participación directa de la comunidad importan más estos valores sustantivos que las libertades que garantizan que la sociedad civil no esté subordinada al Estado. Tampoco se valora el pluralismo pues la confrontación es entre el proyecto revolucionario y científico del gobierno y la oposición de una reacción corrupta. Las críticas y cuestionamientos de los movimientos sociales son descalificados cuando no encajan con las directrices del primer mandatario. Los líderes de los movimientos sociales son pintados como elites que defienden sus privilegios corporativos. Ya que se lucha por la nueva independencia todos tienen que alinearse con el proceso. La esfera pública se reduce a la aclamación plebiscitaria del líder sin dar espacios donde se deliberen propuestas y proyectos. Las únicas propuestas válidas son las del gobierno pues el presidente y sus colaboradores cercanos tienen las capacidades técnicas y el conocimiento para alcanzar la redención. El populismo degenera en el elitismo de los tecnócratas y redentores de izquierda. La participación ciudadana se estatiza y desde el poder se crean y promocionan movimientos sociales afines al gobierno.

Pero a su vez el gobierno ha creado espacios discursivos para que la gente común presione por sus derechos. El presidente dignifica a los ciudadanos comunes que son transformados en la esencia de los valores de la Patria Sagrada. Es una pregunta abierta si el punto de llegada de la revolución ciudadana será una mejor democracia o en un proyecto populista autoritario.

Conclusiones

Siguiendo la tradición populista ecuatoriana Alianza PAIS decidió apostar por un liderazgo fuerte y construyeron a Correa en la encarnación de la revolución ciudadana. El liderazgo de Correa se ha manufacturado desde el poder estatal y a partir de estrategias tecnocráticas como son el uso de los medios de comunicación en campañas permanentes, en cadenas de televisión y en enlaces todos los sábados del año. Al igual que en otras experiencias telepopulistas el objetivo ha sido dar la sensación de identificación directa del líder con sus seguidores sin la intermediación de los partidos y de otras instituciones de la democracia liberal representativa (Degregori 2001, Peri 2004). El gobierno de Correa al igual que el de Abdalá Bucaram ha sido innovador en el uso de los medios de comunicación, pero a diferencia de Bucaram, que fracasó en su estaregia mediática, Corra ha sido exitoso.

Abdalá Bucaram (agosto 1996-febrero 1997) representó sus actos de gobierno como un show de televisión. Al escenificar sus éxitos personales en estos espacios de la cultura de masas, Bucaram representaba los sueños de éxito y de movilidad social de la gente común como son jugar al fútbol con estrellas, bailar con modelos teñidas de rubio, o transformarse en animador de un programa de televisión. Estando siempre presente en la televisión, la radio y la prensa, Bucaram trató de construir a su figura como el evento político central. Su imagen de triunfador en esferas no-políticas como los negocios y los deportes y su nuevo rol como cantante de baladas y presentador de show de variedades de televisión fueron constantemente retransmitidos a los hogares. Si bien su intención fue construir eventos mediáticos que atraigan grandes números de televidentes y que rompan con las rutinas de la televisión (Dayan y Katz 1992), estos eventos no fueron interpretados por la opinión pública y por las audiencias de clase media para arriba como representativos de los valores, símbolos y narrativas de la ecuatorianidad. Más bien los periodistas y muchos ciudadanos de clase media los vieron como un peligro para la democracia y como la irrupción de las chusmas en el palacio presidencial.

A diferencia del fracaso de la estragia mediática de Bucaram por centrase en la cultura de masas y trivializar la política como un espectáculo, Correa utiliza exitosamente los medios para presentarse como el evento central de la política y como el centro de la nación. Sus enlaces ciudadanos le permiten renovar el lazo carismático con sus seguidores y son vistos por los periodistas para enterarse de los planes y acciones que seguirá el gobierno. Además, y cómo se demostró en este ensayo, su carisma se ha forjado a través del uso exitoso de los medios de comunicación para llevar a cabo su campaña permanente.

Al igual que con sus predecesores populistas la política se ha personalizado con Correa, que se ve a sí mismo como el prócer de la segunda liberación de la Patria. Ya que los objetivos de su lucha son casi-míticos el líder carismático se ve como un ser excepcional cuya misión es la redención de la nación. El tiempo durante su gobierno se acelera pues se construye la coyuntura como una lucha entre la futura emancipación o el continuismo de la opresión. Pero Correa no ha sido el único político que ha presentado la política como una lucha moral de dimensiones míticas. Velasco Ibarra en los años cuarenta fue construído por sus seguidores y terminó creyéndose ser el Gran Ausente: la personificación de la redención moral de la patria. Velasco Ibarra fue forjado en la persona que podría curar los males de una nación que había sido derrotada en una guerra en la que perdió la mitad de su territorio. Además se lo vio como quien podía moralizar la política luego del reinado corrupto de la argolla del partido liberal que usufructó del poder atravéz del fraude electoral y de la represión (de la Torre 1993). A diferencia de Velasco Ibarra y Correa Bucaram fracasó en su intento de construir su carisma desde el poder. Si bien dijo ser el "líder de los pobres" y su "redentor", terminó siendo visto por los medios y los sectores organizados de la sociedad como "el repugnante otro": la personificación de la barbarie, de la corrupción y de políticas que atentaban en contra de la moral y de la democracia (de la Torre, 2000).

El discurso populista divide a la sociedad en dos campos que se enfrentan de manera antagónica (Laclau 1977, 2005). La lucha entre el pueblo y la oligarquía es moral y ética. El discurso velasquista se centró en la política y en las aspiraciones de elecciones limpias. La oligarquía fue construida como quienes usurpaban el poder político recurrriendo al fraude electoral. Desde la emergencia del CFP hasta el discurso de Abdalá Bucaram la lucha entre pueblo y oligarquía fue forjada como un enfrentamiento entre categorías políticas, sociales y culturales. El pueblo se diferenció de la oligarquía por sus costumbres nacionales, frente a la imitación de lo extranjero de las elites. El pueblo fue visto como integrado por los sectores urbanos mestizos que eran marginados por su clase y etnia por la oligarquía. Los indígenas y los afrodescendientes no fueron incorporados como grupos étnicos con una cultura específica en estas construcciones discursivas. La oratoria de Correa ha politizado las desigualdades existentes. La economía ha dejado de ser un saber en manos de expertos y ahora es un campo en el que se debaten diferentes posiciones políticas, ideológicas y morales. Su gobierno ha politizado a gente joven y ha tenido un impacto democratizador al contribuir a la renovación de las élites políticas. Parecería que el pueblo correísta es visto como mestizo y si bien se reconoce la composición multicultural de la nación no se escuchan las voces y las propuestas de los líderes de organizaciones étnicas que no están aliadas al régimen.

Al igual que sus predecesores José María Velasco Ibarra y Abdalá Bucaram, Rafael Correa ha dignificado a los de abajo, ridiculizado a las elites y ha transformado el mundo con su verbo: los ricos y los poderosos ahora son los pelucones, los aniñados, la antipatria y la gente común son los beneficiarios y los actores de la revolución ciudadana. Pero el populismo de Correa es diferente pues combina el carisma con la tecnocracia. Velasco Ibarra tuvo relaciones conflicativas con la burocracia y con la tecnocracia. En lugar de emplear criterios técnicos utilizó criterios morales y su temperamento impulsivo para abrir y clausurar dependencias estatales. Durante su segunda presidencia, por ejemplo "hizo una visita inesperada a la Comisaría de Industrias

Nacionales. Para su sorpresa no encontró a ningún empleado. Por orden presidencial, se cerró la entidad inmediatamente" (Norris 2004: 71). Agustín Cueva (1988: 142) anota, "la remonición periódica e indiscriminada de empledos públicos, los caprichos imprevesibles que determinan las sanciones y los ascensos, la poca confianza del caudillo en la burocracia y en los 'consejos' técnicos, han mantenido en permanente zozobra a este sector".

El populismo de Correa que se asienta tanto en el carisma del presidente como en la tecnocraica está llevando a un elitismo en el que el presidente y un grupo de expertos se apropian de la voluntad popular y marcan la ruta científica que llevará a la Patria a su segunda y definitiva liberación, al progreso y al desarrollo. La ciudadanía se reduce a la aclamación plebiscitaria de las propuestas que emanan desde las instituciones del Estado y que se presentan en los *power points* del presidente y de los técnicos de las diferentes dependencias estatales. La deliberación ciudadana se reduce a la aclamación plebiscitaria y al voto por Correa en las permanentes batallas electorales.

Los gobiernos populistas han tenido una relación muy conflictiva con los periodistas. Han tenido poca paciencia con las críticas. Por ejemplo durante el gobierno de Velasco Ibarra la policía pego y humilló a periodistas críticos como Diego Oquendo y Alejandro Carrión que fue obligado a comer heces humanas. El velasquismo clausuró periódicos y no dio garantías para que se conforme una esfera pública pluralista e independiente del gobierno. Los periodistas estuvieron al frente de la oposición al gobierno de Bucaram que los descalificó e insultó. Rafael Correa ha tenido una relación muy conflictiva con los medios. No sólo que los deslegitima y los presenta como mentirosos e instrumentos del gran capital, sino que se han desemplovado viejas leyes de desacato con la intención de atemorizar y censurar a los periodistas. Cada vez hay más autocensura en los medios y el Estado utiliza leyes en contra de la injuria y el desacato para silenciar las voces críticas.

Los gobiernos populistas buscan controlar y cooptar a los movimientos sociales. Es por esto que el velasquismo, el abdalasismo y el correísmo han tenido relaciones conflictivas con las organizaciones sociales. Si bien Correa recogió varias de las demandas de los movimientos sociales su gobierno ha chocado con las organizaciones de la sociedad civil. En su afán de descorporatizar al Estado ha quitado espacios de poder estatal a los movimientos sociales. Ha confrontado a los grupos organizados con capacidad de movilización como los maestros, los indígenas y los sindicatos públicos. Parecería que su proyecto es cooptar a las bases de los movimientos sociales y crear organizaciones paralelas afines al gobierno.

Los populismos privilegian formas democráticas en que los líderes tengan relaciones no mediadas por instituciones con sus seguidores. Además han visto al momento electoral como el decisivo para ligar al líder con su pueblo. Es así que Velasco Ibarra luchó en contra del fraude electoral y por ampliar la franquicia. Correa ve la legitimidad de su gobierno en haber ganado una serie de contiendas electorales. Los populistas tienen visiones mayoritarias sobre la democracia. El haber ganado elecciones, en las que se juega la redención de la nación, los faculta para imponer su voluntad sobre el resto de la sociedad. "El populismo es hostil a la idea de derechos y de rendición de cuentas, pues dichos instrumentos de limitación gubernamental son herramientas que protegen a las minorías, debilitando en cambio a la voluntad popular" homogénea encarnada en el líder (Peruzzotti 2008: 111). Es así que el gobierno de Correa no ha garantizado las condiciones para que haya independencia entre las diferentes instituciones y poderes del Estado que están sujetas al Ejecutivo. La sociedad civil tampoco tiene autonomía del Estado. La esfera pública está siendo colonizada por un Estado que se ve como la encarnación de la voluntad general. Hay poca paciencia con las voces de diferentes sectores de la oposición ya sean estos de la derecha tradicional o de la izquierda más comprometida con las organizaciones indígenas y ecologistas. El presidente se ve como la encarnación de la voluntad homogénea de un pueblo que tienen un solo interés e identidad. Es así que el líder populista se transforma en la personificación de la revolución ciudadana.

La idea de revolución pinta todas las luchas en confrontaciones por valores últimos y sagrados que ponen en juego la existencia misma de la Patria. En estas confrontaciones de proporciones titánicas quienes no están con el líder del proceso son los enemigos de la patria. La intolerancia del discurso maniqueo y religioso-secular atenta en contra de los derechos al disenso y al pluralismo, sin los cuales será muy difícil construir ciudadanías y una democracia participativa (Zanatta 2008).

Velasco Ibarra al igual que Correa fue hostil a los partidos políticos y gobernó con alianzas coyunturales y ad hoc. Velasco no pudo rutinizar su carisma y sólo terminó un período de los cinco en que gobernó. Rafael Correa ha sido exitoso en destrozar al sistema político y en crear un nuevo escenario político en el que su movimiento es dominante. Alianza PAIS no es un partido político y funciona como una maquinaria electoral donde conviven tendencias y facciones unidas por el líder carismático. La maquinaria electoral personalista de Correa tiene a su disposición un sofisticado aparato de distribución clientelar. Pero al igual que Velasco Ibarra probablemente tendrá problemas para rutinizar su carisma en el mediano y largo plazo. Su falta de fe en los partidos lo hará depender de la voluntad popular, que es muy errática y que un momento puede estar a su favor y luego en su contra. Es una pregunta abierta si, a diferencia de Velasco Ibarra, Rafael Correa logrará premanecer en el poder y crear instituciones que permitan la continuidad del proyecto de la revolución ciudadana.

Bibliografía

ABTS, KOEN, and STEFAN RUMMENS 2007 "Populism versus Democracy". *Political Studies* 55:405-424.

ACOSTA, ALBERTO 2009 "La maldición de la abundancia: un riesgo para la democracia", *Revista La Tendencia* N9 (March-April), pp. 103-116.

AIBAR, JULIO, ed. 2007a *Vox Populi. Populismo y Democracia en Latinoamérica*. México: FLACSO.

BURBANO DE LARA, FELIPE, ed., 1998 *El Fantasma del Populismo. Aproximación a un tema [siempre] actual*. Caracas: Nueva Sociedad.

CANOVAN, MARGARET 1999 "Trust the People! Populism and the Two Faces of Democracy". *Political Studies* 47: 2-16.

CASTAÑEDA, JORGE 2006 "Latin America's Left Turn." *Foreign Affairs* 85, 3: 28-42.

CONAGHAN, CATHERINE 2008 "Ecuador: Correa's plebiscitary democracy". En Diamond, Larry, Plattner, Marc, and Abente, Diego eds., *Latin America's Struggle for Democracy*. Baltimore: The Johns Hopkins University Press, pages 199-217.

CONAGHAN, CATHERINE, and DE LA TORRE CARLOS 2008 "The Permanent Campaign of Rafael Correa: Making Ecuador's Plebiscitary Presidency". *International Journal of Press/Politics* 13: 267-284.

CUEVA, AGUSTÍN 1988 *El proceso de dominación política en Ecuador*. Quito: Editorial Planeta.

DAYAN, DANIEL y KATZ, ELIHU 1992 *Media Events. The Live Broadcast of History*. Cambridge: Harvard University Press.

DEGREGORI, CARLOS IVÁN 2001 *La Década de la Antipolítica. Auge y huída de Alberto Fujimori y Alberto Montesinos*. Lima: IEP.

DE LA TORRE, CARLOS 1993 *La seducción velasquista*. Quito FLACSO y Libri Mundi.

——— 2000 *Populist Seduction in Latin America*. Athens: Ohio University Press.

DE LA TORRE CARLOS y PERUZZOTTI ENRIQUE eds., 2008 *El retorno del pueblo. El populismo y nuevas democracias en América Latina*. Quito: FLACSO.

DE LA TORRE, CARLOS y CONAGHAN , CATHERINE 2009 "The Hybrid Campaign: Tradition and Modernity in Ecuador's 2006 Presidential Election". *International Journal of Press and Politics*, 14: 3: 335-352.

DEMMERS, JOLLE; FERNÁNDEZ JILBERTO y HOGENBOOM, BARBARA 2001 *Miraculous Metamorphoses. The neoliberalization of Latin American Populism*. London: Zed Books.

EDELMAN, MURRAY 1988 *Constructing The Political Spectacle*. Chicago: University of Chicago Press.

FREIDENBERG, FLAVIA 2007 *La tentación populista. Una vía al poder en América Latina*. Barcelona: Editorial Síntesis.

FRENCH, JOHN 2009 "Understanding the Politics of Latin America's Plural Lefts (Chavez/Lula): social democracy, populism and convergence on the path to a post-neoliberal world". *Third World Quarterly* 30:349-370.

GEERTZ, CLIFORD 1985 "Centers, Kings, and Charisma: Reflections on the Symbols of Power". En *Rites of Power: Symbolism, Ritual, and Politics since the Middle Ages*, editado por Sean Wilentz. Philadelphia: University of Pennsylvania Press, pp. 13-38.

HERMET, GUY; LOAEZA, SOLEDAD y PRUD'HOMME, JEAN FRANÇOIS, eds. 2001 *Del populismo de los antiguos al populismo de los modernos*. Mexico: El Colegio de México.

LACLAU, ERNESTO 1977 *Politics and Ideology in Marxist Theory: capitalism, fascism, populism*. London: NLB.

———— 2005 *On Populist Reason*. London: Verso.

———— 2006 "Consideraciones sobre el populismo latinoamericano." *Cuadernos del CENDES* 23, N° 64: 115-20.

MACKINNON, MARÍA MOIRA y PETRONE MARIO ALBERTO, eds. 1998 *Populismo y neopopulismo en América Latina . El problema de la cenicienta*. Buenos Aires: Universidad de Buenos Aires.

MARTÍNEZ NOVO, CARMEN 2009 "The Indigenous Movement and the Citizen´s Revolution in Ecuador: Advances, Ambiguities, and Turn Backs". Unpublished Paper delivered for the Conference Outlook for Indigenous Politics in the Andean Region. Center for Strategic International Studies. Washington DC.

MENY, YVES, and YVES SUREL EDS., 2002 *Democracies and the populist challenge.* New York: Palgrave.

———— 2002a "The Constitutive Ambiguity of Populism". En Yves Mény and Yves Surel, eds., *Democracies and the populist challenge.* New York: Palgrave, pp. 1-25.

MONTÚFAR, CÉSAR 2010 "Rafael Correa y su Refundación Constituyente". Woodwrod Wilson Center.

MOUFFE, CHANTAL 2005 "The 'End of Politics' and the Challange of Right Wing Populism". En Francisco Panizza, ed. *Populism and the Mirror of Democracy.* London: Verso, pp. 50-72.

NORRIS, ROBERT 2004 *El Gran Ausente.* Quito: Libri Mundi. Vol. II.

ORNSTEIN, NORMAN J. and THOMAS E. MANN 2000 "Conclusion: The Permanent Campaign and the Future of American Democracy". En *The Permanent Campaign and its Future*, ed. Norman J. Ornstein and Thomas E. Mann. Washington DC.: American Enterprise Institute Press.

OSPINA , PABLO 2009 "Corporativismo, Estado y Revolución Ciudadana. El Ecuador de Rafael Correa".

PACHANO, SIMÓN 2010 "Democracia representativa y mecanismos de democracia directa y participativa".

PANIZZA, FRANCISCO 2005 *Populism and the Mirror of Democracy.* London: Verso.

———— 2005a "Unarmed Utopia Revisited: The Resurgence of Left-of-Centre Politics in Latin America". *Political Studies* -Oxford- 53 (4):716-734.

————2008 "Fisuras entre populismo y democracia en América Latina". En Carlos de la Torre y Enrique Peruzzotti eds., *El retorno del pueblo. El populismo y nuevas democracias en América Latina.* Quito: FLACSO. pp. 77-97.

PERI, YORAM 2004 *Telepopulism. Media and Politics in Israel.* Stanford: Stanford University Press.

PERUZZOTTI, ENRIQU 2008 "Populism y Representación". En Carlos de la Torre y Enrique Peruzzotti eds., *El retorno del pueblo. El populismo y nuevas democracias en América Latina.* Quito: FLACSO., pp. 97-125.

RABY, D.L. 2006 *Democracy and Revolution. Latin America and Socialism Today.* London: Pluto Press.

RAMÍREZ, FRANKLIN 2010 "La política partida en tres". *Revista La Tendencia* 10, February-March, pp.10-16.

Ramírez Gallegos Franklin y Minteguiaga, Analía 2007 "El nuevo tiempo del estado. La política posneoliberal del correismo". *OSAL*, Buenos Aires: CLACSO, año VII, N° 22, septiembre, pp. 87-103.

Roberts, Kenneth 2003 "Social Polarization and the Populist resurgence in Venezuela". En Steve Ellner y Daniel Hellinger, eds. *Venezuelan Politics in the Chávez Era*. Boulder and London: Lynne Reinner, pp. 55-73.

————— 2008 "el resurgimiento del populismo latinoamericano". En Carlos de la Torre y Enrique Peruzzotti eds., *El retorno del pueblo. El populismo y nuevas democracias en América Latina*. Quito: FLACSO., pp. 55-77.

Urbinati, Nadia 1998 "Democracy and Populism". *Constellations*, Vol. 5 (1): 110-125.

Weyland, Kurt 2001 "Clarifying a Contested Concept". *Comparative Politics* 34 (1): 1-22.

————— 2003 "Neopopulism and Neoliberalism in Latin America: How Much Affinity?". *Third World Quarterly* 24: 1095-116.

————— 2009 "The Rise of Latin America's Two Lefts. Insights from Rentier State Theory". *Comparative Politics* 41 (2): 145-164.

Zanatta, Loris 2008 "El populismo, entre la religión y la política. Sobre las raíces históricas del antiliberalismo en América Latina". *Estudios Interdisciplinarios de América Latina y el Caribe*, Vol. 19, N° 2: 29-45.

Zúquete, José Pedro. 2007 *Missionary Politics in Contemporary Europe*. Syracuse: Syracuse University Press.

————— 2008 "The Missionary Politics of Hugo Chavez". *Latin American Politics and Society* 50 (1):91-122.

Democracia y dramatización del conflicto en la Argentina kirchnerista (2003-2011)[1]

*Osvaldo Iazzetta**

1. Introducción

El escenario político que se ha configurado en nuestra región en los últimos años reserva un lugar destacado a los "liderazgos de popularidad" nacidos de fuertes crisis de representación y del derrumbe de partidos políticos tradicionales[2]. En algunos procesos refundadores, esos liderazgos se han encaminado –como sugiere Cheresky (2010, 22)– hacia un tipo de "representación encarnada" que no concibe sucesores en su jefatura y favorece una polarización en la que "…la alternancia en el poder es presentada como un cambio catastrófico…",que pondría en riesgo los logros alcanzados.

Estas experiencias no sólo se distinguen por depender fuertemente de la continuidad de sus líderes[3] sino, también, porque la misión reparadora que se arrogan ante los sectores marginados, viene acompañada de una teatralización de la división del cuerpo social[4], que tiende a concebir el fin de sus mandatos como una debacle para los procesos de inclusión en curso.

---

[1] Agradezco la lectura y valiosas observaciones que Carlos de la Torre, Andrés Malamud, Vicente Palermo, Enrique Peruzzotti y Hugo Quiroga efectuaron a una versión preliminar de este texto. También deseo retribuir los generosos comentarios formulados por los colegas que participaron del seminario realizado en Quito en junio de 2011 y en especial a Leonardo Avritzer, por las sugerencias formuladas en esa ocasión.

* Doctor en Ciencias Sociales del Programa de Doctorado Conjunto de la Facultad Latinoamericana de Ciencias Sociales, FLACSO/Programa Brasil y Universidad de Brasilia (1995) y obtuvo el Diploma Superior de Posgrado en Ciencias Sociales, Facultad Latinoamericana de Ciencias Sociales, FLACSO/Programa Buenos Aires/Rosario (1989). Universidad Nacional de Rosario.

[2] Sobre este concepto puede consultarse Cheresky (2008).

[3] Cabe aclarar que la aspiración a mantenerse en el poder excede a las experiencias refundadoras aunque en éstas asume ciertas características singulares, que intentamos resaltar en este texto.

[4] Este carácter "reparador" y el escenario creado en torno de esa promesa son muy bien retratados por Rouquié (2011, p. 270).

Aunque este retrato parece más ajustado para experiencias refundadoras como las de Venezuela, Bolivia y Ecuador, la Argentina actual comparte –aunque de manera atenuada– algunos de esos rasgos, en especial, la dramatización del conflicto y la percepción de que los cambios encarados pueden interrumpirse si no se asegura la permanencia de sus líderes.

Nadie expresó esta inquietud con mayor franqueza que Ernesto Laclau –un intelectual de gran influencia sobre los gobiernos argentinos que se sucedieron desde el 2003– pocos días antes de concretarse la reelección de Cristina Fernández de Kirchner. Interrogado sobre la necesidad de pensar en un sucesor para ella, Laclau respondió: "…hay que ver si Cristina no puede ser reelecta, si no se modifica la Constitución (…) una democracia real en Latinoamérica se basa en la reelección indefinida. Una vez que se construyó toda posibilidad de proceso de cambio en torno de cierto nombre, si ese nombre desaparece, el sistema se vuelve vulnerable"[5].

Detrás de esta aspiración –no siempre confesada de manera tan llana– puede advertirse la encerrona a la que están sometidos estos liderazgos. Ella no sólo abre serios interrogantes sobre los límites del ejercicio del poder que admite esta concepción de la democracia, sino también introduce un componente catastrofista al convertir a sus actuales líderes en garantes excluyentes de los cambios emprendidos.

Estos argumentos buscan ampararse en la promesa de reparación que esos gobiernos expresan para los excluidos, situando esa extensión de derechos dentro de una disputa que los autorizaría a prescindir de las formas institucionales y a ver a sus adversarios como enemigos que amenazan los procesos en marcha.

Especialmente a partir del 2008, en la Argentina esa tensión ha sido presentada como parte de "…una dura confrontación entre sectores económicos, políticos e ideológicos históricamente dominantes y un gobierno democrático que intenta determinadas reformas en la distribución de la renta y estrategias de intervención en la economía"[6].

---

[5] Entrevista de Ailín Bullentini, (2011, octubre 2). "La real izquierda es el kirchnerismo", *Página 12*. Tras el fallecimiento de Néstor Kirchner (en octubre de 2010), Cristina Fernández de Kirchner ha sido presentada como única garantía para sostener y profundizar esa inclusión en curso.

[6] Esta tensión es planteada por el primer documento elaborado por Carta Abierta presentado públicamente el 13 de mayo 2008 en medio del conflicto entre el gobierno y los sectores rurales. El documento puede consultarse en http://www.pagina12.com.ar/diario/elpais/1-104188-2008-05-15.html. El párrafo que hemos citado está mencionado en Palermo (2011:92).

El sentido reparador del que se sienten portadores permite a estos gobiernos presentarse como una ruptura con el pasado, enmendando con sus políticas el déficit de derechos heredado de los anteriores. Vale aclarar que no se trata de una actitud meramente declamatoria, pues son múltiples las evidencias que confirman esa voluntad en diferentes campos. Para ilustrarlo recordemos que durante los ocho años que transcurrieron desde la llegada de Néstor Kirchner a la presidencia en 2003[7] el oficialismo impulsó la reapertura de las causas sobre violaciones de derechos humanos registradas durante el régimen autoritario que fueron clausuradas por gobiernos democráticos anteriores; la extensión de derechos sociales erosionados en la década de Menem –ingreso universal por hijo y ampliación del beneficio jubilatorio– y el reconocimiento de derechos de nueva generación, como la legalización del matrimonio entre personas del mismo sexo.

No ponemos en cuestión el reconocimiento de nuevos derechos a quienes permanecían privados de ellos, simplemente intentamos resaltar la polarización que rodea a estos procesos de inclusión, percibiendo en todo legítimo adversario un enemigo potencial dispuesto a obstruir la profundización de los cambios y el mantenimiento de aquellas conquistas[8].

Como es sabido, estas experiencias han hallado amparo teórico en una literatura provista de un sofisticado aparato conceptual que se destaca por alentar la confrontación con el fin de establecer dos campos claramente enfrentados. Estas interpretaciones[9] justifican una forma de construcción de lo político que concibe al antagonismo como un modo de delinear una frontera que divida a la sociedad en mitades opuestas.

---

[7] Este componente del gobierno de Kirchner fue tempranamente advertido por Aboy Carlés (2005).

[8] Este giro desata, como sugiere Aboy Carlés (2005: 136 y 146), legítimas expectativas de inclusión "…en una comunidad reparadora de derechos conculcados…" que se convierte en una tentación para "…incesantes ensayos fundacionalistas…" que exaltando los logros del presente, encuentra en la amenaza de retroceder al pasado "…uno de los mecanismos más eficientes para defender este movimiento frente a los embates de sus opositores".

[9] Las versiones más influyentes sin dudas son las que representan Ernesto Laclau (2005; 2010) y Chantal Mouffe (2007). Laclau –en forma individual o junto a Mouffe–, hace muchos años propone esta manera de entender el antagonismo en democracia. Sin embargo, tanto sus publicaciones como sus intervenciones en el debate público de los últimos años han ganado creciente notoriedad, convirtiéndose en un referente intelectual que aporta un techo teórico a experiencias como las que hoy están en curso en la Argentina, Ecuador, Venezuela y Bolivia. Esto no significa que el comportamiento de los gobernantes argentinos desde el 2003 siga fielmente ese guión teórico, como bien advierte Palermo (2011).

Esta lectura en torno del fenómeno populista, el conflicto y la hegemonía no son nuevos en la Argentina, pues ha sido parte del debate que en los años 80 acompañó al proceso de recuperación democrático[10]. Lo novedoso es que ella hoy ha ganado una legitimidad y aceptación que le fue retaceada en aquellos años, cuando este planteo aún desentonaba con el clima creado tras la etapa autoritaria, más proclive a valorar la tolerancia, el pluralismo y el reconocimiento del otro[11].

En efecto, hoy asistimos a un cambio en el clima de ideas y la creciente influencia de esta postura en el debate académico y público parece colocar a la defensiva a aquellos otros discursos –dominantes en los 80– que enfatizaban la tolerancia y pluralidad, una posición a la que entonces adhería una parte significativa de la izquierda latinoamericana tras descubrir y revalorizar a la democracia. En ese momento ésta se había volcado a redefinir temas como la contradicción y los conflictos, así como las ideas de revolución o la noción gramsciana de hegemonía, tan caros a la tradición socialista[12].

El retorno y gravitación de estas ideas mantiene fuertes afinidades con las experiencias de populismo radical vigentes en la región en los últimos años. Sin embargo para autores representativos de esta corriente como Laclau (2010, p. 70), la Argentina se distingue por contar con una sociedad compleja y estructurada que –a diferencia de Venezuela, por citar un ejemplo–, posee sectores preconstituidos que fijan límites a los intentos de replicar un antagonismo radical como el que existe en aquellos casos. El reconocimiento

---

[10] Véase a título ilustrativo la respuesta de Portantiero (1986) al libro de Ernesto Laclau y Chantal Mouffe, *Hegemony and socialist estrategy*, publicado en Londres en 1985.

[11] En una entrevista realizada a Juan C. Portantiero en esos años, éste expresaba que una teoría de la democracia implica "…la capacidad del reconocimiento del otro. Sin esa capacidad de reconocimiento del otro no hay posibilidad de discurso democrático y yo diría, en las condiciones de la sociedad moderna, no hay capacidad de construcción de política, de construcción de una teoría de la política". Y agregaba que el reconocimiento del otro "…es el único terreno sobre el que es posible colocar la discusión sobre la democracia como una tensión" (1984, enero). *Revista Entredichos del malestar en la cultura.*

[12] En un texto seminal publicado durante el exilio en México, Emilio de Ípola y Juan C. Portantiero (1981, 12) diferencian, como parte de esa revisión, una concepción organicista y una concepción pluralista de hegemonía. Al respecto véase también Portantiero (1986). Recientemente Laclau (2010, 63) ha recordado que "…la lectura que nosotros hacíamos de Gramsci era muy distinta de la lectura que hacían otros gramscianos argentinos, como José Aricó o Juan Carlos Portantiero, porque ellos lo hacían desde una perspectiva liberal y nosotros desde el interior de la transformación de tipo peronista".

de esa singularidad viene también acompañado de cierta lamentación por la imposibilidad de que el kirchnerismo –como versión local de este nuevo escenario– pueda encarnar una experiencia populista del mismo tenor[13].

Ello no significa que no hayan existido intentos por lograrlo. La extenuante y prolongada confrontación que el gobierno de Cristina Fernández de Kirchner mantuvo con el campo poco después de iniciar su primer mandato constituyó una ventana de oportunidad para quienes anhelaban la instalación de un escenario dominado por una polarización abierta[14].

Si bien ese conflicto constituyó un punto de inflexión dentro del ciclo iniciado en el 2003 e inauguró una fase de exacerbación de lo nacional-popular que sirvió para reactualizar viejos esquemas de carácter binario[15], la situación argentina bajo el kirchnerismo aún dista de parecerse a un régimen populista radical, tal como admite el propio Laclau[16].

En efecto, aunque desde la llegada de los Kirchner en el 2003 hemos asistido a experiencias de gobierno que redefinieron simbólicamente a la democracia en términos de conflicto ellas se han dado en el marco de una sociedad despolarizada, exceptuando claro está, a las minorías militantes[17] que experimentan un "reencantamiento ideológico con la política" y encuentran en el relato nacional-popular de estos días una íntima conexión con el fervor y las expectativas de cambio radical de los setenta[18].

Los acontecimientos transcurridos entre 2003-2011 han puesto en evidencia un modo de entender el conflicto y el manejo de la alteridad que son ilustrativos de la dinámica de la democracia en esta fase del país. Aunque nos

---

[13] Aunque formulada desde una perspectiva muy distinta, esa opinión también es compartida por Levitsky y Murillo (2009).

[14] Véase Palermo (2011) y Peruzzotti, (2011, 13).

[15] Puede consultarse la caracterización que Svampa (2011) ofrece sobre esta etapa.

[16] El caso argentino más bien ilustra las dificultades y anomalías que enfrenta esta experiencia para concretar una dicotomización del escenario político, tal como lo desearía Laclau. Según este intelectual "...en Argentina [a diferencia de Bolivia, Ecuador y Venezuela] hay una situación más indefinida porque el gobierno popular de los Kirchner no tiene situaciones tan nítidas como otros gobiernos latinoamericanos...". En los casos de Evo, Correa y Chávez –agrega Laclau–, sus decisiones asumen un carácter frontal que permite producir una escisión del campo social que no se observa en la Argentina. Véase la entrevista de Hinde Pomeraniec, (2009, mayo 10). "Los regímenes populares latinoamericanos están muy bien instalados en el poder", *Clarín*. Algunos autores como Panizza (2011) consideran más prudente hablar de "intervenciones" populistas antes que de un "régimen populista".

[17] Véase Tonelli (2011, 12-13).

[18] Véase Altamirano (2011, 12).

centraremos en la experiencia argentina, muchos de sus rasgos tal vez resulten familiares para otros países de la región.

2. El manejo de la alteridad en democracia

Antecedentes sobre las modalidades que estos liderazgos asumen en el tratamiento de la alteridad podemos hallarlos en los análisis efectuados sobre democracia delegativa o populismo radical en las dos últimas décadas[19].

En el detallado registro que Carlos de la Torre (2008) y Enrique Peruzzotti (2008) efectuaron sobre ambas variantes, pueden hallarse algunas claves sugerentes para reconocer la concepción de democracia que ellas contienen y el lugar que reservan al conflicto y al reconocimiento del otro.

• En primer lugar, la presidencia es el poder institucional que expresa de manera más cabal la voluntad democrática del pueblo[20].

• El acto eleccionario es interpretado en clave decisionista y como una instancia crucial del contrato representativo[21].

• Una vez electos, los gobernantes buscan establecer una relación no mediada con sus gobernados y las formas de mediación previstas por la democracia representativa son percibidas como obstáculos para la formación de una identidad democrática[22].

• Poseen una concepción de lo político que reniega de la naturaleza negociada y deliberativa que encierra la institucionalidad representativa[23] y la lógica de la confrontación reemplaza a la lógica de los pactos que deberían caracterizar a las acciones de gobierno[24].

Podrían agregarse otros rasgos, pero los aquí expuestos condensan una matriz que atraviesa –con matices– las experiencias que acompañan a este tipo de liderazgos.

---

[19] En el primer caso, O'Donnell (1997:293-295) ha señalado que en una democracia delegativa "el presidente es considerado la encarnación de la nación y el principal definidor y guardián de sus intereses". O'Donnell destaca la concepción organicista que encierra esta idea, entendiendo a "la nación y su expresión política 'auténtica', el líder y su 'Movimiento'…", como organismos vivientes.

[20] Peruzzotti (2008, 108).

[21] Peruzzotti (2008, 109).

[22] Peruzzotti ((2008, 101-102).

[23] Peruzzotti (2008, 113).

[24] Véase de la Torre (2008).

En esta manera de entender la democracia, el líder necesita apoyarse en una lógica de confrontación que delimite claramente los campos enfrentados, haciendo del conflicto una fuente capaz de renovar incesantemente el entusiasmo, motivación y compromiso de quienes se sienten identificados con la defensa de las conquistas logradas[25].

En los casos en que esto sucede, asistimos a una creciente naturalización de un lenguaje confrontativo que resulta funcional para desplegar una concepción de la política que dramatiza cada uno de los conflictos, convirtiéndolos en una instancia decisiva para afirmar un proyecto que se presume constantemente amenazado por sectores antipopulares.

Aunque suele asociarse esta actitud con ciertas teorizaciones del llamado populismo radical, los puntos de escisión escogidos parecen obedecer más a una finalidad práctica destinada a acumular fuerzas, que a convicciones filosóficas. En el caso particular de Kirchner, su excepcionalismo era temperamental, no filosófico como sugiere Sarlo (2011, 222) y "colocó sistemáticamente los conflictos en el punto en que un solo camino era transitable. Para ello debió dramatizar cada una de las circunstancias y presentar todos los temas como decisivos para la victoria final". Ese temperamento resultó productivo en algunas ocasiones –caso Ley de Medios Audiovisuales– pero fracasó en otras tentativas –la más resonante de ellas, el conflicto con el campo en torno a la Resolución 125[26]–.

Es preciso distinguir por consiguiente, entre la aceptación de la *inevitable conflictividad* que contiene toda sociedad –y por extensión una democracia– y la *dramatización del conflicto* con el propósito de polarizar el escenario político y demarcar espacios antagónicos sin grises.

---

[25] Como señala de la Torre (2008, 44): "La lógica de la confrontación reemplaza a la lógica de los pactos que deberían caracterizar las acciones de gobernar (…) A diferencia de la democracia liberal, que se basa en el gobierno de la mayoría pero no en la unanimidad de opiniones e intereses, en el populismo no existe un campo reconocido para expresar la disensión".

[26] Sarlo (2011, 222) sugiere que "confundir a Kirchner con un político inspirado, sin saberlo, por Carl Schmitt es un subterfugio o una ignorancia. El 'estado de excepción' es, precisamente, excepcional: el momento en que el soberano (el político, el rey) se coloca más allá de la ley para fundar la nueva ley. Ese momento, para Schmitt, devela la esencia de la política pero no define su cotidianidad. Kirchner consideró excepcionales todas aquellas circunstancias en que debía imponer una decisión suya, no importa cuál fuera la trascendencia". Por consiguiente, propone distinguir entre el excepcionalismo (excepcional) de Schmitt y el *excepcionalismo cotidiano* que practicó Kirchner.

La dinámica de los conflictos que se han sucedido en estos ocho años plantea algunos interrogantes que no admiten una respuesta simple y sumaria. Por un lado, resulta difícil establecer cuándo un conflicto es artificializado con el mero propósito de forzar alineamientos de los campos políticos en disputa y cuando no. Asimismo, se advierte que en algunos casos la intensidad y la escalada del conflicto deriva de la conversión de *cuestiones de interés* —que si bien implican una competencia por recursos limitados admiten ejercer las artes del compromiso— en *cuestiones de identidad* que plantean una disputa entre posturas irreductibles[27].

Algunos casos que abordaremos en las páginas siguientes ilustran sobre la deliberada artificialización de ciertos conflictos y también revelan cómo cuestiones de interés devienen cuestiones de identidad, bloqueando su posible resolución.

3. Del temor a la exaltación del conflicto

Conviene recordar que, al restablecerse la democracia en 1983, prevaleció una actitud temerosa frente al conflicto que se reflejó en muchas posturas del primer gobierno democrático como en la percepción que sobre el tema compartía una amplia franja de la sociedad. El temor a un nuevo fracaso de la democracia —y el consiguiente retorno al estado de naturaleza— actuaba como una justificación convincente para moderar los estilos e intensidad de las demandas. Sin embargo, los acontecimientos no transcurrieron tan serenamente como se esperaba. La zozobra provocada por los levantamientos militares que se repitieron a partir de 1987, el copamiento de un regimiento del Ejército por parte de un grupo de extrema izquierda (Movimiento Todos por la Patria) en 1989, y los 13 paros generales dispuestos por la CGT, derribaron las expectativas de transitar plácidamente esa etapa democrática. Eso no desmiente, sin embargo, la imagen de un gobierno y una sociedad que miraban con recelo toda manifestación de conflicto.

La parábola que recorrió la idea de conflicto desde 1983 a nuestros días tiene su correlato en el desplazamiento de la noción de adversario por la de enemigo reinstalando una expresión que había sido apartada del lenguaje

---

[27] Agradezco las observaciones efectuadas por Vicente Palermo sobre este punto.

político en los albores de esta etapa democrática. Entonces, la idea de enemigo evocaba un tiempo en que la política fue reducida a la guerra, entendida esencialmente como dominio –y en el límite, dominio físico– sobre el "otro"[28].

Néstor Kirchner (2003-2007) y Cristina Fernández de Kirchner (2007-2011) han promovido principios de escisión política –todo gobernante aspira legítimamente a imponer los suyos– que han tensado el clima de convivencia que había resultado posible en los años previos. En su afán por forzar adhesiones e imponer una nueva frontera entre progresismo y conservadorismo –reservándose un excluyente lugar en el primero–, han repuesto esquemas binarios que estrecharon el margen para aceptar los matices que presupone la convivencia democrática[29].

¿Cuál ha sido el principio de escisión escogido durante sus gobiernos? Básicamente progresismo/conservadorismo, pero asignando un lugar decisivo a la política de derechos humanos convertida en un gran y efectivo parteaguas que recibió la adhesión de prestigiosas organizaciones de derechos humanos que simbolizan las lucha contra el terrorismo de Estado y se habían mantenido distantes de los gobiernos democráticos anteriores[30]. La asociación con dichas organizaciones ha actuado como escudo protector y como una insospechada garantía de progresismo pero ello no ha logrado despejar la sensación de que la bandera de los derechos humanos ha sido empleada

---

[28] Sobre este aspecto puede consultarse Pietro Ingrao (1984).

[29] Según Sarlo (2011, 221-222) "Kirchner optó por el camino directo, la puesta en escena dramática y el discurso de oposiciones netas apoyado en vagos paralelos de una historia tanto real como mitológica".

[30] La "estatización" de estas organizaciones revela un posicionamiento frente al Estado que ha fracturado este espacio y ha ahondado las diferencias dentro de los organismos de derechos humanos. Vale citar como ejemplo, declaraciones de Nora Cortiñas (dirigente de Madres de Plaza de Mayo-Línea Fundadora) en la que se refiere críticamente a Hebe de Bonafini (dirigente de Madres de Plaza de Mayo, y de estrecha vinculación con los gobiernos de Néstor Kirchner y Cristina Fernández de Kirchner): "está muy en empresaria. Es decisión de ella". Véase "Nora Cortiñas: 'Pedimos que se abran los archivos; hay responsables de la dictadura que hoy son comisarios'", declaraciones en Radio Continental, 25 de marzo de 2011, disponible en: http://www.continental.com.ar/nota.aspx?id=1444754). Vigilar al Estado para que no viole los derechos humanos exige mantener cierta autonomía frente a éste. Según Graciela Fernández Meijide –de reconocida militancia en los organismos de derechos humanos– "cuando en 2006 las Madres [de Plaza de Mayo] dicen que no hacen más las Marchas de la Resistencia porque ya no hay un enemigo en la Casa de Gobierno, en ese momento se perdió el rol de las organizaciones de DD.HH.". Véase Luciana Vázquez (2011, junio 26). Derechos Humanos hoy ¿Cuál debe ser su rol en democracia?, *La Nación*. Suplemento Enfoques.

"como arma discursiva para descalificar y poner fuera del campo de la legitimidad democrática a sus adversarios" buscando acallar de ese modo, a una enorme gama de actores sociales y políticos[31].

Este principio de escisión ha probado ser eficaz para alinear a los bandos en dos campos separados y enfrentados. Si ello permitió movilizar lealtades y ampliar las adhesiones al gobierno, no contribuyó en cambio a mantener un clima de respeto por la pluralidad de expresiones.

Si la imagen de un idílico consenso impulsada por Menem en los 90 encerraba una gran dosis de exageración y artificialidad, también asistimos a una sobreactuación durante el gobierno de Kirchner incentivando –en algunos temas– una polarización que le permitiera delinear dos campos antagónicos. Aunque difieran en sus propósitos, ya sea borrando las antinomias del pasado (en el caso de Menem) o promoviéndolas (como se advierte a partir de Kirchner), ambos coinciden en que esa iniciativas no obedecen a convicciones filosóficas sino a diferentes estrategias para enmarcar la construcción de nuevas alianzas, reagrupando fuerzas políticas, en algunos casos enfrentadas en el pasado.

4. Democracia, conflicto y políticas públicas

La democracia expresa la institucionalización, no la supresión del conflicto, de modo que constituye como sugiere Przeworski (2004, p. 197), un *método* para procesarlos[32].

Si bien la democracia moderna es un resultado histórico de la lucha, el conflicto y la confrontación[33], hoy representa un ámbito privilegiado para

---

[31] Véase Marcos Novaro (2011, junio 21). La teoría de un solo demonio, *La Nación*. Joaquín Morales Solá ha señalado que "el adversario no sólo es un enemigo; también debe ser exhibido como cómplice de la dictadura", (2011, julio 20). La guerra política no admite inocentes, *La Nación*.

[32] "La democracia como método para procesar conflictos" es el título de un apartado en el último libro publicado por Przeworski (2010, 65). Como señala este autor, "la democracia es el único método que tenemos para gestionar conflictos políticos en paz y libertad. Y esto es un verdadero milagro".

[33] Tilly (2005, 42-46) sostiene que una comparación de las experiencias europeas desde 1650 en adelante prueba que la historia dominante sobre la democratización es una historia de lucha y que la confrontación ha forzado a las oligarquías dominantes a responder a los reclamos de los actores políticos excluidos por una ampliación e igualación de la ciudadanía, un incremento de las consul-

procesar pacíficamente los conflictos[34]. De manera que el vínculo entre democracia y conflicto reconoce dos caras inseparables: una alude al *carácter irremediablemente conflictivo* de la democracia, la otra nos recuerda *la institucionalización del conflicto* que ésta aporta a la sociedad actual.

Una vez aceptada esa relación es preciso destacar que una democracia, para sostenerse, adopta decisiones colectivas vinculantes que encierran una distribución de poder y por ende, la posibilidad latente de conflicto[35]. El problema reside en cómo se procesan tales decisiones en democracia y en qué medida son tomados en cuenta los intereses involucrados y afectados por aquéllas.

Cabe aclarar que tales decisiones no siempre responden a un conflicto abierto de intereses ni a un juego de suma cero entre los sectores involucrados pues esta opción constituye sólo *una* posibilidad dentro de una estructura de intereses más amplia y diversa[36].

---

tas obligatorias y la expansión de los mecanismos de protección de los ciudadanos. Gran Bretaña arribó a la democracia principalmente a través de la confrontación, pero también así lo hizo Escandinavia en tanto Francia ilustra el caso típico de democratización a través de la revolución, aunque en 1848 buena parte de Europa pasó por un ciclo similar, si bien de manera temporal.

[34] Comparto con Hugo Quiroga (2010, 24) que con el restablecimiento de la democracia "se ha resuelto el conflicto primordial de toda sociedad, la sucesión del poder en términos pacíficos". Por tal motivo aún resulta potente la definición formulada por Popper (1985:338) para quien "...en una democracia, los magistrados –es decir el gobierno– pueden ser expulsados por el pueblo sin derramamiento de sangre (...) La democracia suministra un inestimable campo de batalla para cualquier reforma razonable, dado que permite efectuar modificaciones sin violencia". En igual sentido, Schnapper (2004, 193) sugiere que las prácticas democráticas consisten "...en administrar los conflictos de valores...así como los conflictos de intereses entre los grupos sociales, mediante compromisos y no mediante la violencia".

[35] Como sostiene Przeworski (2004, 196-197), "casi todas las decisiones públicas tienen consecuencias distributivas (...) la democracia, justamente, es un método para procesar los conflictos, y genera, necesariamente, ganadores y perdedores".

[36] Przeworski (2004, 199-200) sostiene que en toda sociedad existe una mezcla de tres *estructuras de intereses:* a) existen temas que no plantean un conflicto de intereses y permiten compartir una decisión colectiva: por ejemplo, evacuar una ciudad para evitar las consecuencias de un huracán; b) en otros casos, las decisiones responden a una situación dilemática que hace necesario el uso de la coerción por el propio bien de los individuos, por ejemplo, la decisión de vacunar a un niño contra una enfermedad contagiosa. c) por último, existe un conflicto abierto de intereses, cuando cualquiera sea el curso de acción que se adopte, invariablemente habrá personas que ganen y otras que pierdan. El ejemplo clásico es el de un aumento de impuestos para promover "...una redistribución del ingreso, desde los ricos hacia los pobres. En ese caso, los intereses de la minoría saldrían perjudicados, y los de la mayoría beneficiados".

A su vez los conflictos de intereses no se reducen a una simple puja por la distribución de recursos materiales. Albert Hirschman (1996, p. 277), propone distinguir dos tipos de conflictos sobre los que debe decidir todo gobierno: los *divisibles* ("son conflictos acerca de obtener más o menos") y los *no divisibles* (de "esto o …"). Los primeros surgen de la disputa por la distribución del producto social entre las diferentes clases, los diversos sectores o las distintas regiones; los segundos, en cambio, son característicos de sociedades divididas entre tendencias rivales, étnicas, lingüísticas o religiosas. Estos últimos –sostiene Hirschman (1996, p. 280)–, están incrementándose por todas partes e incluyen desde la cuestión del aborto hasta las luchas por la etnicidad y el fundamentalismo.

En las sociedades actuales conviven ambos tipos de conflictos. En aquellas en las que prevalecen problemas derivados del multiculturalismo existen mayores chances de que aumenten los *no divisibles* y es posible que los de *tipo divisible* conserven centralidad en países que –como los de nuestra región– aún padecen desigualdades extremas y situaciones de fuerte exclusión social[37].

4.1. Conflictos no divisibles

En la Argentina –como en tantos otros países– conviven ambos tipos de conflictos y, aunque los conflictos *divisibles* relativos a "más o menos" ocupan un lugar importante, también se advierte que, cuanto mayor es la pretensión hegemónica de un gobierno, mayor es su propensión a instalar en el centro de la agenda pública, conflictos *no divisibles* en torno de "esto o aquello".

Con el propósito de ilustrar esta dinámica recordemos que el debate originado en el 2010 por la legalización del matrimonio para parejas del mismo

---

[37] Es posible ver combinados ambos tipos de conflictos incluso en sociedades que parecen alejadas de esta última situación. Si repasamos los grandes temas de agenda que dividen actualmente a la opinión pública y al electorado de EE.UU., ellos remiten tanto a *conflictos divisibles* –por ejemplo el debate en torno al nuevo sistema de salud impulsado por el gobierno de Obama encierra una profunda disputa acerca de cómo repartir las cargas tributarias para sostenerlo– como a fuertes disputas culturales o religiosas –legalización del aborto, matrimonio igualitario, células madre, imágenes religiosas en oficinas públicas, etc.– que no presentan un carácter *divisible* y expresan un tipo de conflicto que no deja margen para ejercer las artes del compromiso, como sugiere Hirschman.

sexo figura entre los conflictos *no divisibles* más resonantes que registró el debate público en la Argentina reciente –algo equivalente a lo que suscitó un cuarto de siglo antes la ley de divorcio vincular– y una controversia similar seguramente desatará cualquier iniciativa destinada a legalizar el aborto, si finalmente prospera alguno de los proyectos que tienen tratamiento en el Congreso Nacional. En ambas ocasiones, la Iglesia Católica movilizó a sus fieles –e incluso sacó a la calle a alumnos de escuelas religiosas en el último debate– como parte de una contienda que partió en dos el escenario político y el voto de los legisladores, estableciendo una clara frontera entre progresistas y conservadores.

En la cuestión de derechos humanos –referida al juzgamiento de las violaciones cometidas durante el último régimen autoritario– también se advierte la intención de presentarlo como un conflicto entre "esto o aquello", pese a que no se observa una partición equivalente de la opinión pública como la que se manifestó en los temas anteriores, debido en buena medida a que esa aspiración recoge una demanda ética ampliamente compartida por la sociedad argentina[38].

Vale resaltar que el discurso pronunciado por Néstor Kirchner el 24/03/2004 en la antigua Escuela de Mecánica de la Armada (ESMA) –al recordarse un nuevo aniversario del golpe militar– introdujo un giro con pretensiones fundacionales que, con la excusa de ofrecer disculpas oficiales a los familiares de las víctimas por la inoperancia del Estado durante la vigencia de la democracia, ignoraba injustamente algunos hitos decisivos durante la gestión de Alfonsín. Ello fue un precoz indicio de su afán de apropiarse del tema de los derechos humanos y de monopolizar esa legítima bandera. Los méritos incuestionables que significó la reapertura de los juicios suspendidos tras las leyes de Punto Final y Obediencia Debida de Alfonsín y el indulto de Menem le permitió ganar la adhesión de prestigiosos organismos (Madres y Abuelas de Plaza de Mayo especialmente) pero también reveló la intención de hacer un uso instrumental de la causa por los derechos humanos convirtiéndola en un punto de escisión que permitiera replicar el realineamiento de fuerzas logrado en otros conflictos no divisibles.

---

[38] Es difícil identificar los polos que formarían parte de la tensión en este tema aunque tal vez ello se resuma en la polaridad entre condena/impunidad respecto de las violaciones cometidas en el pasado.

El gobierno desearía que este punto de escisión se subordinara e integrara a todos los otros que expresan algún tipo de confrontación y, de ser posible, que la Iglesia Católica, la Sociedad Rural y, algunos medios periodísticos como *La Nación* y *Clarín* –especialmente a partir de denuncias que explotan el sombrío origen de Papel Prensa[39]–, queden alineados dentro de un bloque común e identificados por su complicidad con el terrorismo de Estado.

Sin embargo, el oficialismo ha tenido suerte dispar en su pretensión de extender indefinidamente este principio de escisión a otros temas. Que sus intentos no logren la repercusión social esperada tiene que ver en parte con la percepción de que existe un uso abusivo del tema de derechos humanos[40] e indica que la sociedad mantiene reservas para procesar selectivamente la agenda que pretende imponérsele.

La dificultad para articular esos campos en torno de un tema aglutinante –y que esa operación a su vez resulte convincente para el conjunto de la sociedad[41]–, revela la necesidad de prestar atención no sólo a los gestos y propósitos

---

[39] El gobierno sufrió un revés judicial tras presentar documentación que involucraba a ambos diarios en la compra de las acciones de Papel Prensa durante el régimen autoritario. A fines del 2010 un fallo judicial dispuso el cese de la intervención gubernamental a Papel Prensa y comparó el comportamiento de los interventores con "la estructura de controles económicos" impuesta por el "régimen nazi" (2010, diciembre 18). Frenan el intento 'nazi' del gobierno por intervenir Papel Prensa, *Perfil*. Esto no significa que el oficialismo haya abandonado definitivamente esta cuestión. Por el contrario, poco después de iniciarse el segundo mandato de Cristina Fernández de Kirchner el Congreso Nacional sancionó una iniciativa del oficialismo que declara de interés público la producción y comercialización para diarios y que podría ser usada para justificar la intervención de Papel Prensa.

[40] Cabe agregar que los organismos de derechos humanos se han fracturado durante estos últimos años y que si bien el gobierno ha logrado contar con el apoyo de organizaciones como Madres de Plaza de Mayo y Abuelas de Plazo de Mayo, otros organismos –Madres Línea Fundadora y el SERPAJ, conducido por el premio Nobel de la Paz, Adolfo Pérez Esquivel– han mantenido distancia del gobierno y han cuestionado la desnaturalización de su tarea original. La situación de la Fundación de Madres de Plaza de Mayo, tras conocerse irregularidades en el manejo de fondos públicos destinados a la construcción de viviendas populares –hoy investigadas por la justicia– es una manifestación palmaria de ese giro (2011, junio 9). El gobierno admite que a las Madres les dio $ 765 millones, *Clarín*. A propósito de este tema puede consultarse a Luis Alberto Romero (2011, junio 9). La corrupción está rondando a las Madres, *Clarín*.

[41] No deja de ser un contrasentido que como parte de esa ofensiva oficial se haya tendido un enorme cartel en el frente del edificio del INDEC con la consigna "Clarín miente". Esa prédica, atribuida a la Secretaría de Comercio de la Nación –bajo cuya órbita funciona el INDEC–, alude al falseamiento de la información proveniente de un influyente medio periodístico privado. Sin embargo, como si se tratara de un caprichoso juego de espejos, ello nos recuerda la desnaturalización de las estadísticas oficiales de la que es responsable esa repartición pública desde fines del 2006, privando

del gobierno, sino también a la indiferencia social frente a esas tentativas como expresión de los márgenes que el contexto ofrece a sus propósitos de instalar un antagonismo radical[42].

Esta es otra cara del problema no siempre percibida por quienes desde el oficialismo intentan dividir el espacio político en dos campos antagónicos. La experiencia argentina sugiere que no existen dos espacios fijos y estáticos susceptibles de reiterarse en diferentes cuestiones. En una sociedad plural y compleja esos campos disponen de fluidez y flexibilidad y no admiten ser rígidamente alineados a partir de un principio excluyente. Esa complejidad rechaza cualquier tentativa de agrupar a la sociedad en torno de esta simplificación dicotómica[43].

Como expresamos al comienzo, este debate no es nuevo. Promediando los años 80, en un sugerente contrapunto con Laclau y Mouffe, Juan C. Portantiero ponía en duda la pretensión de reducir el espacio político alrededor de un principio que organizara la relación antagónica entre amigos y enemigos y sostenía que a medida que una sociedad se complejiza, menor es la posibilidad de alineamientos dicotómicos en el espacio político. "Complejidad

---

de cifras confiables a todo el país en rubros críticos como costo de vida, pobreza, indigencia y crecimiento del PBI. Ello no sólo provoca desconcierto sobre la marcha de la economía sino que escamotea información objetiva que permita dimensionar las auténticas necesidades sociales que debe afrontar el Estado. Que un medio privado como *Clarín* distorsione la información es condenable como práctica periodística, sin embargo el INDEC en tanto expresión de lo público estatal, no dispone de la opción de mentir. Véase (2011, octubre 5). Desde el INDEC dicen que "Clarín miente", *Perfil*.

[42] Francisco Panizza (2011, 28) sostiene que "los gobiernos de los Kirchner en Argentina son un ejemplo de cómo el contexto define el alcance y límites del antagonismo populista (…) La resolución del conflicto [del campo] a través de medios institucionales trae a consideración el argumento de Steven Levitsky y María Victoria Murillo (2008) de que cualesquiera sean las similitudes superficiales entre Kirchner y Chávez, Argentina no es Venezuela porque, a pesar de las intervenciones populistas de Kirchner y de la debilidad del sistema de partidos del país, las bases institucionales y sociales pluralismo democrático en Argentina son mucho más fuertes que en Venezuela".

[43] Véase Pietro Ingrao (1984, 13). A partir de una sugerente lectura del discurso de Ernesto Laclau, Vicente Palermo (2011) sostiene que los gobiernos de Néstor Kirchner y Cristina Fernández de Kirchner no han conformado una fuerza claramente populista como lo desearía aquel intelectual destacando las dificultades que ambos enfrentan para trazar una línea divisoria capaz de polarizar políticamente a la sociedad argentina. "Hay ciertamente división del campo político y adversarios que son descalificados, pero la línea divisoria es móvil y los adversarios van cambiando. De modo que no se traza una frontera que contribuya a darle perdurabilidad a una identidad. Como al mismo tiempo, Kirchner no echa mano sino muy limitadamente a las interpelaciones peronistas más ortodoxamente populistas, el resultado es una adversatividad difusa y configuraciones identitarias imprecisas" (2011, 95).

–agregaba Portantiero– significa, precisamente, incremento de la diversidad [y] los procesos de cambio en las sociedades complejas se resisten a ser expresados por antagonismos binarios" (1986, 24).

4.2. Conflictos divisibles tratados como no divisibles

También existen, como señalamos anteriormente, *conflictos divisibles*. En sociedades con desigualdades sociales muy marcadas, extraer y redistribuir recursos es una tarea impostergable del Estado. Esa fue la principal justificación que invocó el gobierno nacional cuando aumentó las retenciones a las exportaciones rurales en marzo del 2008 alegando que por esa vía se obtendrían recursos provenientes de una renta excepcional para transferirlos a otros sectores postergados. Sin embargo, aunque el instrumento aplicado (las retenciones) es válido y la intención de redistribuir ingresos más que justificada, en una democracia esa tarea debe conjugarse con procedimientos que garanticen transparencia y la rendición de cuentas sobre el destino de los recursos extraídos.

Aunque el conflicto se originó en las disputas por la distribución del producto social entre diversos sectores y regiones también contenía una dimensión institucional poniéndose en cuestión las formas y facultades del Poder Ejecutivo para disponer unilateralmente un impuesto al margen del Congreso Nacional. La aplicación de este impuesto aduanero no sólo motivó la reacción de los sectores rurales que le atribuían un carácter confiscatorio, sino también de las provincias vinculadas con la producción rural (especialmente Santa Fe y Córdoba), pues por su carácter federal, las retenciones no son coparticipables de modo que engrosan las arcas nacionales excluyendo de ese beneficio a las provincias que aportan a su generación.

La intención de jugar "a todo o nada"[44] que el gobierno manifestó en el tratamiento del problema refleja un estilo político que utiliza al conflicto como herramienta de construcción del poder y como un arma para reagrupar fuerzas en su favor. Este modo de manejar el problema de la alteridad en la democracia expresa, como sostiene Cremonte (2007, p. 399), una estrategia que no busca desalentar el conflicto, sino por el contrario, animar el en-

---

[44] Sobre este tema véase la minuciosa reconstrucción efectuada por Cheresky (2009:55).

frentamiento entre la propia posición y las contrarias para "construir a partir de él una hegemonía vigorosa".

El tratamiento de la cuestión y la escalada del conflicto mostraron una *concepción del poder* que concibe a éste como una ecuación de suma cero, un juego que sólo concluye con un ganador que "se lleva todo". De modo que aunque la base material del conflicto era *divisible*, éste *se planteó y trató en términos no divisibles*[45].

El clima de confrontación que persistió entre el gobierno y este sector abona la impresión de que la estrategia escogida no contribuyó a potenciar las energías que ambos actores podrían aportar para sostener una política agropecuaria acorde con las potencialidades que el país acredita en la materia. Esa actitud se tradujo en una brusca caída de popularidad de la presidenta y al año siguiente en una derrota en las elecciones legislativas de medio término (en junio del 2009) que comprometió su mayoría en ambas cámaras y marcó el momento de mayor imagen negativa de su gestión[46].

Sin embargo, en medio de la derrota electoral irrumpió la audacia del ex presidente Kirchner sugiriendo una lectura que significó un nuevo punto de partida para el gobierno de su esposa: "perdimos porque no profundizamos el modelo"[47].

Esa reacción ante la derrota marcó un punto de inflexión en la manera de radicalizar el modelo y de entender el tratamiento del conflicto (con los medios, con las autoridades del Banco Central, con la justicia, con el Parlamento,

---

[45] Agradezco la observación formulada por Vicente Palermo sobre este punto. Hirschman (1996, 280) alerta sobre las diferentes perspectivas de resolución que ofrece uno y otro tipo de conflicto. Desde la tradición marxista –agrega el autor– siempre se sostuvo que los conflictos divisibles eran irresolubles, sin embargo hoy sabemos que son estos otros conflictos los que plantean una división infranqueable entre los antagonistas.

[46] Si bien Cristina Fernández de Kirchner obtuvo en las elecciones presidenciales de 2007 la mayor diferencia respecto del segundo (Elisa Carrió de la Coalición Cívica) registrada desde la recuperación de la democracia en 1983 (una brecha que aumentó de manera significativa en su reelección del 2011), su imagen y popularidad estuvo sometida a bruscos altibajos desde que asumió en diciembre de 2007, experimentando una notable recuperación tras el fallecimiento de su esposo, en octubre de 2010.

[47] Véase la sugerente interpretación de Eduardo Fidanza (2011, mayo 25). "Gobernar entre la desgracia y la felicidad", *La Nación*. Como señala José Natanson (2011, 2), "el segundo kirchnerismo nació esa madrugada, a la defensiva, y se definió a partir de la creación de una 'minoría intensa' que, mediante iniciativas como el matrimonio igualitario, la ley de medios y la asignación universal, se fue expandiendo a otros sectores hasta alcanzar, asombrosamente, a una parte importante de las clases medias".

etc.).[48] Aunque proseguirán intentando la partición del escenario político –como en el conflicto con el campo–, los resultados ya no serán tan desfavorables y la novedad de esta nueva fase radica en el modo en que se articularon nuevas modalidades de apoyo que permitieron renovar la mística de los grupos ligados al gobierno y relanzar su gestión impulsando políticas audaces que devolvieron la iniciativa a la coalición gobernante. Bajo la inspiración del núcleo de intelectuales reunidos en Carta Abierta luego de la derrota que significó la derogación de la resolución 125, el kirchnerismo entendió la necesidad de lanzarse "al control de la dimensión simbólica" y la importancia de construir una esfera pública hegemonizada por el gobierno (Sarlo, 2011, 150).

Como resultado de ese relanzamiento (una actitud que resultó revigorizada tras la muerte de Néstor Kirchner), en el término de dos años y con un escenario parlamentario más desfavorable que el que existía al iniciarse el gobierno de Cristina Fernández de Kirchner, se impulsaron medidas muy ambiciosas que moldearán los años por venir: la ley de medios audiovisuales, la reestatización de los fondos de pensión social, la asignación universal por hijo y la reforma política, entre las más resonantes.

La relevancia que hoy adquiere la "batalla cultural" –de la que dan testimonio la intensa politización de las redes sociales y la propaganda oficial en medios públicos– y la búsqueda por imponer un sentido común dominante lanzándose al control de la dimensión simbólica, permiten augurar que si bien no estarán ausentes los conflictos distributivos por "más o menos", los conflictos en torno de "esto o aquello" parecen destinados a ganar un espacio creciente.

5. Breve balance de la actualidad argentina y algunas derivaciones teóricas

El conflicto es inerradicable en democracia, pero aceptar su inevitabilidad no autoriza a impulsarlo de manera sistemática e innecesaria, convencidos de que ello asegura el sello innovador de una gestión. Modificar escenarios y

---

[48] Las alusiones al Congreso Nacional, como un ámbito orientado a poner "palos en la rueda" o a la justicia como un "partido" que obstaculiza a la gestión del gobierno, indica el desdén por las instituciones que acompañó a esta recuperación de la iniciativa.

crear condiciones para instalar iniciativas resistidas por ciertos intereses creados requiere voluntad política y audacia para enfrentar el veto de quienes no están dispuestos a aceptar un cambio que los afecta[49]. Sin embargo, el modo en que fueron concebidas algunas propuestas parece reñido con la complejidad de una sociedad que si bien aprueba ciertos logros de la gestión –especialmente en el campo económico– mira con recelo otros rasgos –la intolerancia y el rechazo al pluralismo– que se perciben innecesarios para los propósitos y para la lógica de sus políticas públicas[50]. Son esos aspectos innecesarios los que han quitado encanto al proyecto kirchnerista, aun cuando ha logrado sostener altas tasas de crecimiento a lo largo de ocho años y elevados niveles de consumo que explican en buena medida la reelección de Cristina Fernández de Kirchner en octubre del 2011.

Aunque la audacia que acompañó a este estilo permitió reabrir temas que gobiernos anteriores consideraron intocables y clausurados, ello también dejará huellas –ignoramos cuán perdurables– al alentar la reinstalación de viejas antinomias que creíamos saldadas[51].

Asimismo, la conversión del conflicto en un elemento crucial de la dinámica democrática tal vez permita mantener motivados a quienes adhieren a ese llamado pero esa estimulación también suele venir acompañada de un estilo decisorio que resta densidad a los ámbitos de deliberación y negociación institucionalizados, privándolos de margen para contraer compromisos con otras fuerzas a fin de reunir las mayorías requeridas.

No hay razones para temer al conflicto ni es posible ilusionarse con desterrarlo. Sin embargo, ese reconocimiento debe venir acompañado de un compromiso por generar condiciones que garanticen el pluralismo en el marco de sociedades complejas[52].

---

[49] Este aspecto resulta exacerbado por el carácter fundacional que suelen atribuirse estos gobiernos, colocando del lado "conservador" todo lo hecho hasta su llegada.

[50] Esta lectura es sugerida por Mora y Araujo (2011, 149).

[51] Vale recordar a título ilustrativo el empeño en identificar a los productores rurales con la vieja "oligarquía" durante el conflicto con el campo, ignorando la naturaleza y complejidad de los cambios registrados en el sector. Lo mismo sucede con la resurrección de calificativos como "gorila", restaurando la vieja antinomia peronismo/antiperonismo.

[52] Es preciso renunciar a la búsqueda de cándidos e idílicos consensos que ignoren la tensión que encierra un mundo atravesado por un "politeísmo de valores" con el que irremediablemente deberemos convivir, pues no tiene "cura", como señala Plot (2008, 197).

Que nuestras democracias necesiten del pluralismo –a diferencia de lo que ocurría en la democracia de los antiguos–, es consecuencia de que en ellas conviven grupos diversos y contrapuestos sometidos a tensiones profundas y a conflictos lacerantes[53].

Vale recordar, sin embargo, que las tendencias pluralistas desatadas por la modernidad fueron motivo de desconfianza para algunos inspiradores de la democracia moderna. Como recuerda Przeworski (2010), Kelsen y Schumpeter[54] fueron los primeros en desafiar de manera sistemática la ilusión metafísica de un consenso a la que adherían ciertos exponentes del pensamiento político moderno que veían en las "facciones", "sociedades parciales" o "particularismos", peligrosos signos de desintegración que atentaban contra el bien común[55].

Desde entonces nos movemos atrapados entre dos polos: uno nos atrae a reconocer la legitimidad de los conflictos, el otro nos empuja a valorar el consenso. Como señala Rosanvallon (2009, p. 36): "la democracia es un régimen pluralista que implica la aceptación de la divergencia de intereses y opiniones, y organiza la competencia electoral sobre esa base. Institucionaliza el conflicto y su regulación. Por eso no existe democracia sin que se efectúen opciones tajantes para resolver los diferendos (…) Pero, al mismo tiempo, no existe democracia sin formación de un mundo común, sin el reconocimiento de los valores compartidos que permiten que los conflictos no lleguen a los extremos de la guerra civil".

Este es uno de los dilemas que enfrenta la democracia actual. Sin embargo, ellos no se resolverán apelando al simple expediente de imponer una unidad orgánica a una realidad heterogénea y compleja. La tentación organicista que hoy late en algunos gobiernos de nuestra región se traduce en un juego incesante y desgastante de oposiciones entre una parte que se considera la totalidad legítima de una comunidad y fuerzas extrañas que resisten su integración en ese campo[56].

---

[53] Véase Bobbio (1994, 75).

[54] Przeworski (2010, 68) destaca los méritos de ambos autores, y en especial los de Kelsen, por haber sido el primero en cuestionar la teoría del autogobierno basado en el supuesto del consenso.

[55] Esas expresiones, provenientes de Madison y de Rousseau, son ilustrativas del pensamiento existente durante el siglo XVIII.

[56] Véase Aboy Carlés (2010).

Su creencia en una homogeneidad sustancial revela enormes limitaciones para aceptar la complejidad que acusa el mundo actual y está movida por una excesiva desconfianza hacia toda manifestación de pluralidad. Apuesta –como sugiere Aboy Carlés (2010, 27-28)– a que la heterogeneidad del presente pueda ser trocada por una diferida homogeneidad futura. Sin embargo –como agrega este autor– ello constituye una expectativa inalcanzable que la misma polarización vigente pone en entredicho.

Reconocer y estimular el conflicto sin aceptar la naturaleza irremediablemente pluralista de la sociedad moderna es parte de la tensión en la que queda atrapado este discurso que persigue la homogeneidad en un mundo desgarrado por una disputa insalvable entre valores mutuamente contradictorios que no admiten ser reconciliados por un principio totalizador.

Como sostiene Gray (2001, 140), aspirar a una vida en común en las sociedades plurales tardomodernas "…no puede significar vivir en una sociedad unificada por valores comunes, sino tener instituciones comunes que ejerzan de mediadoras en los conflictos entre valores rivales"[57].

No ignoramos que estas expresiones contienen cierta vocación normativa en tanto prescriben un modo de procesar los conflictos que no se compadece fácilmente con la naturaleza de liderazgos que desconocen y eluden esa institucionalidad[58].

Aunque aceptemos esta tensión no deberíamos renunciar a esa búsqueda. Contar con instituciones capaces de cubrir esta tarea fue una aspiración muy sentida de la sociedad argentina cuando se restableció la democracia en 1983. Buena parte de los logros más significativos gestados bajo ese clima se asocian con la inédita y renovada fe cívica en el pluralismo y la diversidad que acompañaron a ese momento de entusiasmo democrático[59]. La reinstalación de la

---

[57] Gray (2008, 68) sostiene que "cualquier proyecto basado en la expectativa de alcanzar la armonía y el consenso es utópico. No podemos alcanzar un consenso en las creencias, sino en las instituciones y en las prácticas".

[58] Laclau (2010, 59) señala que el populismo se opone al institucionalismo y que éste "…es simplemente la administración del *statu quo*…".

[59] Una década atrás aún era posible hallar un balance que destacaba que "La democracia construida desde 1983 fue nueva y original. Estuvo fundada en una renovada y poderosa fe cívica, en la confianza acerca de las potencialidades de Estado, y sobre todo en el pluralismo, la tolerancia del otro, la valoración del disenso, la convicción de que no hay fines que justifiquen cualquier medio. Los partidos se han hecho pluralistas y tolerantes con el otro. Nadie dice representar a la Nación. Esto es sin duda una conquista fundamental. Lamentablemente, parece que sólo la valoran quienes

idea de enemigo expresa un giro que dista del marco dominante en aquellos años. A nadie escapa que la gestación de aquel ambiente fue favorecida por el deseo de apartarnos de un pasado muy próximo y tenebroso, cargado de violencia, intolerancia y persecuciones. Tres décadas después, aquellas razones y urgencia parecen haberse disipado, pero persisten intactos los motivos que fundan la necesidad de recrear un ámbito en el que el pluralismo y la tolerancia tengan cabida.

No es posible arriesgar un juicio sobre las marcas que dejará este regreso de la idea de enemigo, ni tampoco prever si ello constituye el anuncio de una mayor escalada de confrontación o un simple rasgo pasajero destinado a declinar.

Si la disputa con los productores rurales (2008) representó el punto más alto de conflictividad y ofreció una oportunidad para quienes intentaban instalar una visión dicotómica radical, el clima electoral que atravesó todo el 2011 impuso en cambio, la necesidad de mayor cautela y selectividad en la elección de los conflictos y una moderación del tono confrontativo que la presidenta Cristina Fernández de Kirchner mostró en el pasado. Tal vez el ascenso de popularidad que registró en ese año electoral desaconsejaba el mantenimiento de aquel estilo que exhibió en otros momentos, al tiempo que su figura se volvía más aceptable para un electorado de clase media urbana y rural que sentía incomodidad por su discurso[60]. Sin embargo, algunos gestos con los que ha abierto su segundo mandato (en especial, la creación de un instituto histórico que busca imponer una versión historiográfica oficial y la intención de controlar Papel Prensa para intervenir en la distribución de ese insumo) parecen desnudar cierta impostación en el tono conciliador que le resultara tan efectivo durante la campaña electoral. Este giro en su discurso —marcado por una mayor moderación— expresa otra manera de sobrellevar

---

pueden comparar vívidamente esta situación con otras anteriores, y además practican el ejercicio de memoria correspondiente". Este párrafo escrito por Luis Alberto Romero en el 2001 no es evocado con fines nostálgicos, sino que confirma la imagen de que en 1983 se había instalado este clima de tolerancia y pluralismo que pareció quebrarse a medida que avanza la primera década de este nuevo siglo. La mirada de Romero no pecaba de ingenuidad pues no sólo señalaba que este logro era más valorado por quienes mantenían un vívido recuerdo de los horrores del pasado sino que al mismo tiempo resultaba "… paradójico… que esto ocurra cuando la sociedad se ha fracturado, al punto de segmentarse de manera profunda" (2001, 30-31).

[60] Recordemos que fue reelecta con el 54% de los votos mediando 37 puntos de diferencia con el segundo.

sus posturas iniciales: menos irritativo pero probablemente no menos confrontativo.

Cualquiera sea la deriva de este presente, ello no nos autoriza a ignorar que es posible y deseable otro manejo de la alteridad sin renunciar al conflicto como elemento constitutivo de una democracia pluralista.

Bibliografía

ALTAMIRANO, C. (2011). *Peronismo y cultura de izquierda*. Buenos Aires: Siglo Veintiuno Editores.

ABOY CARLÉS, G. (2005). "Populismo y democracia en la Argentina contemporánea. Entre el hegemonismo y la refundación", *Estudios Sociales. Revista Universitaria Semestral*. 28, 125-149.

————. (2010). "Populismo, regeneracionismo y democracia", *POSTData. Revista de Reflexión y Análisis Político*. 15, 11-30.

BOBBIO, N. (1994). *El futuro de la democracia*. Barcelona: Planeta-Agostini, Barcelona.

CHERESKY, I. (2008). *Poder presidencial, opinión pública y exclusión social*. Buenos Aires: Clacso/Manantial.

————. (2009). "¿El fin de un ciclo político?". En *Las urnas y la desconfianza ciudadana en la democracia argentina*. Rosario: Homo Sapiens.

————. (2010). *Ciudadanía y democracia continua*. Presentación realizada en el Seminario Internacional "Ciudadanía y legitimidad democrática en América Latina", organizadas por CLACSO, Instituto de Investigaciones Gino Germani/UBA y el Centro Franco-Argentino de Altos Estudios, Buenos Aires, 21 al 23 de octubre de 2010.

CREMONTE, J. P. (2007). "El estilo de actuación pública de Néstor Kirchner". En *Los lentes de Víctor Hugo. Transformaciones políticas y desafíos teóricos en la Argentina reciente*. Buenos Aires: UNGS y Prometeo.

DE ÍPOLA, E. y PORTANTIERO, J. C. (1981). "Lo nacional popular y los populismos realmente existentes", *Controversia*. 14, 11-14.

DE LA TORRE, C. (2008). "Populismo, ciudadanía y Estado de derecho". En *El retorno del pueblo. Populismo y nuevas democracias en América Latina*. Quito: FLACSO-Ecuador.

GRAY, J. (2001). *Las dos caras del liberalismo. Una nueva interpretación de la tolerancia liberal*. Buenos Aires: Paidós.

————. (2008). *Tecnología, progreso y el impacto humano sobre la Tierra*. Buenos Aires: Katz.

Hirschman, A. (1996). *Tendencias autosubversivas. Ensayos*. México: Fondo de Cultura Económica.

Ingrao, P. (1984). "Contra la reducción de la política a guerra", *Punto de Vista*. 20, 12-18.

Laclau, E. (2005). *La razón populista*. Buenos Aires: Fondo de Cultura Económica.

————. (2010). "Discurso, antagonismo y hegemonía en la construcción de identidades políticas". En *Tres pensamientos políticos*. Buenos Aires: UBA, Facultad de Ciencias Sociales.

Levitsky, S. y Murillo, M. V. (2009). "Argentina: de Kirchner a Kirchner", *Journal of Democracy. En español*. 1, 77-93.

Mora y Araujo, M. (2011). *La Argentina bipolar. Los vaivenes de la opinión pública*. Buenos Aires: Sudamericana.

Mouffe, C. (2007). *En torno a lo político*. Buenos Aires: Fondo de Cultura Económica.

Natanson, J. (2011). "Tercer tiempo", *Le Monde diplomatique*. 149, 2-3.

O'Donnell, G. (1997). "¿Democracia delegativa?". En *Contrapuntos. Ensayos escogidos sobre autoritarismo y democratización*. Buenos Aires: Paidós.

Palermo, V. (2011). "Consejeros del príncipe: intelectuales y populismo en la Argentina de hoy", *RECSO. Revista de Ciencias Sociales*. 2, 81-102.

Panizza, F. (2011). ¿De qué hablamos cuando hablamos de populismo? ¡Más populista será tu abuela!", *RECSO. Revista de Ciencias Sociales*. 2, 15-37.

Peruzzotti, E. (2008). "Populismo y representación democrática". En *El retorno del pueblo. Populismo y nuevas democracias en América Latina*. Quito: FLACSO-Ecuador.

————. (2011). "El populismo en los tiempos de democracia", *RECSO. Revista de Ciencias Sociales*. 2, 10-13.

Plot, M. (2008). *La carne de lo social. Un ensayo sobre la forma democrático-política*. Buenos Aires: Prometeo.

Popper, K. R. (1985). *La sociedad abierta y sus enemigos*. Buenos Aires: Hyspamérica. Vol. II.

Portantiero, J. C. (1986), "El tránsito de una época. De la contradicción a los conflictos", *La Ciudad Futura. Revista de Cultura Socialista*. 2, 24.

Przeworski, A. (2004). "Política y Administración". En *Política y gestión pública*. Buenos Aires: Fondo de Cultura Económica, CLAD.

————. (2010). *Qué esperar de la democracia. Límites y posibilidades del autogobierno*. Buenos Aires: Siglo Veintiuno Editores.

Quiroga, H. (2010). "La democracia frente al conflicto y la informalización de la política". En *Ciudadanos y política en los albores del siglo XXI*. Buenos Aires: Manantial, CLACSO.

Romero, L. A. (2001). *Reconstruir el Estado*, Encrucijadas UBA. Revista de la Universidad de Buenos Aires. 13, 26-31.

Rosanvallon, P. (2009). *La legitimidad democrática. Imparcialidad, reflexividad, proximidad*. Buenos Aires: Manantial.

Rouquié, A. (2011). *A la sombra de las dictaduras. La democracia en América Latina*. Buenos Aires: Fondo de Cultura Económica.

Sarlo, B. (2011). *La audacia y el cálculo. Kirchner 2003-2010*. Buenos Aires: Sudamericana.

Schnapper, D. (2004). *La democracia providencial*. Rosario: Homo Sapiens.

Svampa, M. (2011). "Argentina, una década después. Del 'que se vayan todos' a la exacerbación de lo nacional-popular", *Nueva Sociedad*. 235, 17-34.

Tilly, C. (2005). "La democratización mediante la lucha", *Sociológica*. 57, 35-59.

Tonelli, L. (2011). "Prefacio". En *La política en tiempos de los Kirchner*. Buenos Aires: Eudeba.